北大社"十四五"普通高等教育本科规划教材
21世纪高等院校财经管理系列实用规划教材

证券投资技术分析

主　编 周玉江　王路萍
副主编 周　芳

内容简介

本书从理论性、系统性、实用性和易理解性出发，介绍了证券投资中的各种技术分析的常用方法，包括 K 线理论、切线理论、形态理论、波浪理论、量价关系及技术指标分析等内容。本书强调应用性，突出可操作性，所涉及的内容与方法配有大量真实的应用案例。

本书可作为高等院校金融及财经类专业的本科教材，还可以供投资者参考。

图书在版编目(CIP)数据

证券投资技术分析/周玉江，王路萍主编．—北京：北京大学出版社，2021.7

21 世纪高等院校财经管理系列实用规划教材

ISBN 978-7-301-32277-2

Ⅰ．①证…　Ⅱ．①周…　②王…　Ⅲ．①证券投资—投资分析—高等学校—教材　Ⅳ．①F830.91

中国版本图书馆 CIP 数据核字(2021)第 118196 号

书　　名　证券投资技术分析
ZHENGQUAN TOUZI JISHU FENXI

著作责任者　周玉江　王路萍　主编

策划编辑　李婷婷

责任编辑　张　越　李婷婷

标准书号　ISBN 978-7-301-32277-2

出版发行　北京大学出版社

地　　址　北京市海淀区成府路 205 号　100871

网　　址　http://www.pup.cn　新浪微博：@北京大学出版社

电子邮箱　编辑部 pup6@pup.cn　总编室 zpup@pup.cn

电　　话　邮购部 010-62752015　发行部 010-62750672　编辑部 010-62750667

印 刷 者　北京虎彩文化传播有限公司

经 销 者　新华书店

787 毫米×1092 毫米　16 开本　13.5 印张　303 千字

2021 年 7 月第 1 版　2024 年 1 月第 2 次印刷

定　　价　42.00 元

未经许可，不得以任何方式复制或抄袭本书之部分或全部内容。

版权所有，侵权必究

举报电话：010-62752024　电子邮箱：fd@pup.cn

图书如有印装质量问题，请与出版部联系，电话：010-62756370

前　言

自1990年上海证券交易所、深圳证券交易所成立以来，我国股票市场走过了30多年的发展历程，为中国企业的发展壮大提供了融资渠道，也为投资企业及中小投资者提供了投资平台。

证券投资技术分析是一门紧密联系实际的应用课程。投资者只有置身于金融市场，千锤百炼、熟能生巧，才能提高决策水平，从投资中获利。

本书编者从多年股票交易实践及教学实践出发，试图编写一本适用于金融及财经类专业本科课程——证券投资技术分析的教材，为学生学习、实践及就业贡献微薄之力。为此，本书力求做到如下几个方面。

（1）结构严谨、轮廓清晰、重点突出。全书共分七章，第一章对证券投资技术分析进行了系统介绍，并综合介绍了以后各章要用到的基本方法；其他六章分别对K线理论、切线理论、形态理论、波浪理论、量价关系及技术指标分析等证券投资技术分析课程的核心内容进行了分析，以便学生尽快掌握最常用、最实用的证券投资分析方法。

（2）强化应用、案例丰富。本书阐述理论的同时，针对每个知识点精选了具有可操作性的配套案例，理论通过案例解析，案例通过图形诠释，深入浅出、循序渐进。学生通过案例的剖析，理解证券投资的要领、精髓、手段及方法。

（3）规范性、可读性。本书加强了知识模块之间的关系论述，学生通过学习本书的内容，可以清晰掌握各部分内容之间的关系，加强对证券投资技术分析的体系结构、基本概念、基本理论及应用策略的了解。

本书适合作为金融及财经类专业本科课程——证券投资技术分析的基础教材，也可作为证券实训、股票实操的指导用书，还可作为对证券投资技术分析感兴趣的读者的自学用书。

本书的编写是在金融及财经类专业本科课程——证券投资技术分析多年教学讲义的基础上完成的，参加本书编写的还有具有多年风险投资经验的王路萍分析师和具有财务管理经验的周芳会计师。

本书按48学时设计，结合股票模拟实验效果更佳，教师可以根据教学计划、课时情况和课程体系不同进行取舍。

本书配有内容翔实、做工精美的课件辅助教学使用。

周玉江

2021年3月

目　　录

第一章

证券投资技术分析概述

学习目标

- 证券投资技术分析的概念
- 证券投资技术分析的要素及假设条件
- 证券投资技术分析的主要理论

思维导图

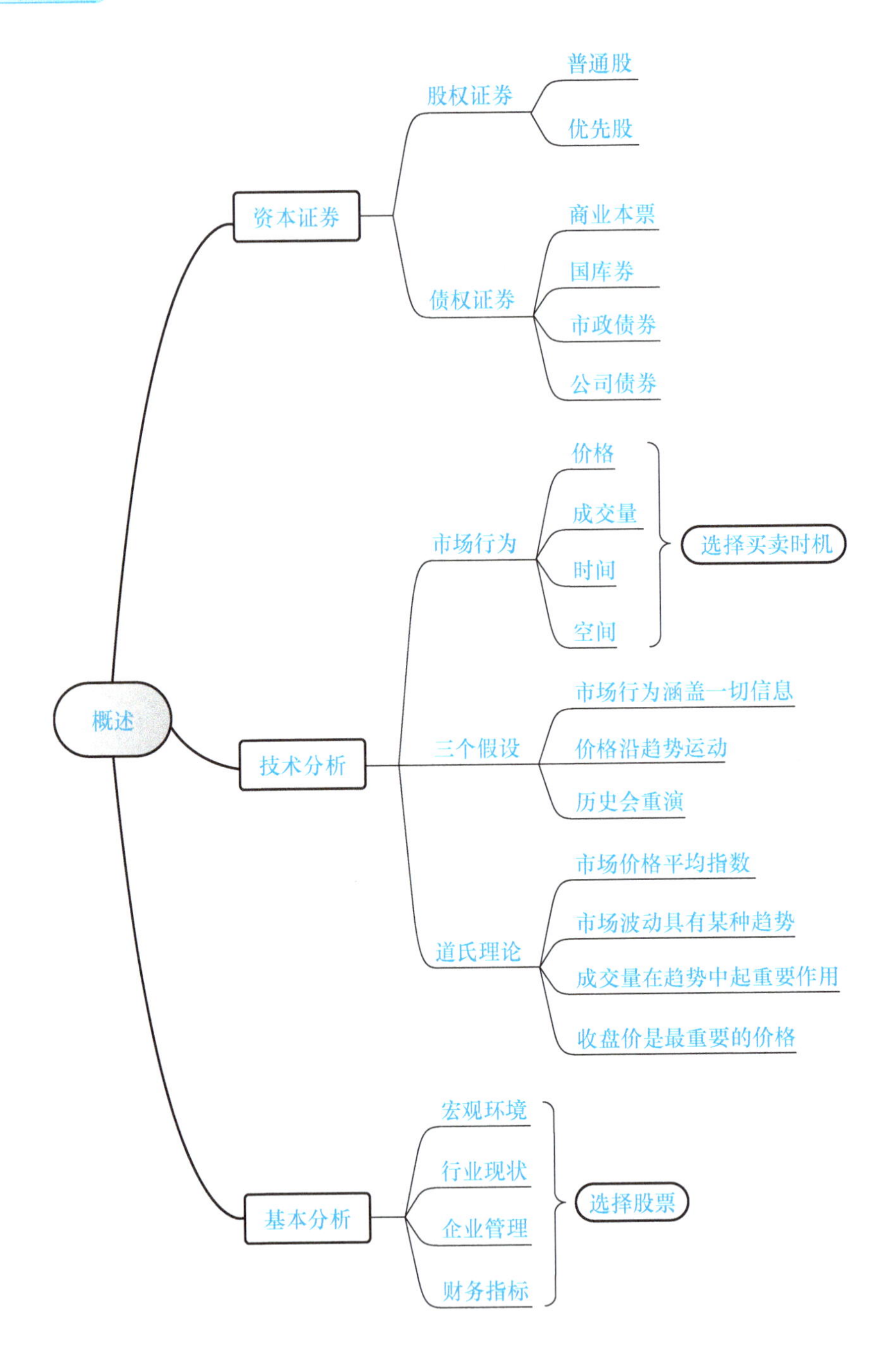

概述
资本证券
股权证券
普通股
优先股
债权证券
商业本票
国库券
市政债券
公司债券
技术分析
市场行为
价格
成交量
时间
空间
选择买卖时机
三个假设
市场行为涵盖一切信息
价格沿趋势运动
历史会重演
道氏理论
市场价格平均指数
市场波动具有某种趋势
成交量在趋势中起重要作用
收盘价是最重要的价格
基本分析
宏观环境
行业现状
企业管理
财务指标
选择股票

投资盈利是人们梦寐以求的，证券市场给投资人提供了实现盈利梦想的广阔舞台。面对眼花缭乱、跌宕起伏的证券市场，如何操作才能盈利呢？

证券投资，是按照投资分析不同的理论与方法，归纳总结出典型的市场行为，预测证券未来的行情变化趋势，并进行证券投资决策。证券投资技术分析是对证券投资的市场行为进行分析。

第一节　基本概念

一、证券

（一）定义

证券是各类财产所有权或债权凭证的通称，是用来证明财产所有人有权取得相应权益的凭证。

证券包括的范围很广，如股票、债券、期货、基金、票据（借据、收据）、提货单、保险单、存款单等。证券的分类见图 1-1-1。证券投资只讨论其中的一个子集——资本证券。

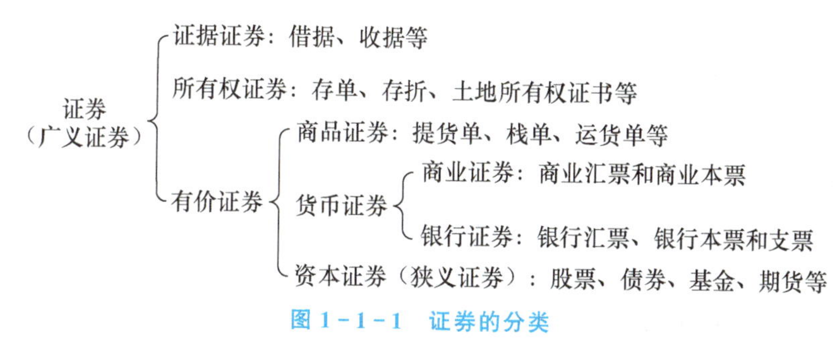

图 1-1-1　证券的分类

（二）资本证券

资本证券是指投资者把资本投入企业或国家的一种合法有效凭证，主要包括股权证券（所有权证券）和债权证券。

1. 股权证券

股权证券是代表持有人对发行人净资产一定比例所有权的一种权利证券，实质上是一种所有权证书。

股权证券没有偿还期限和到期日，除破产清算等情况，发行人也不必偿付。股权证券持有人有权参加分红。普通股股票、优先股股票都属于股权证券。

2. 债权证券

债权证券是代表发行人债务和持有人债权的一种权利证券，一般载明金额、具体偿还期限、利率或购买时的折扣，发行人在债务证券到期后必须偿还债务。

商业本票、国库券、国库票据、国债、市政债券、公司债券和房产按揭债券都属于债

务证券。

（三）本书研究的对象

技术分析理论适合于资本证券的各个品种，具有通用性。而股票投资入市门槛低，参与者众多，所以证券投资技术分析多以股票为研究对象，其方法对其他类型的债券同样适用。

二、证券市场行为

技术分析是对证券市场上的行为（以下简称市场行为）进行分析。何为市场行为，市场行为包括哪些要素？

1. 定义

市场行为是某一证券的市场表现，包括证券价格取值的高低、价格变化幅度的大小、价格发生这些变化所伴随成交量的大小、价格完成这些变化所经过时间的长短。

2. 市场行为要素

从定义可以看出，市场行为包含四个基本要素：价格、成交量、时间和空间（价格波动的幅度）。空间是描述价格的特征，有时也说市场行为由价格、成交量和时间三个要素组成。

3. 研究对象

人们的投资行为，受各方面因素的影响，如经济事件、社会事件、自然灾害、上市公司的重大变故等。因此，不同的投资决策会产生不同的市场行为，包括证券的市场价格、成交量、价格和成交量的变化及完成这些变化所经历的时间等。这些都以数据的形式保存了下来，投资者可以利用这些数据对股票的市场行为进行分析。

三、技术分析

1. 定义

投资者直接面对海量的、杂乱无章的数据，往往会一无所获。但数据记录了历史交易，其中蕴含着价格变化的规律。

技术分析是以市场行为作为分析对象，应用数学和逻辑学的方法，分析价格、成交量和技术指标等历史交易的数据，归纳总结历史交易的市场行为和特点，得到一些市场行为的固定模式，探索出典型的变化规律，预测未来证券价格的变动趋势。

2. 发展历程

在 17 世纪，K 线作为技术分析的手段，被日本人在米市交易中广泛使用。1884 年，美国的查尔斯・亨利・道提出了平均股价思维方式的原型，后由威廉・皮特・汉密尔顿和罗伯特・雷亚将其发展成道氏理论。道氏理论对于证券投资技术分析的发展影响很大，被认为是技术分析的鼻祖。

技术分析从产生到成熟经历了漫长的发展过程，经历了直觉化决策方式、图形化决策方式、指标化决策方式、模型化决策方式，以及正在研究开发的智能化决策方式，从定性分析逐步向定量分析及系统分析发展。

证券投资分析有多种分析方法，除技术分析外，常用的还有基本分析。

四、基本分析

1. 定义

基本分析又称基本面分析，是运用经济学、金融学、会计学、投资学等理论对影响经济环境、证券价格的基本要素进行分析，从而预测大盘走势、评估证券价值、判断证券的合理价位、提出相应投资建议的分析方法。

2. 分析内容

基本分析主要是对上市公司的宏观经济环境、行业现状及经营管理现状等因素进行分析，以此来衡量上市公司股票的内在价值，用以判断股价的高低。

3. 投资策略

通过对经济环境的宏观分析及对行业的分析，如果大盘将走强或行业有利好，投资者可进入市场进行投资，否则持币观望。

根据公司分析及财务分析，如果企业有利好或股票的市场价低于评估的结果，表明股价被低估，投资者可持股待涨或建仓买入，待股价上涨后卖出。如果公司有利空或股票的市场价高于评估的结果，表明股价虚高，投资者须及时卖出或持币观望，待股价见底后买入。

4. 特点

通过以上描述可以看出，基本分析主要进行外部环境分析、市场的趋势分析、股票的价值分析。这些分析有助于投资者做出战略决策，即是否进行投资，选择哪种股票进行投资。基本分析无法解决何时、哪个价位买入、哪个价位卖出等战术方面的问题，而这些正是技术分析所擅长的。

5. 基本分析与技术分析的关系

通过以上讨论可知，基本分析是宏观分析、战略分析；技术分析是微观分析、战术分析，两者功能不同，目标相同，相互补充。

事实上，基本分析的内容已经在西方经济学、会计学、财务管理等课程的教材里涉及，本书不再重复介绍。

第二节 技术分析的理论基础

证券投资的技术分析作为一种投资分析工具，是以一定的假设条件为前提的，主要包括以下三方面的内容。

一、三个假设

（一）基本内容

1. 假设一：市场行为涵盖一切信息

主要思想：任何一个影响证券市场的因素，最终都必然体现在股价和成交量的变动上。

外在的、内在的、基础的、政策的和心理上的等诸多影响股价的因素，都会在市场行为中得到充分的反映。技术分析人员只需关心这些因素对市场行为影响的最终效果，而不必过多关注具体的影响因素是什么。

2. 假设二：价格沿趋势移动

主要思想：股价的变动是按照一定规律进行的，且保持原来运动方向的惯性运动，直到出现反转为止。

股价处于上涨或者下跌的状态，如果没有外力的影响，股价会一直延续开始的状态，不会改变运动方向。这里指的外力，一是突发事件，二是投资者的心理。在没有突发事件的情况下，当股价上涨到一定程度，持股者认为趋势已经到顶，或认为即使没有到顶，上涨空间也已非常有限，且收益达到预期时，会选择卖出股票。当股价下跌到一定程度，投资者认为趋势已经见底，或认为即使没有见底，下跌空间也已非常有限时，会选择买入股票。这样的投资者逐渐增加，影响股价改变的外力逐渐积累，从量变到质变，从而导致股价反转。因此，投资者需要根据价格趋势，及时发现反转的信号，以达到顺势交易的目的。

3. 假设三：历史会重演

主要思想：一方面，经济的运行往往呈周期性变化，股票市场的运行也遵循这一规律；另一方面，市场中决定买卖的因素是人，人的行为会遵循人类心理学的某些规律或会受到以往经验的左右。

在证券市场，若人们在某种情况下取得成功，以后遇到类似的情况，一般还会如法炮制；如果在某种情况下失败了，也会吸取教训。人们遵循这样的规律参与股票市场的运行，导致股票价格的变动趋势会重复出现。正是因为历史会重演，所以根据历史来预测未来才成为可能。

（二）假设的缺陷

1. 假设一的缺陷

假设一：市场行为涵盖一切信息。其含义是，所有因素对股价的影响，都在量价关系中体现出来，在股价的跌宕起伏中反映出来。这显然不全面，因为外部环境、上市公司的某些变化，未必能及时在股价中反映出来，会存在信息的滞后或缺失。所以，进行技术分析的同时应进行适当的基本分析，以弥补技术分析的不足，是十分必要的。

2. 假设三的缺陷

假设三：历史会重演。虽然经济运行存在周期性，但由于证券市场存在随机性，两个周期之间的外部环境及公司状态会有很大不同，因此两个经济周期不可能是简单的重复。投资者只有找到两个经济周期之间的区别，才能剔除风险、发现机会、优化决策，机械地复制历史，会导致投资失败。

二、道氏理论简介

影响证券市场的理论包括波浪理论、随机漫步理论、循环周期理论、道氏理论、相反理论。道氏理论是技术分析的基础，本书所讲的内容主要涉及这一理论，故这里做简单介绍。第五章将详细介绍波浪理论，其他理论不再涉及。

（一）产生背景

道氏理论的创始人是美国人查尔斯·亨利·道。为了反映市场总体趋势，查尔斯·亨利·道与爱德华·琼斯创立了著名的道琼斯指数。他们在《华尔街日报》上发表的有关证券市场的文章，经后人整理和完善，成为我们今天所看到的道氏理论。

（二）四个结果

1. 市场价格平均指数

道氏理论认为：股票市场价格平均指数可以解释和反映市场的大部分行为。这是道氏理论对证券市场的重大贡献。

目前，世界上所有的证券交易所计算价格指数的方法大同小异，都源于道氏理论，如沪深 300 指数、上证 50 指数、中证 500 指数等。此外，查尔斯·亨利·道还提出平均价格（市场行为）涵盖一切信息的假设，目前这个假设仍是技术分析的一个基本假设。

2. 市场波动具有某种趋势

道氏理论认为：价格的波动尽管表现形式不同，但最终可以分为三种趋势，主要趋势、次要趋势和短暂趋势。

主要趋势是指那些持续一年或一年以上的趋势，看起来像大潮。次要趋势是指那些持续三周至三个月的趋势，看起来像波浪，是对主要趋势的调整。短暂趋势是指持续时间不超过三周的趋势，看起来像波纹，波动幅度更小。

3. 成交量在趋势中起重要作用

道氏理论认为：成交量提供的信息，有助于确定价格曲线的反转时刻，寻找趋势的反转点是决定操作行为的关键。例如，股价一直上涨，投资者在价格趋势反转下跌前卖出股票最佳；股价一直下跌，投资者在价格趋势反转上涨前买入股票最佳。

4. 收盘价是最重要的价格

道氏理论认为：在股票的所有价格中，收盘价是最重要的价格，并且收盘价用于计算平均价格指数。

收盘价是多空双方经过一天的较量而最终达成的共识。其他价格，如最低价、最高价等都只是暂时价格，只有收盘价最具有代表性，目前各种指标都是用收盘价计算的。

（三）道氏理论的不足

首先，道氏理论对于每日、每时都在发生的小波动无能为力，甚至在判断次要趋势方面的作用也不大。其次，道氏理论的可操作性较差，没有明确的信号，类似于定性分析。最后，由道氏理论得到的结论落后于价格变化，会导致得到的信息滞后。道氏理论主要应用于计算股票市场的价格指数。

尽管道氏理论存在不足，但它仍是许多技术分析的理论基础，运用道氏理论得出的结论对投资有一定的指导意义。

本 章 小 结

本章介绍了技术分析的定义和发展史，阐述了技术分析的理论基础及道氏理论，说明了技术分析的相关方法及这些分析方法最基本的出发点和侧重点，讨论了应用技术分析时应注意的问题。

综 合 练 习

一、名称解释

1. 市场行为　　2. 三要素

3. 三个假设　　4. 道氏理论

二、单项选择题（以下各小题所给出的选项中，只有一项符合题目要求，请将正确选项填入括号内）

1. 在进行技术分析的假设中，从人的心理因素方面考虑的假设是（　　）。

A. 市场行为涵盖一切信息　　B. 价格沿趋势移动

C. 历史会重演　　D. 投资者都是理性的

2. 在进行技术分析的假设中，最根本、最核心的条件是（　　）。

A. 市场行为涵盖一切信息　　B. 价格沿趋势移动

C. 历史会重演　　D. 投资者都是理性的

3. 在进行技术分析的假设中，基础的假设是（　　）。

A. 市场行为涵盖一切信息　　B. 价格沿趋势移动

C. 历史会重演　　D. 投资者都是理性的

4. 技术分析的对象是（　　）。

A. 价格　　B. 成交量　　C. 市场走势　　D. 市场行为

三、不定项选择题（以下各小题所给出的选项中，至少有一项符合题目要求，请将正确选项填入括号内）

1. 技术分析是以一定的假设条件为前提的，这些假设不包括（　　）。

A. 市场行为涵盖一切信息　　B. 价格沿趋势移动

C. 历史会重演　　D. 投资者都是理性的

2. 技术分析的要素包括（　　）。

A. 价格　　B. 成交量　　C. 时间　　D. 空间

3. 市场行为最基本的表现是（　　）。

A. 成交价　　B. 成交量　　C. 成交时间　　D. 成交地点

4. 一般来说，买卖双方对价格的认同程度通过成交量的大小来确认，具体为（　　）。

A. 认同程度低，分歧大，成交量小　　B. 认同程度低，分歧大，成交量大

C. 价升量增，价跌量减　　D. 价升量减，价跌量增

5. 按照道氏理论，下列关于市场波动趋势的说法正确的是（　　）。

A. 主要趋势是那些持续一年或一年以上的趋势

B. 主要趋势是那些持续三个月或三个月以上的趋势

C. 短暂趋势持续时间不超过一周

D. 短暂趋势持续时间不超过三个月

6. 道氏理论的主要原理有（　　）。

A. 市场价格平均指数可以解释和反映市场的大部分行为

B. 市场波动具有某种趋势

C. 趋势必须得到交易量的确认

D. 一个趋势形成后将持续下去，直到趋势出现明显的反转信号

7. 道氏理论认为，市场波动的趋势不包括（　　）。

A. 主要趋势　　B. 次要趋势　　C. 短暂趋势　　D. 长期趋势

8. 一般来说，可以将技术分析方法分为（　　）。

A. 指标类　　B. 形态类　　C. K 线类　　D. 波浪类

9. 技术分析作为一种证券投资分析工具，在应用时应该注意（　　）。

A. 技术分析必须与基本分析结合起来使用

B. 多种技术分析方法综合研判

C. 理论与实践相结合

D. 充分发挥单项技术分析方法的作用

四、判断题（判断以下各题的对错，对的用 A 表示，错的用 B 表示，将结果填在括号内）

1. 技术分析的假设认为，即使没有外部因素影响，股票价格也可以改变原来的运动方向。（　　）

2. 一切技术分析方法都是以价格、成交量关系为研究对象的。（　　）

3. 股票价格沿趋势移动是进行技术分析最根本、最核心的假设。（　　）

4. 道氏理论将价格的波动分为长期趋势、主要趋势、次要趋势、短暂趋势四种。（　　）

5. 道氏理论认为在各种市场价格中，最重要的是开盘价。（　　）

五、简答题

1. 我们学过的技术分析有哪些种类？

2. 技术分析的三个假设是什么？

3. 道氏理论有哪些主要观点？

4. 基本分析和技术分析的区别是什么？

5. 为什么技术分析需要结合其他分析方法使用？

6. 如何理解技术分析不讲究严格的因果关系这一说法？

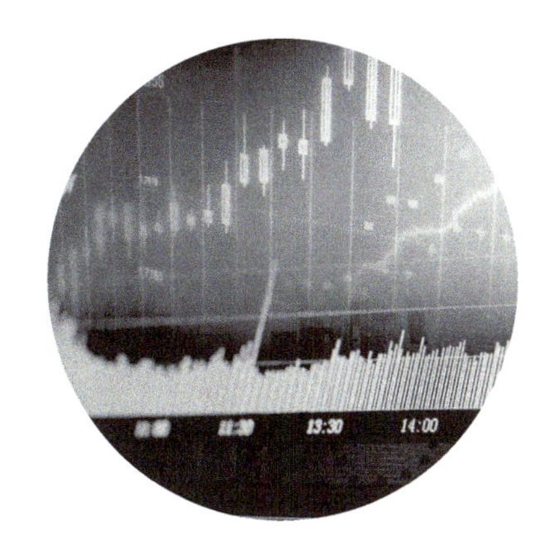

第二章

K 线 理 论

学习目标

- K 线的概念
- 单根 K 线的应用
- 多根 K 线的组合识别和应用

思维导图

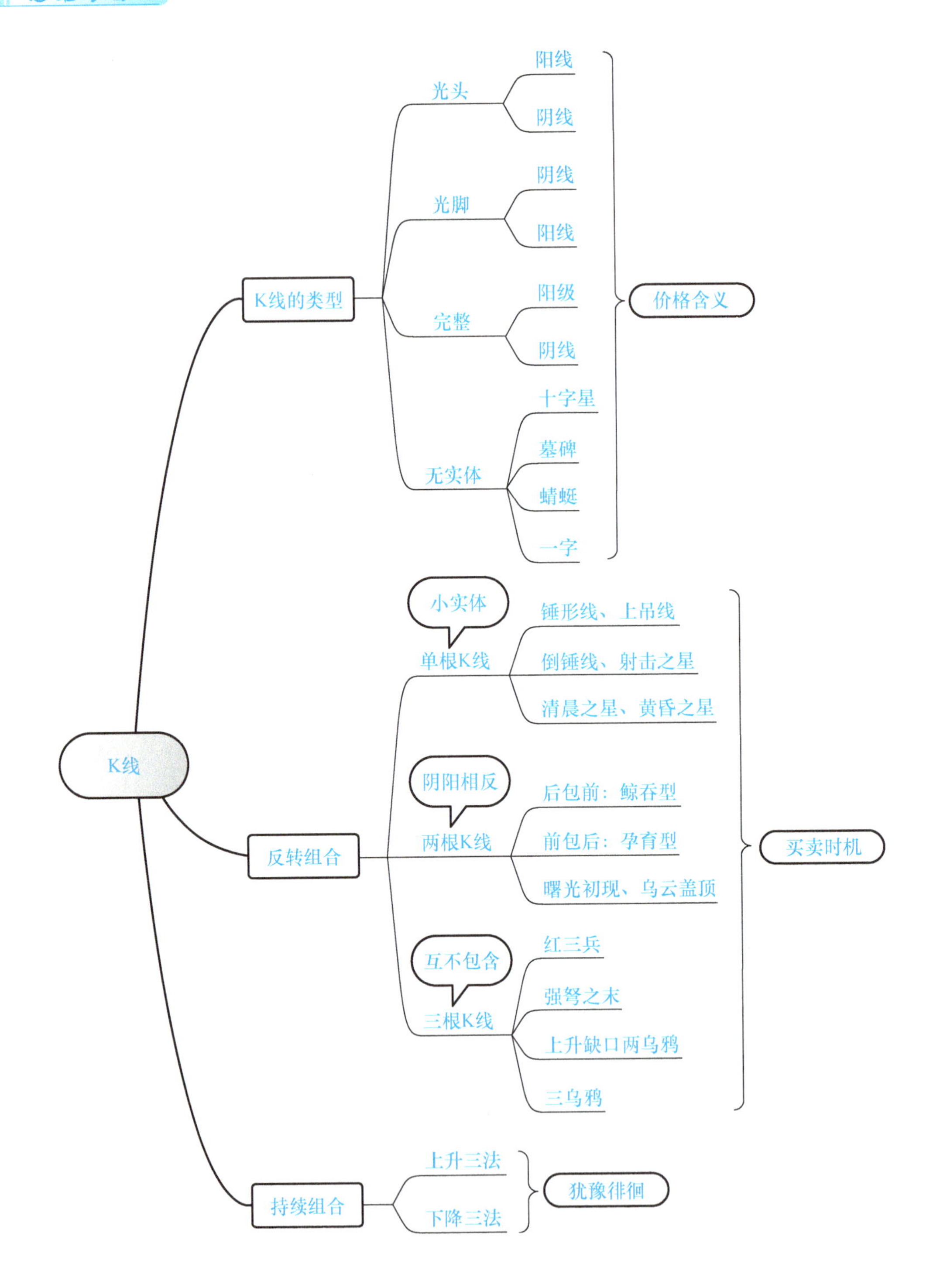

K线
K线的类型
光头
阳线
阴线
光脚
阴线
阳线
完整
阳级
阴线
无实体
十字星
墓碑
蜻蜓
一字
价格含义
反转组合
小实体
单根K线
锤形线、上吊线
倒锤线、射击之星
清晨之星、黄昏之星
阴阳相反
两根K线
后包前：鲸吞型
前包后：孕育型
曙光初现、乌云盖顶
互不包含
三根K线
红三兵
强弩之末
上升缺口两乌鸦
三乌鸦
买卖时机
持续组合
上升三法
下降三法
犹豫徘徊

股票交易软件的报价界面可以实时、动态地显示股票交易情况，优点是数值精确，缺点是不直观。

投资者决策时需要了解股价的趋势、近一段时间的最高价和最低价，但是报价界面无此功能。这样的愿望如何实现呢？

第一节 基本概念

一、K线的起源

K线又称日本线，英文名称是Candle（蜡烛），起源于日本德川幕府时代。当时，大阪米市一位叫本间宗久的商人，用类似于一支蜡烛的图形记录米市的行情及价格波动，用于米市的价格分析，见图2-1-1。

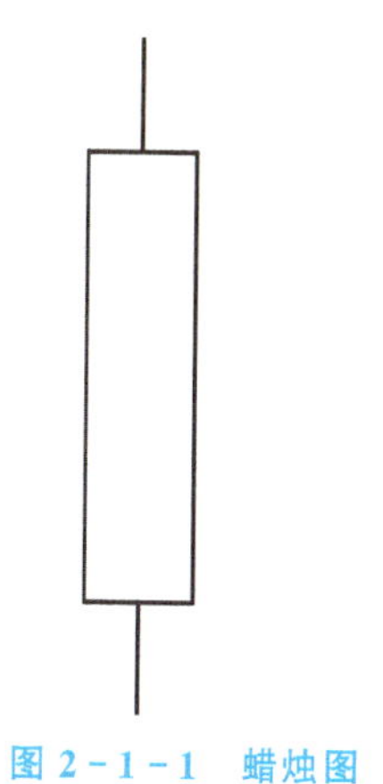

图2-1-1 蜡烛图

由于简单直观，这种方法逐渐在大米交易中被广泛采用。这种图形在日本被称为“罫线”，“罫”的日文发音为“kei”，故称这种图形为K线。

经过两百多年的应用和完善，目前已经形成了一整套的K线分析理论，广泛应用于证券、外汇及期货等各类金融市场的投资分析。

二、K线的构造

1. K线的含义

K线是将每日、每周或每月的价格变动情形用图形表示，依照图形研究和判断股价变动现状及趋势的一种方法，由一个柱状的矩形及两条影线组成。K线有两种常见形状，见图2-1-2。

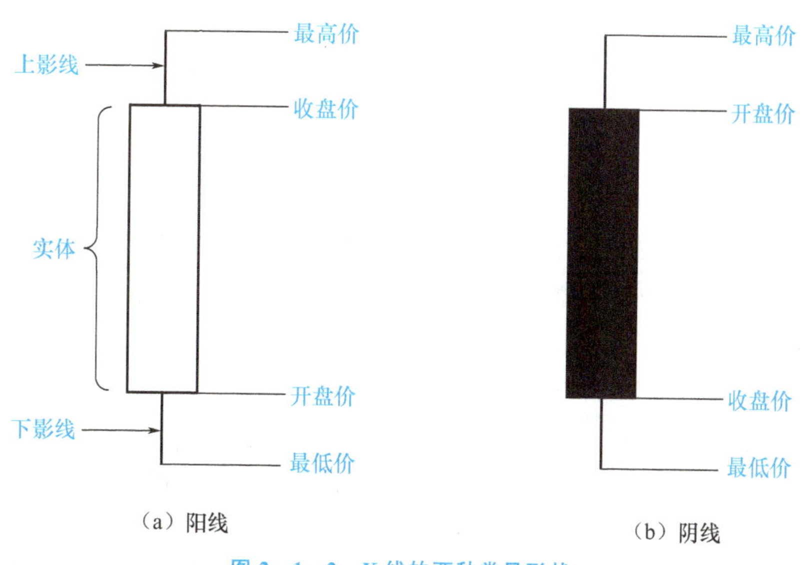

图2-1-2 K线的两种常见形状

2. K线各部分的名称

开盘价和收盘价的中间部分称为实体；实体上方的部分称为上影线，实体下方的部分称为下影线；上影线的上端顶点表示一日的最高价，下影线的下端点表示一日的最低价。K线实体的宽窄，没有实际的含义。

3. 阳线与阴线

根据开盘价和收盘价的关系，K线分为阳（红）线和阴（黑）线两种。收盘价高于开盘价时称为阳线，意味着股价上涨了；收盘价低于开盘价时称为阴线，意味着股价下跌了。

三、K线四个价格的定义

1. 开盘价

开盘价的传统定义是指每个交易日的第一笔成交价格。由于存在庄家或大户人为制造开盘价的弊端，因此目前我国上海证券交易所、深圳证券交易所均采用集合竞价的方式产生开盘价，每个交易日的9:15—9:25为开盘集合竞价时间。

股票集合竞价，是将数笔委托报价或某一时段内的全部委托报价集中在一起，根据不高于最高的申买价 a_2 和不低于最低的申卖价 b_1 的原则，产生一个成交量最大的成交价格 c，将这个价格作为全部成交委托的交易价格，见图2-1-3。

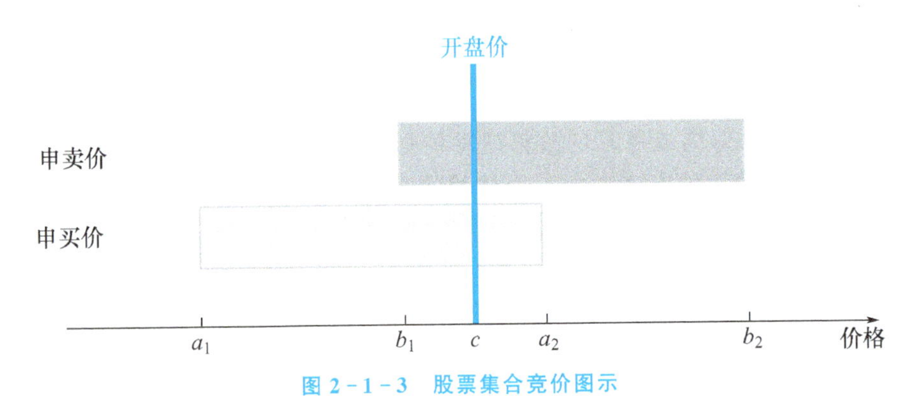

图2-1-3 股票集合竞价图示

2. 收盘价

收盘价的传统定义是指每个交易日的最后一笔成交价格。上海证券交易所和深圳证券交易所都通过集合竞价的方式产生收盘价，每个交易日的14:57—15:00为收盘集合竞价时间。

3. 日最高价与日最低价

日最高价和日最低价是每个交易日成交股票的最高成交价格和最低成交价格，二者反映股票价格上下波动的幅度。这两个价格如果相差悬殊，说明当时的市场交易活跃，买卖双方争斗激烈。

日最高价和日最低价都是瞬间的价格表现，同样有被人做市而脱离实际价格的可能。

日最高价与日最低价之间的间隔区域，称为当天的交易区域。

说明：在四个价格中，收盘价是最重要的，技术分析只关心收盘价，而不理会其余三个价格。人们在说到某只股票某天的价格时，通常说的就是收盘价。

四、K线各个部分的含义

（一）阴线与阳线

阴阳代表着股票价格的趋势与方向。阳线是收盘价高于开盘价的部分，表明在多空双方的博弈中，多方占有优势。阴线是收盘价低于开盘价的部分，表明在多空双方的博弈中，空方占有优势。

（二）实体大小

实体的大小（或长短）显示了多空双方实力的大小。

实体越大（长），表明多空双方实力的差距越大，这时的市场行情完全由一方控制，另一方几乎无还手之力，股价上升或下降的趋势也越明显，见图2-1-4。

实体越小（短），表明多空双方实力的差距越小，一方虽有优势，但影响市场的能力有限，股价上升或下降的趋势不明显，见图2-1-5。

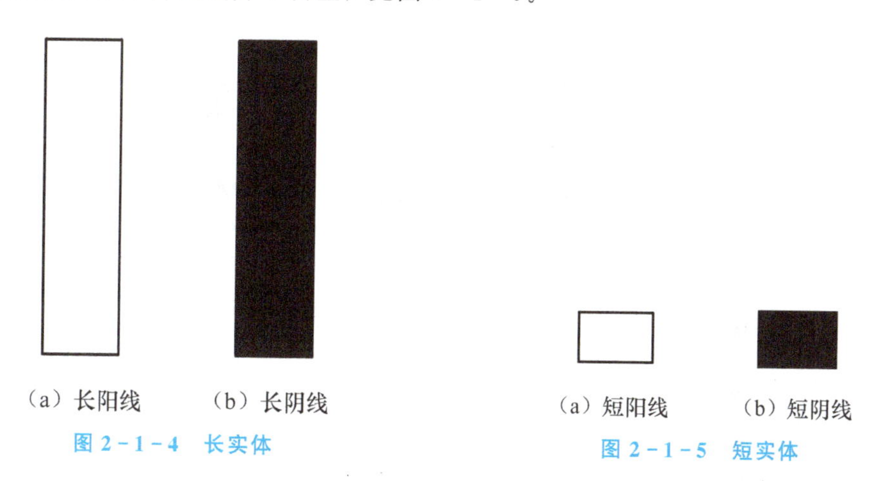

图2-1-4　长实体

图2-1-5　短实体

（三）影线长短

上影线对股价形成压力，下影线对股价形成支撑；影线在一个方向上越长，越不利于股价朝这个方向变动。

1. 上影线越长，越不利于股价上涨

上影线长，表明多方虽然全力上冲，但终因实力不济，攻占的阵地得而复失，没有守住，最后以远离最高价收盘。因此，上影线越长，股价上涨的阻力越大，越不利于股价上涨。

上影线短，表明多方占优，上涨阻力小，最后以接近最高价收盘。因此，上影线越短，股价上涨的力量越大、下跌的力量越小。

2. 下影线越长，越不利于股价下跌

下影线长，表明空方虽拼尽全力，但终因实力不足，攻占的阵地得而复失，最后以远离最低价收盘。因此，下影线越长，股价下跌的阻力越大，股价朝下影线方向变化的力量越小。

下影线短，表明空方占优，下跌阻力小，最后以接近最低价收盘。因此，下影线越短，股价下跌的力量越大、上涨的力量越小。

当然，上、下影线对于价格趋势的影响都是相对的，还需和实体的长短综合起来考虑。K 线反映了一个时间单位的交易状态。如何根据单根 K 线的表现进行投资分析呢？

第二节 单根 K 线的应用

常见的 K 线形态共十二种，见图 2-2-1。下面针对不同 K 线的特点分别进行讨论。

一、光头光脚 K 线

（一）图形特征

既没有上影线也没有下影线，只有实体的 K 线，称为光头光脚 K 线，见图 2-2-1（d）。

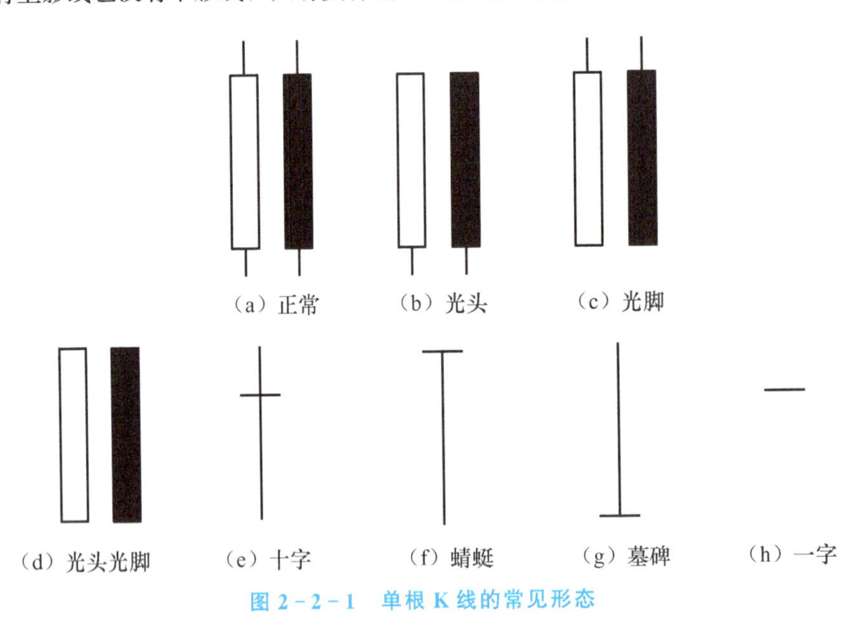

图 2-2-1 单根 K 线的常见形态

这时，阳线的开盘价等于最低价且收盘价等于最高价；阴线的开盘价等于最高价且收盘价等于最低价。

（二）市场含义

1. 阳线

光头光脚小阳线，通常出现在股价上涨初期、回调（上升趋势中的短暂下跌）完毕或横盘整理阶段，表明多方处于力量逐渐增强或逐渐减弱的过渡及徘徊阶段，见图 2-2-2-①。

光头光脚大阳线，通常出现在股价位于底部向上突破或位于高位的拉升阶段，表明多方占据绝对优势，空方抵抗力量微弱，见图 2-2-2-②。

图 2-2-2 中信证券光头光脚阳线案例

2. 阴线

光头光脚小阴线，通常出现在股价下跌初期、末期、反弹（下降趋势中的短暂上涨）结束或横盘整理阶段，表明空方处于力量逐渐增强或逐渐减弱的过渡及徘徊阶段，见图 2-2-3-①。

光头光脚大阴线，通常出现在股价位于高位的下跌初期或位于下降趋势尾声的最后打压阶段，表明空方占据绝对优势，多方抵抗力量微弱，图 2-2-3-②。

二、收盘无影线

（一）图形特征

收盘无影线，顾名思义，是 K 线在收盘方向没有影线，见图 2-2-4。

对于阳线，当收盘价等于最高价时，称为光头阳线；对于阴线，当收盘价等于最低价时，称为光脚阴线。

图 2-2-3 首创股份光头光脚阴线案例

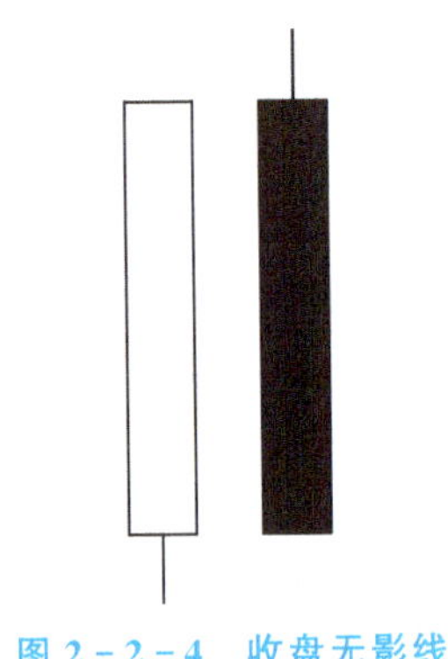

图 2-2-4 收盘无影线

（二）K 线类型

1. 光头阳线

光头阳线属于先跌后涨型，以股价上涨结局。

多方信心满满、来势汹汹、攻城夺地，优势一直保持到最后，股价一路上涨，以最高价收盘。

空方不甘示弱、奋力抵抗，导致股价下跌，一度跌至开盘价以下。

光头阳线，多方实力占优，其优势大小与下影线的长短及实体的长短有关。下影线及实体越长，多方实力越大，见图 2-2-5-①×3。

2. 光脚阴线

光脚阴线属于下跌抵抗型，但未能阻止股价下跌。

空方信心满满、势如破竹，优势一直保持到最后，股价一路下跌，以最低价收盘。

多方并不甘心坐以待毙、奋力抵抗，导致股价上涨，一度拉升至开盘价以上的最高价，但终因实力有限败下阵来。

光脚阴线，空方实力占优，其优势大小与上影线的长短及实体的长短有关。上影线及实体越长，空方优势越大，见图 2-2-5-②×2。

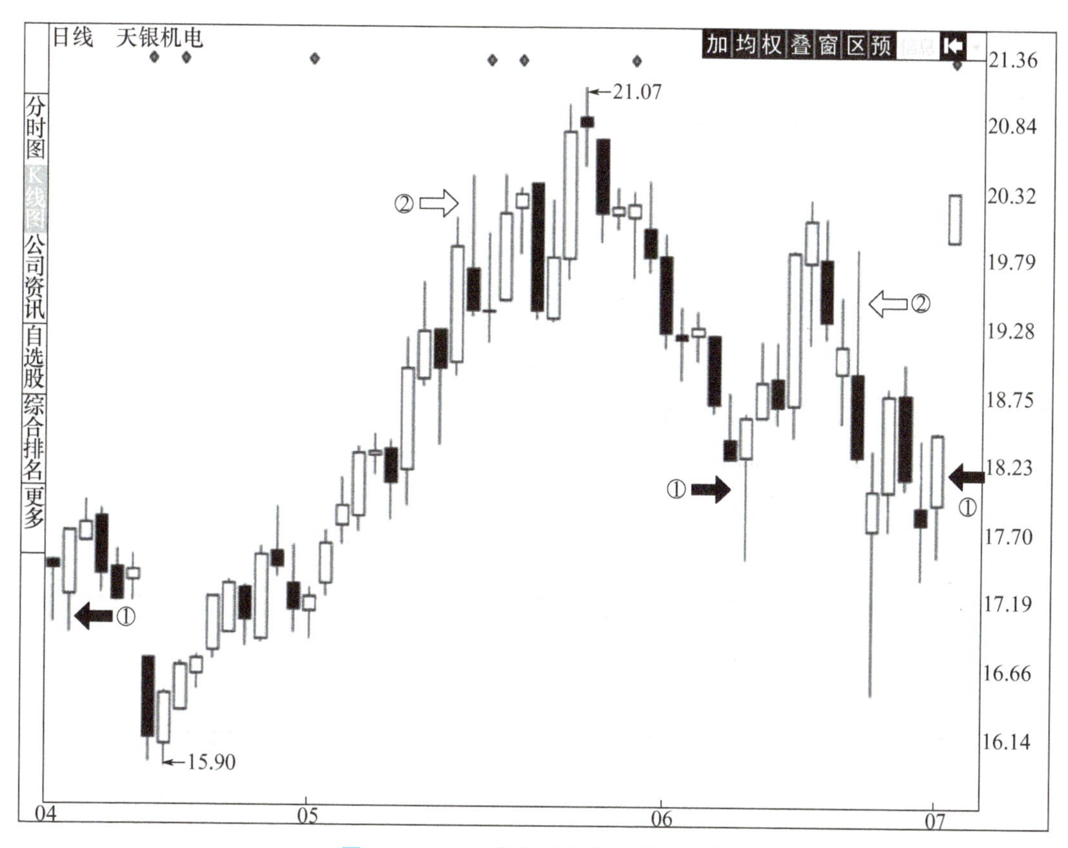

图 2-2-5 天银机电收盘无影线案例

三、开盘无影线

（一）图形特征

开盘无影线，顾名思义，是 K 线在开盘方向没有影线，见图 2-2-6。

对于阳线，当开盘价等于最低价时称为光脚阳线；对于阴线，当开盘价等于最高价时称为光头阴线。

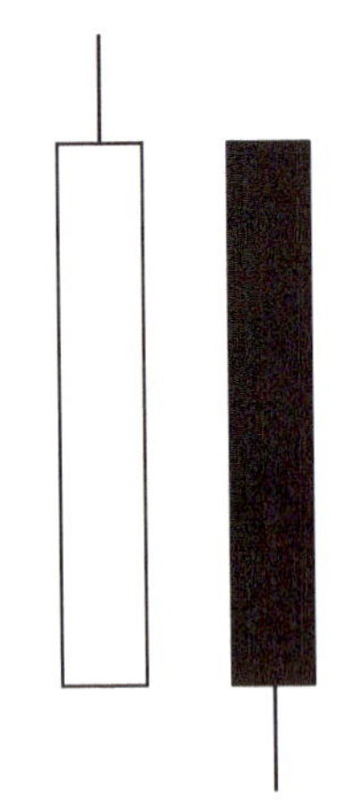

图 2-2-6 开盘无影线

（二）K 线类型

1. 光脚阳线

光脚阳线属于上涨抵抗型，但未能阻止股价上涨。

多方势头强劲，开盘后股价一路上涨，但在高价位受到了空方的强力抵抗，导致股价下跌，以低于最高价的价格收盘。

光脚阳线，多方实力占优，其优势大小与上影线的长短及实体的长短有关。上影线越短及实体越长，多方优势越大，见图 2-2-7-①×3。

2. 光头阴线

光头阴线属于下跌抵抗型，以股价下跌结局。

空方实力强劲，开盘后股价一路下跌，但在低价位受到了多方的拼命抵抗，导致股价上涨，以高于最低价的价格收盘。

光头阴线，空方实力占优，其优势大小与下影线的长短及实体的长短有关。下影线越短及实体越长，空方优势越大，见图 2-2-7-②×2。

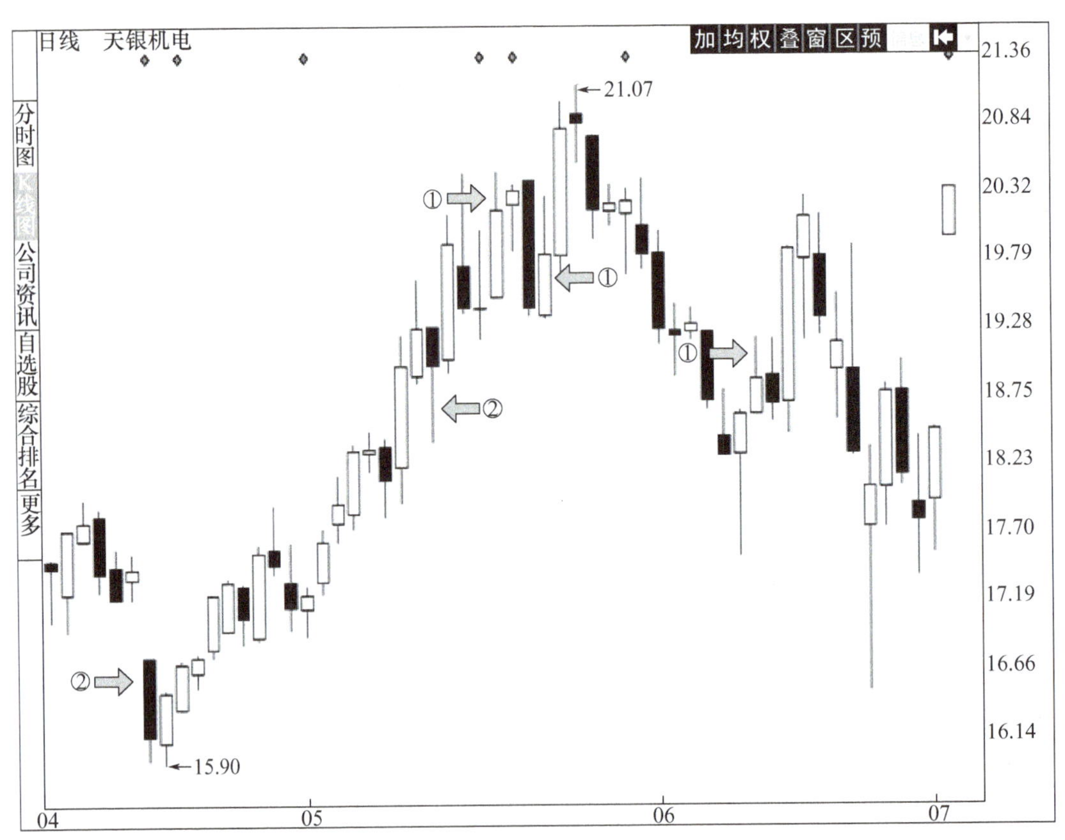

图 2-2-7 天银机电开盘无影线案例

四、带上、下影线的完整 K 线

既有上影线，又有下影线的完整 K 线，是出现频率最高的 K 线，见图 2-2-8。这种情况表明，在全天的交易中，多空双方争斗异常激烈，展开拉锯战，收盘时一方终获优势。

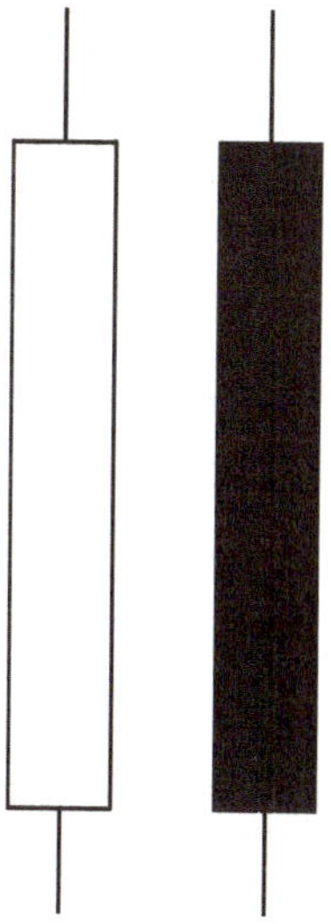

图 2-2-8 带上、下影线的完整 K 线

（一）完整阳线

阳线表示收盘价高于开盘价，股价呈上升趋势，总的来说，多方占优，只是优势大小不同。股价一路上涨，在高价位无法站稳脚跟，被空方一度拉回到低于开盘价的位置，但多方占优，仍以高于开盘价的价格收盘。按上、下影线及实体长度的不同，可分为 4 种情况。

1. 上影线长于下影线

若上影线长于实体，表明多方拉动股价上涨受到强大的阻力，以远离最高价的价格收盘，多方虽有优势，但受到的阻力也不小，见图 2-2-9-①×2。

若上影线短于实体，表明多方拉动股价上涨，虽然受到了阻力，但最终以接近最高价的价格收盘，空方一度受挫，多方优势依然明显，见图 2-2-9-②。

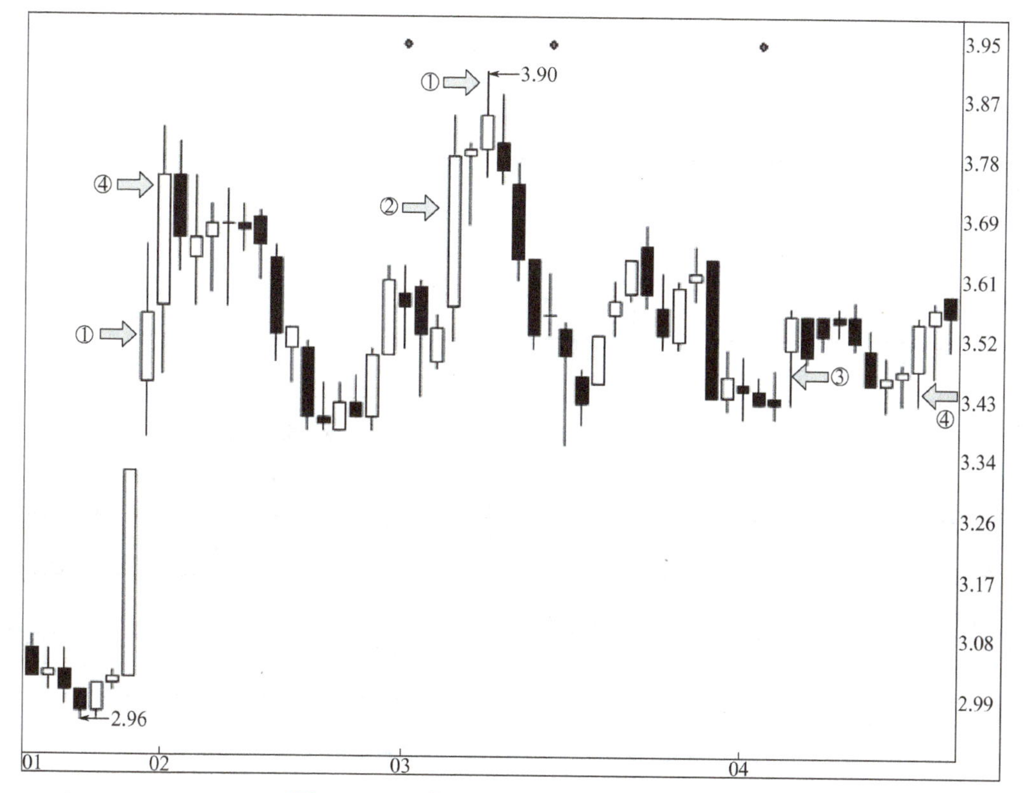

图 2-2-9 带上、下影线的完整 K 线案例

2. 上影线短于下影线

若下影线长于实体，表明空方拉动股价下跌的幅度很大，但被多方拼命挽回，空方劣势较小，见图 2-2-9-③。

若下影线短于实体，表明空方虽将股价拉至开盘价以下，但力量有限、收效甚微、劣势明显，见图 2-2-9-④×2。

（二）完整阴线

阴线表示收盘价低于开盘价，股价呈下降趋势，总的来说，空方占优，只是优势大小不同。开盘后股价一路下跌，但遇到多方拼力抵抗，股价一度拉升到开盘价以上。

但多方终因实力不济未能阻止股价下跌，最终以低于开盘价、高于最低价的价格收盘。按上、下影线及实体长度的不同，可分为以下四种情况。

1. 上影线长于下影线

若上影线长于实体，表明开盘后股价一路下跌，但遇到多方奋力抵抗拉动股价上涨幅度很大。可惜多方未能守住阵地，虽具有劣势，但实力不容小觑，见图 2-2-10-①×3。

若上影线短于实体，表明多方拉动股价上涨、阻止股价下跌的能力有限，劣势明显，见图 2-2-10-②。

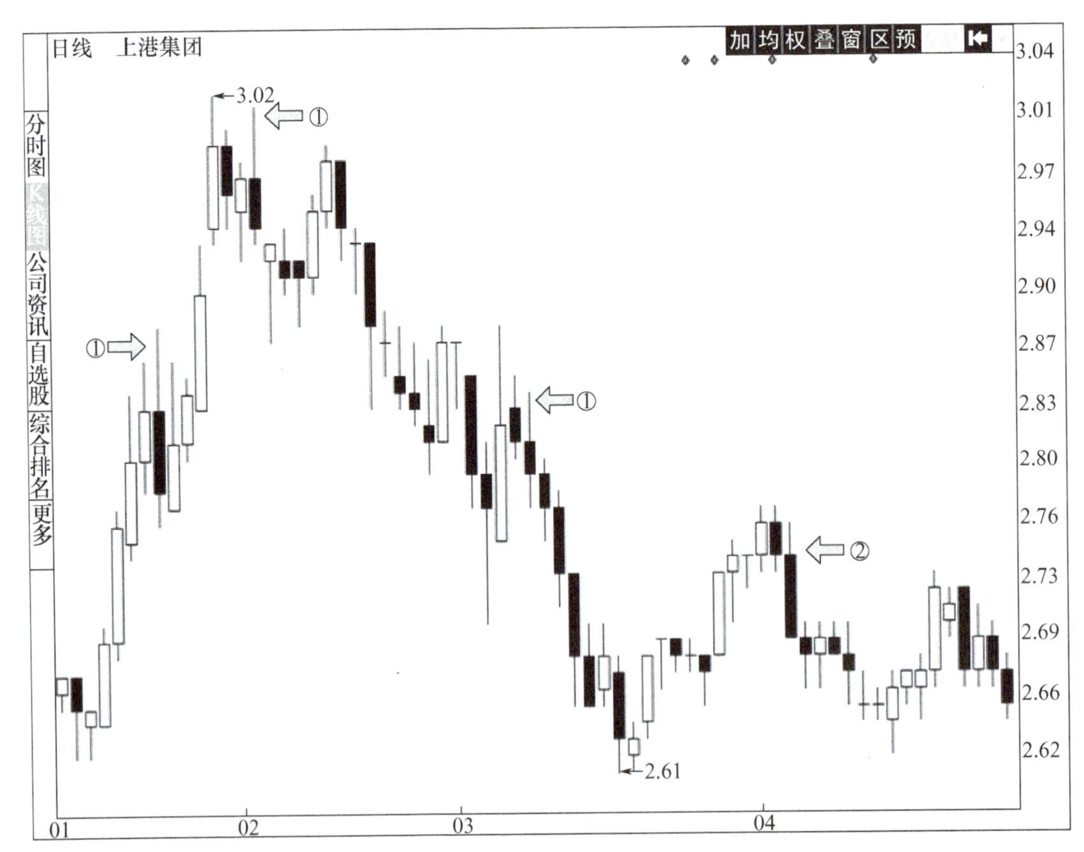

图 2-2-10 上港集团完整阴线案例

2. 上影线短于下影线

若下影线长于实体，表明空方拉动股价下跌，但受到多方强力抵抗拉回，空方优势减弱，多方对于股价下跌形成支撑，股价以远离最低价的价格收盘，见图 2－2－11－①。

若下影线短于实体，表明空方拉动股价下跌，遇到的多方的阻力有限，空方优势明显，见图 2－2－11－②。

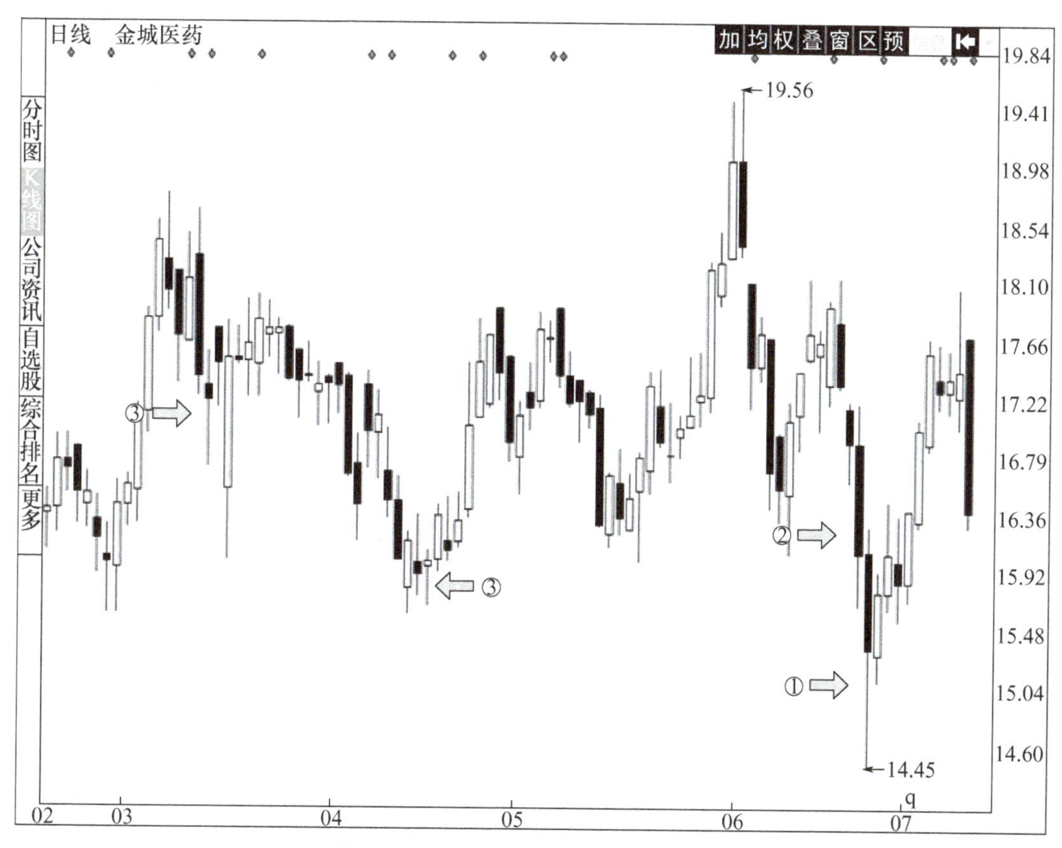

图 2－2－11 金城医药完整 K 线案例

（三）纺轴线

在实际交易的过程中，影线比实体长得多的小阳线和小阴线称为纺轴线，表示多空双方争斗异常激烈，但实力相差无几，曾经具有优势的一方已经风光不再。

当股价位于趋势的顶端或底端时，趋势反转的可能性增大；当股价位于趋势的中部时，预测意义不明显，见图 2－2－11－③×2。

五、无实体 K 线

交易多在开盘价与收盘价之间进行，当收盘价等于开盘价时，实体呈一条直线，这时的 K 线称为无实体 K 线。如果开盘价比前一个交易日的收盘价低，这时的无实体 K 线为阴线颜色，如果比收盘价高，则为阳线颜色，无实体 K 线有如下四种类型。

（一）十字星

1. 形态特征

十字星，顾名思义，是指此时的 K 线像一个十字，上、下影线较长，称为大十字星；上、下影线较短，称为小十字星。

2. 市场含义

大十字星的上、下影线长表明多空双方争斗激烈，最后回到原处，后市往往有变化。

大十字星若在股价上升趋势末端出现，是见顶信号，见图 2－2－12－①；在股价下降趋势末端出现，是见底信号，见图 2－2－12－②×2；在股价上涨途中出现，继续看涨；在股价下跌途中出现，继续看跌。

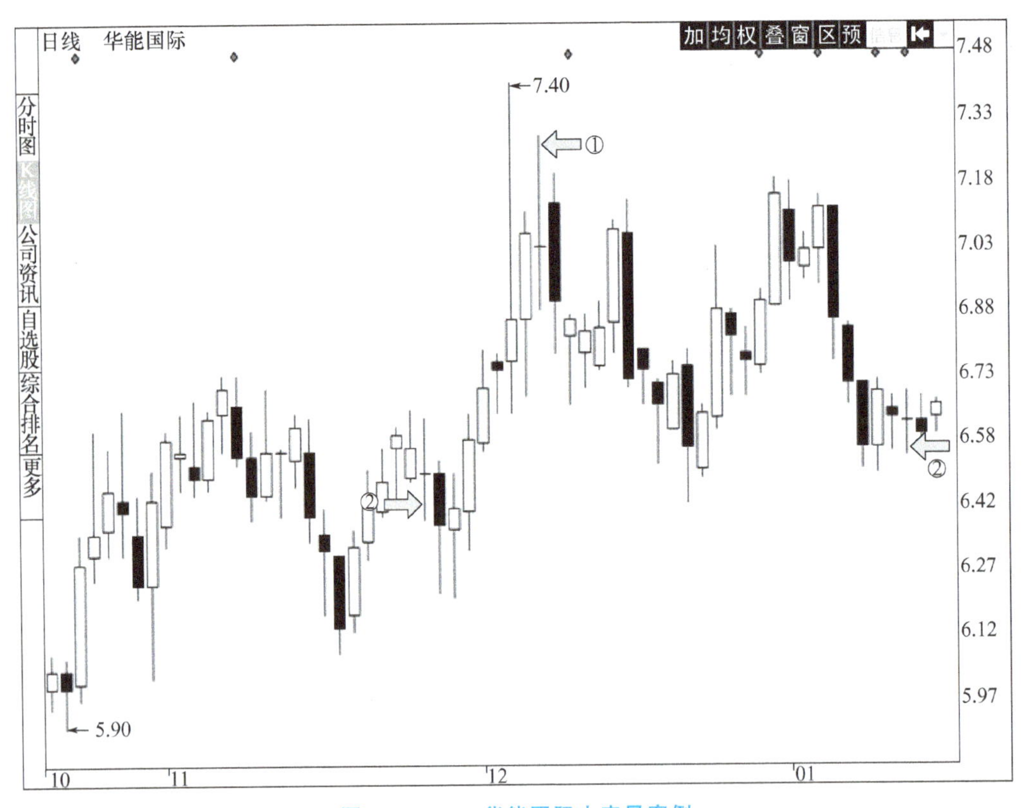

图 2－2－12 华能国际十字星案例

3. 大十字星与小十字星的区别

虽然大十字星与小十字星的含义相同，但大十字星的可靠程度远比小十字星的高。因此，可将大十字星作为“逃顶”或“抄底”的重要参考。小十字星传递的信息量少，预测意义有限。

（二）墓碑线

1. 形态特征

只有上影线无下影线，或下影线很短可以忽略时的无实体K线，称为墓碑线或倒T形线，见图2-2-13-①。

2. 市场含义

墓碑线表明开盘后市场全天在高于开盘价处进行交易，但收盘时，收盘价又跌回到了开盘价，表明股价反弹、上冲失败。

上影线越长，表明股价波动的幅度越大，多空双方争斗越激烈，信号越强，参考价值越大。

墓碑线出现在高价位时，表明多方抛压严重，股价上涨动能消耗殆尽，反转下跌的可能性大；如果出现在中价位，表明股价在后市仍有上升空间。

（三）蜻蜓线

1. 形态特征

只有下影线而无上影线，或上影线短到可以忽略时的无实体K线，称为蜻蜓线或T字线，见图2-2-13-②。

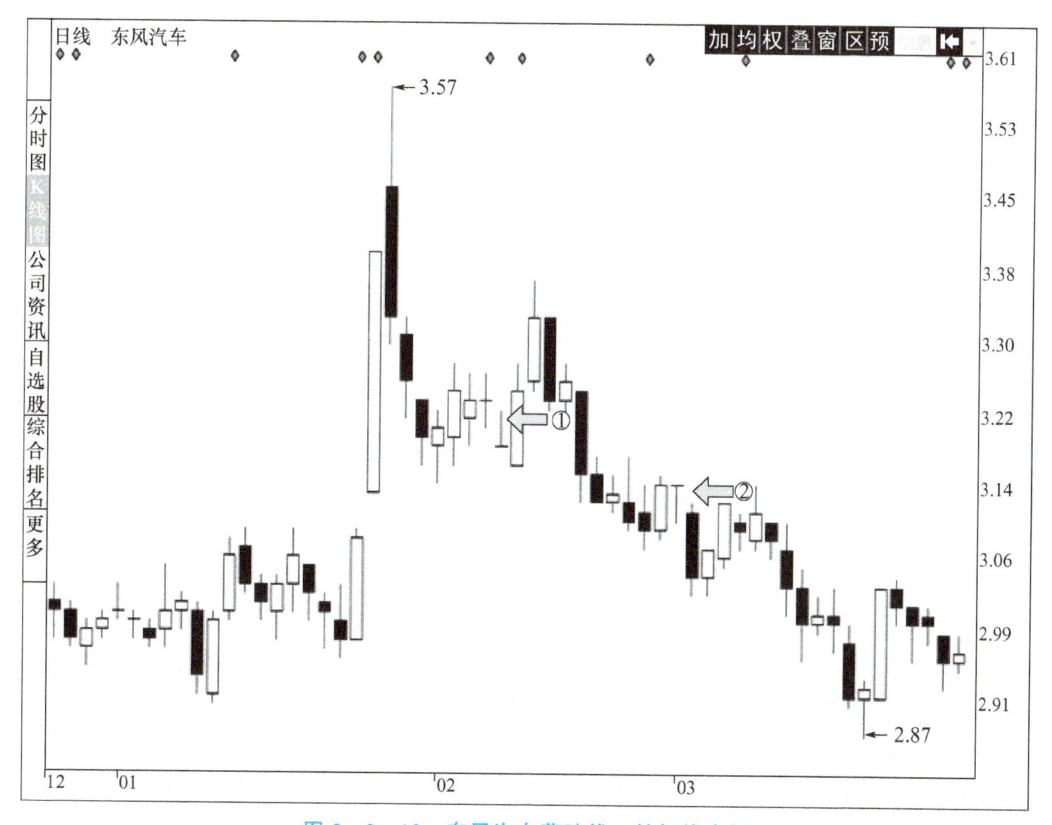

图2-2-13 东风汽车墓碑线、蜻蜓线案例

2. 市场含义

蜻蜓线表明开盘后全天都在低于开盘价处进行交易，但收盘时，股价又回升到了开盘价，表明空方打压失败。

下影线越长，表明股价波动的幅度越大，多空双方争斗越激烈，信号越强，参考价值越大。蜻蜓线如果出现在低价位，表明承接能力强，股价有反转的可能。

（四）一字线

1. 形态特征

开盘价、收盘价、最高价、最低价几乎相同时的K线，称为一字线，见图2-2-14-①。一字线既可以出现在上升趋势中，也可以出现在下降趋势中。

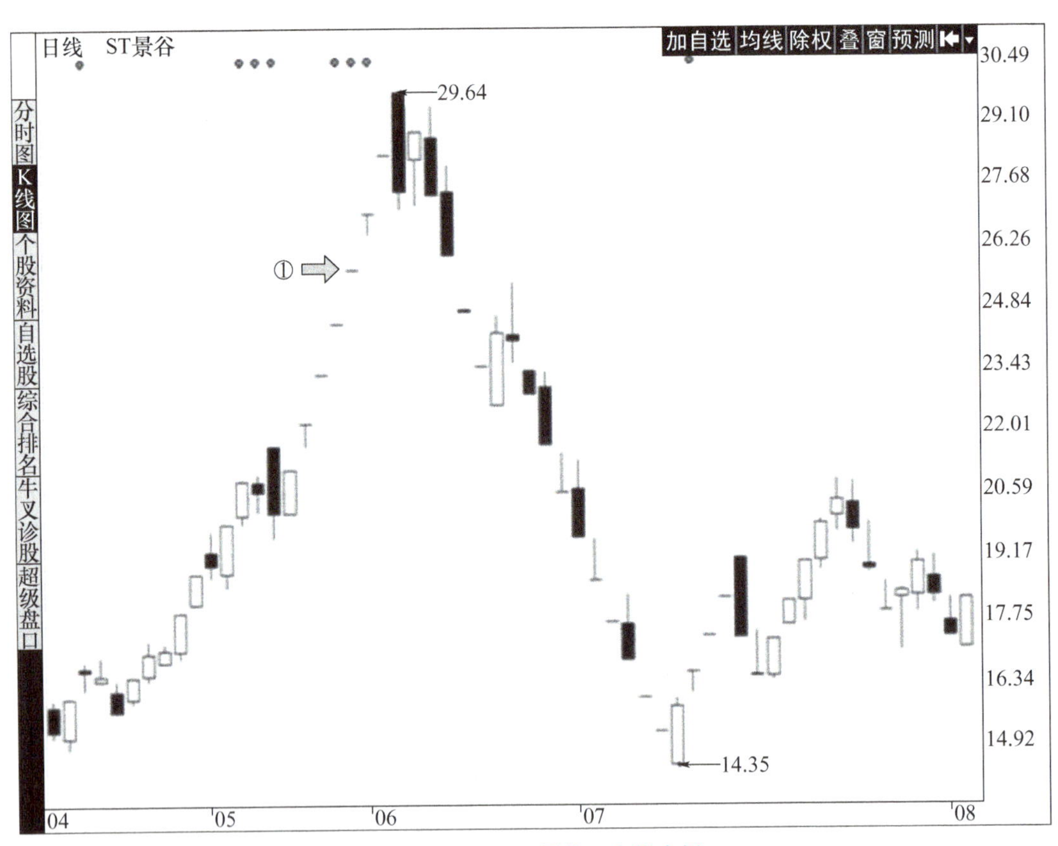

图2-2-14 ST景谷一字线案例

2. 市场含义

一字线经常出现在涨停板或跌停板的极端行情中。如果是涨停板，第二天股价继续上涨的可能性大；如果是跌停板，第二天股价继续下跌的可能性大。

单一K线所蕴含的信息是有限的，预测能力也有限。多根K线构成的组合形态（包括反转组合形态和持续组合形态），可以携带更多信息，展现出某种更明确的市场含义。

第三节 K线反转组合

受经济大环境、突发事件、上市公司经济效益等诸多因素的影响，股票价格曲线的原有趋势可能发生改变。股价的运动方向与原运动方向相反，即由上升趋势转为下降趋势（或由下降趋势转为上升趋势）的形态，称为反转形态，这时的K线组合称为反转组合。

有时的反转，只是股价的回调或反弹，是暂时行为。而真正的反转突破形态是股价反转后朝相反的方向运动且需要突破一定的幅度。股价向一个方向快速运行一段时间后，不再继续原趋势，而是在一个窄幅区域内上下波动，等待时机成熟后再继续沿原趋势前进，这种价格曲线的轨迹称为整理形态。

由几根K线构成的反转组合很多，这里只介绍其中的十种。

一、锤形线与上吊线

（一）形态特征

锤形线（锤头线、锤子线）与上吊线（吊颈线、绞刑线）的形状相同，在不同的位置出现，其名称不同，见图2-3-1、图2-3-2。这种K线具备如下四个特点。

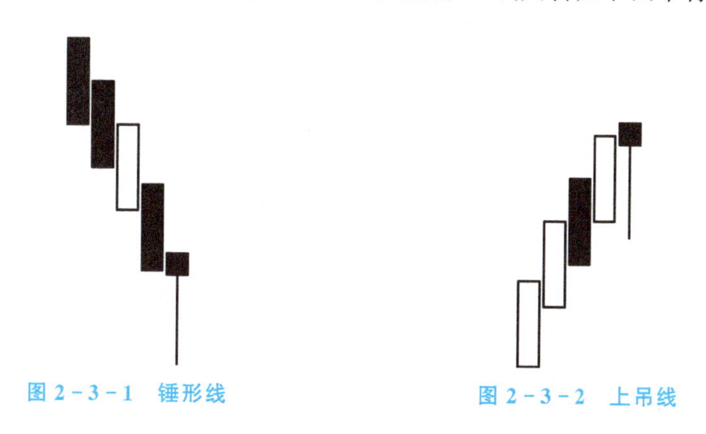

图2-3-1 锤形线　　图2-3-2 上吊线

（1）小实体在交易区域的上面。

（2）下影线比实体长得多，是实体的2倍以上。

（3）无上影线或上影线很短可以忽略。

（4）小实体阴阳均可。

该K线出现在下降趋势的底部称为锤形线，见图2-3-3-①×2；出现在上升趋势的顶部称为上吊线，见图2-3-3-②×2。下面对两种形态分别进行讨论。

（二）市场含义

1. 锤形线

锤形线的含义是像锤子一样夯实底部，股价将止跌回升。

小阴锤形线出现在股价连续几天下跌的底部，在锤形线形成的当天，股价低开低

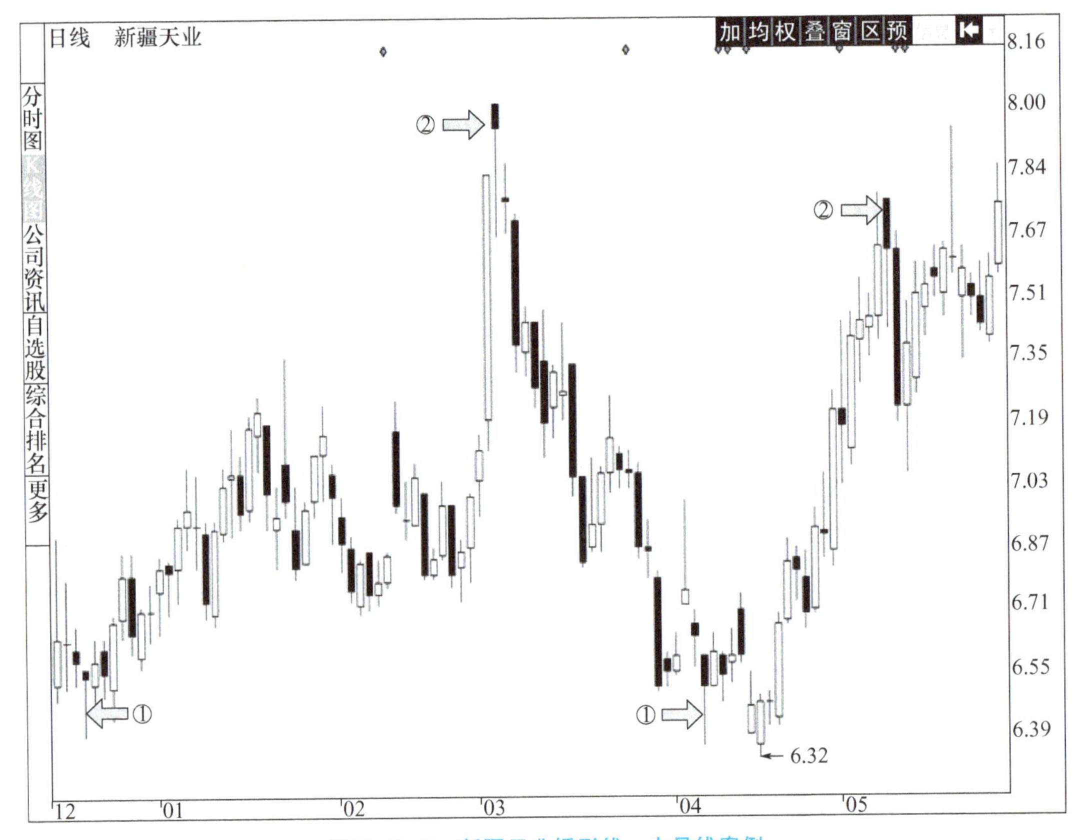

图 2-3-3 新疆天业锤形线、上吊线案例

走，最低价一度远离开盘价，但在多方的强力支撑下，收盘时股价又回到了开盘价附近。

如果当天的收盘价高于开盘价，将产生小阳锤形线，情况更有利于下一个交易日股价的上涨，导致股价转跌为涨的反转态势更强烈，见图 2-3-4-①。

2. 上吊线

上吊线的含义是预示着股价将由涨转跌。连续一段时间的上涨，股价位于趋势的顶部，见图 2-3-2。

小阴上吊线，当天的交易在开盘价之下展开，意味着主力正在逢高出货。由于主力持仓量巨大，不能一次出清，因此需要反复多次。每当股价远离开盘价，主力再次拉升造成底部有支撑的假象，诱使散户追涨买入时，便形成了长长的下影线，见图 2-3-3-②×2。

收盘价低于开盘价形成了小阴上吊线，表明多方虽拼命抵抗最终还是败下阵来，预示着股价由涨转跌的形态形成。

如果收盘价高于开盘价形成了小阳上吊线，实体的短小表明多方能量也已消耗殆尽，股价由涨转跌已成定局。

锤形线和上吊线，是小实体下边拖着一条长长的尾巴。如果是小实体上边顶着一条长辫子，其市场含义又代表什么？

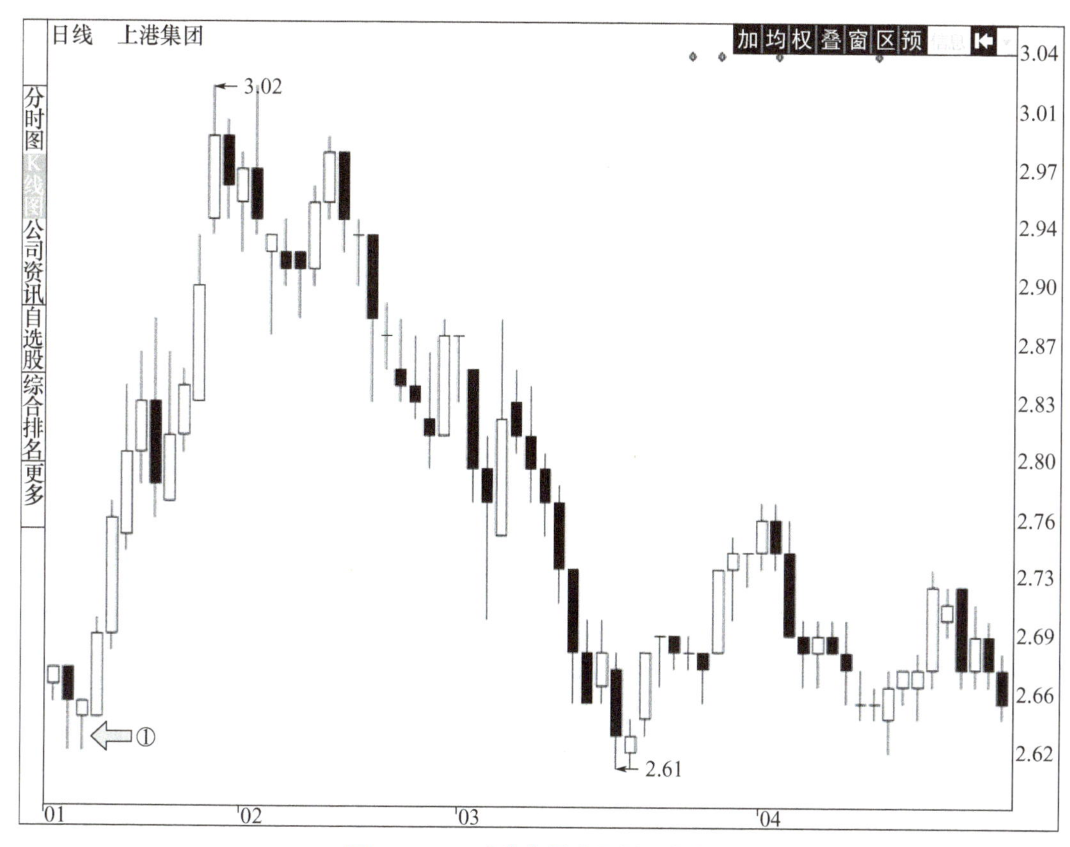

图 2-3-4 上港集团小阳锤形线案例

二、倒锤线与射击之星

（一）形态特征

倒锤线与射击之星形状相同，在不同的位置出现，其名称不同。该K线具备如下四个特点。

（1）小实体在交易区域的下面。

（2）上影线比实体长得多，是实体的2倍以上。

（3）无下影线或下影线短到可以忽略。

（4）小实体阴阳均可。

该K线出现在下降趋势的底部称为倒锤线，见图2-3-5；出现在上升趋势的顶部称为射击之星，见图2-3-6。下面对两种形态分别进行讨论。

（二）市场含义

1. 倒锤线

倒锤线位于下降趋势的底部，开盘跳空而下（股价下跌时，当日的开盘价或最高价低于前一日收盘价在两个申报单位以上），进一步加深了下降趋势；实体较小，表明股价下

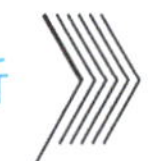

跌的能量已经耗尽。反转形态是否形成，第二天或第三天的收盘价高于倒锤线实体是判别的依据，见图 2－3－7－①×2。

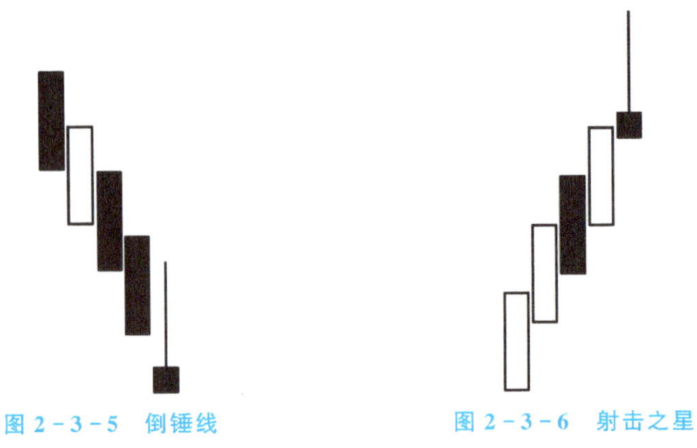

图 2－3－5　倒锤线　　　　图 2－3－6　射击之星

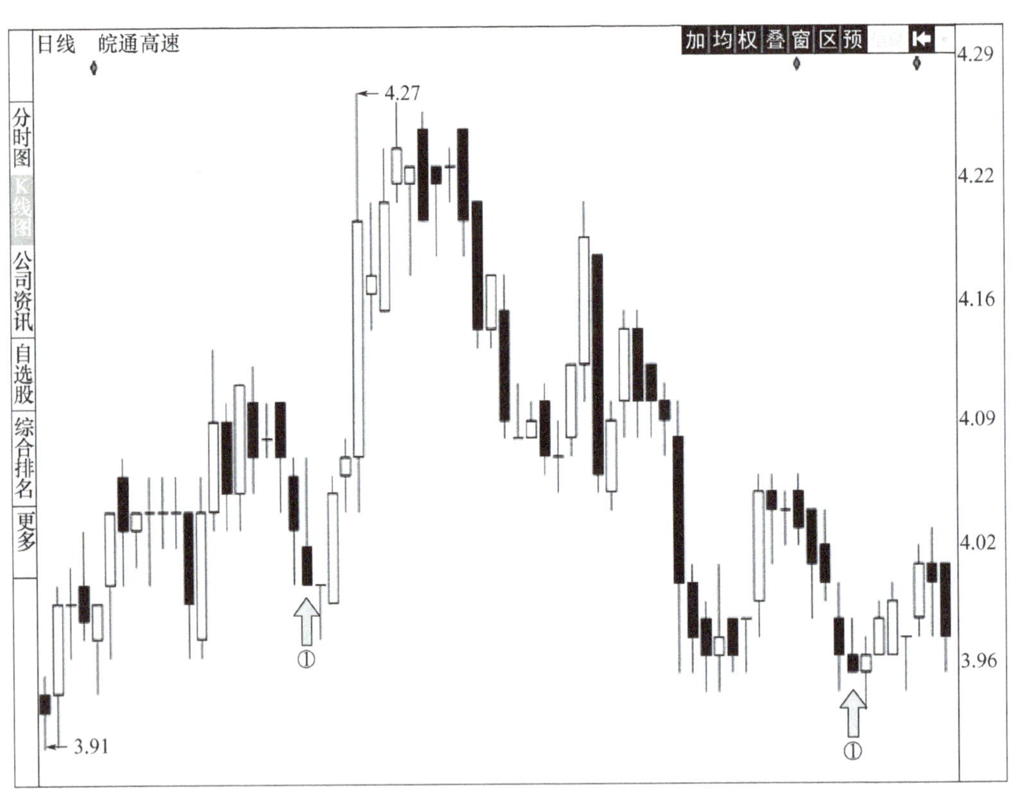

图 2－3－7　皖通高速倒锤线案例

2. 射击之星

射击之星位于上升趋势的顶部，开盘跳空而上（股价上涨时，当日开盘价或最低价高于前一天收盘价两个申报单位以上），是强弩之末的一跳；连续多天上涨，多方的能量已经充分释放；实体较小，表明多方能量已经耗尽，预示熊市的到来，见图 2－3－8－①。

锤形线与上吊线有下影线，倒锤线与射击之星有上影线。如果既有上影线又有下影线，是反转形态吗？

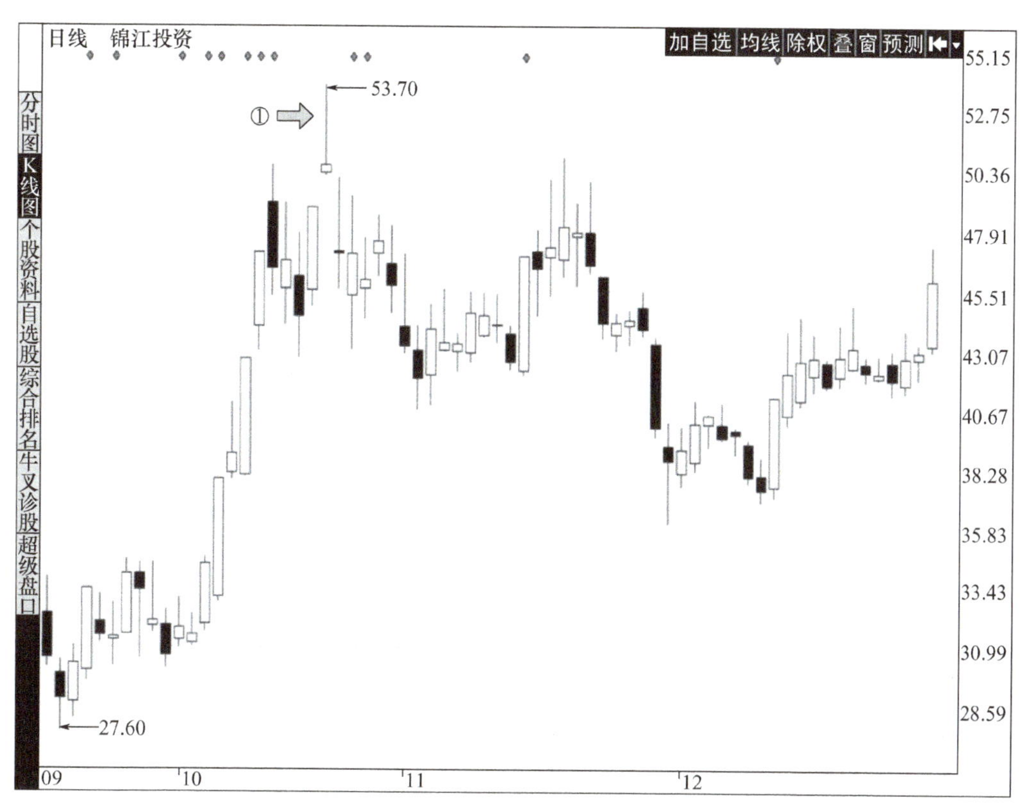

图 2-3-8 锦江投资射击之星案例

三、清晨之星与黄昏之星

(一) 形态特征

此反转组合涉及三根 K 线，中间的 K 线是既有上影线又有下影线，且实体很短的纺轴线，见图 2-3-9、图 2-3-10。这种 K 线组合具备如下四个特点。

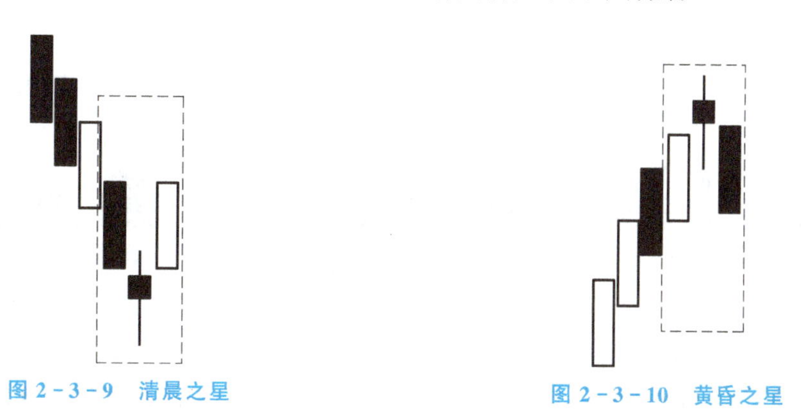

图 2-3-9 清晨之星

图 2-3-10 黄昏之星

(1) 第一天的 K 线是长实体，阴阳与趋势一致，即上升趋势时，须为阳线；下降趋势时，须为阴线。

(2) 第二天的 K 线是纺轴线，上升趋势时位于顶部，且实体的顶部高于左右两个实体

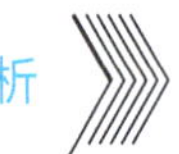

的顶部；下降趋势时位于底部，且实体的底部低于左右两个实体的底部。

（3）第三天的K线是长实体，与第一天的K线阴阳相反。

（4）第二天的纺轴线阴阳均可。

（二）市场含义

1. 清晨之星

该K线组合出现在下降趋势的底部，这时的小实体所处的位置像早晨初升的太阳，给人以无限的生机和希望，故称清晨之星，它是最为可靠的见底回升形态。

第一天的长阴线，显示市场下跌趋势继续。第二天的纺轴线的小实体，显示了抛压减轻，股价下跌情况有所改善，即跌幅收缩，表明原有走势受阻，显示市场正酝酿改变。第三天的阳线低开高走，长实体表明收盘价很高，反转趋势显现。

第三根阳线的实体覆盖（重合）第一根阴线实体的部分越长，反转形态越明朗，见图2-3-11-①。

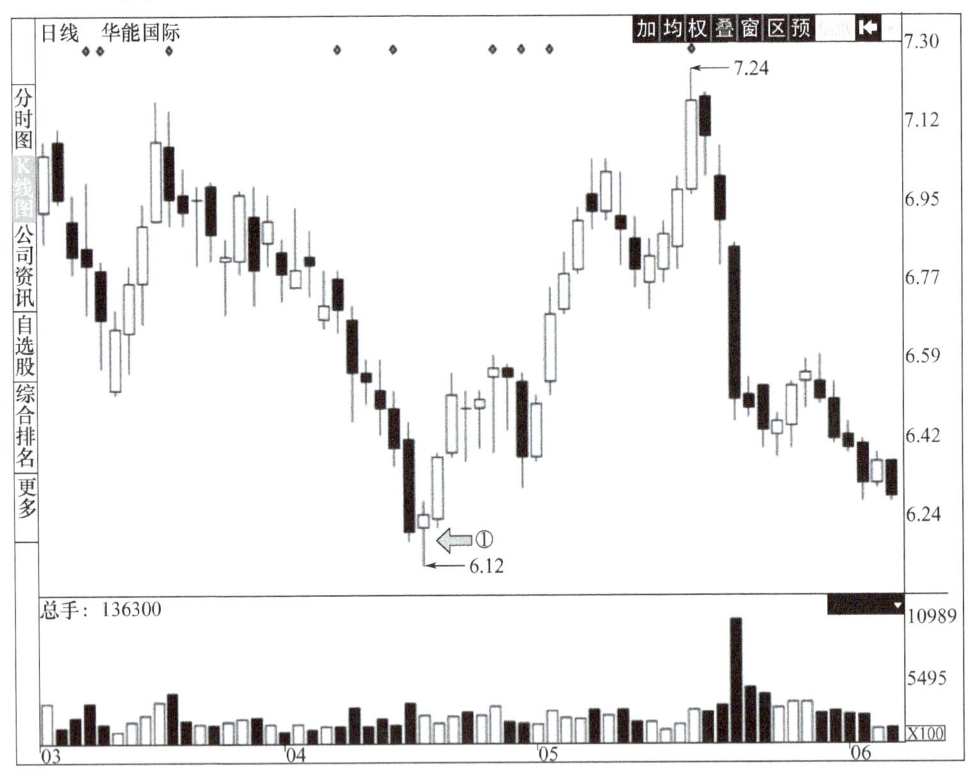

图2-3-11 华能国际清晨之星案例

2. 黄昏之星

第一天的长阳线，显示市场上升趋势不减。第二天的纺轴线跃升到了趋势的顶部。纺轴线的小实体表明收盘价同开盘价差距甚微，显示了股价上升动力已所剩无几，原有趋势受阻，市场正酝酿改变。第三天的阴线表明股价高开低走，反转趋势显现。

第三根阴线的实体覆盖（重合）第一根阳线实体的部分越长，反转形态越明朗，见

图 2-3-12-①。

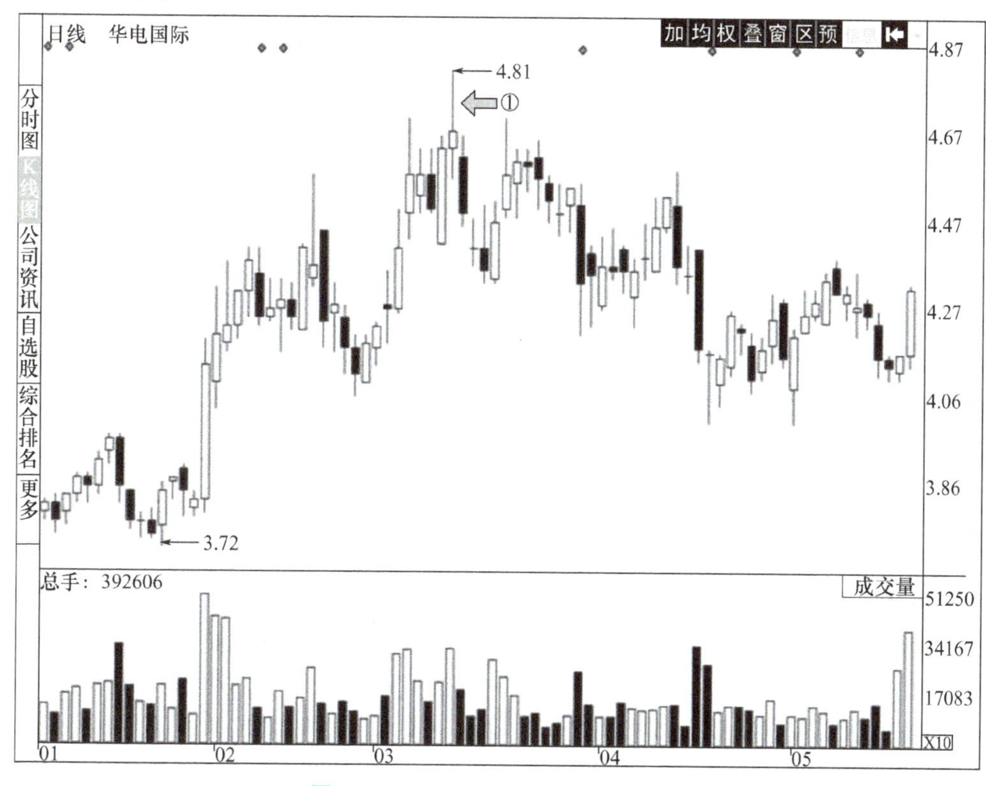

图 2-3-12　华电国际黄昏之星案例

3. 说明

若中间连续出现两个纺轴线，也可认为是此形态。

若清晨之星与黄昏之星中的小实体退化成十字线，就变成了清晨十字星与黄昏十字星，其作用与纺轴线相同。

前边讲了三种形态：锤形线与上吊线、倒锤线与射击之星、清晨之星与黄昏之星。它们的共同特点是实体都很小，当出现在趋势的底部或顶部时，预示着趋势即将反转。

四、鲸吞型

（一）基本图形

鲸吞型，顾名思义，是后者将前者包起来，前短后长的 K 线组合。这样的 K 线表明，后一根 K 线的实体将前一根 K 线的实体全部覆盖，或者说后一根 K 线挣脱了前一根 K 线的束缚。

鲸吞型是一种强烈的反转形态，有两种类型：一是在趋势的顶部出现的形态（熊市鲸吞，预示熊市将至），见图 2-3-13；二是在趋势的底部出现的形态（牛市鲸吞，预示牛市将至），见图 2-3-14，下面会分别讨论。

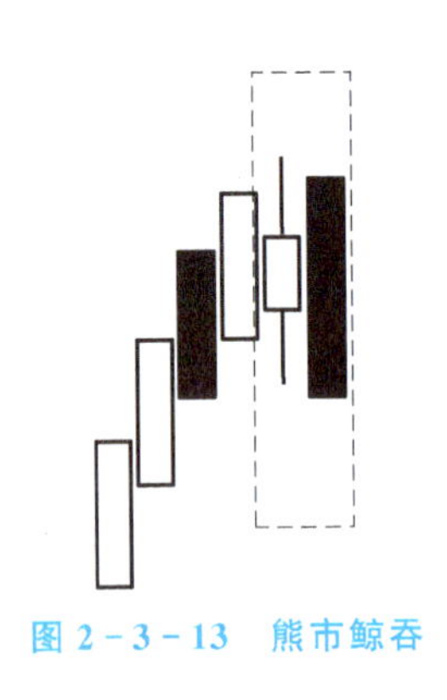

图 2-3-13 熊市鲸吞

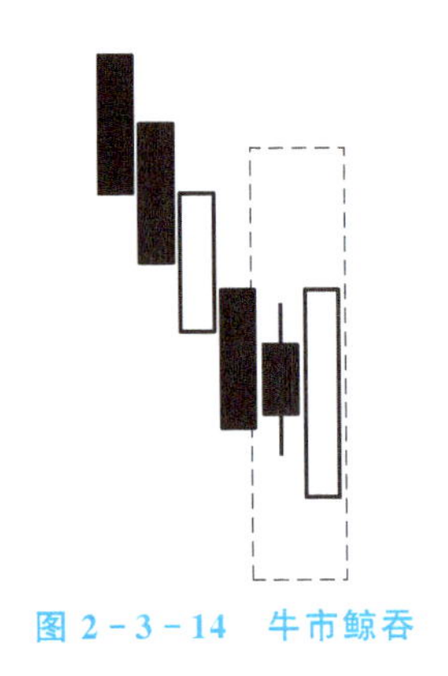

图 2-3-14 牛市鲸吞

(二) 熊市鲸吞

1. 形态特征

熊市鲸吞是股价由涨转跌的反转形态，具有如下特点。

(1) 形态出现之前为上升趋势。

(2) 前一根 K 线延续原趋势为阳线，后一根 K 线为阴线，两根 K 线阴阳相反，见图 2-3-13。

(3) 后一根 K 线的阴线实体必须完全包含前一根 K 线的阳线实体。

2. 市场含义

阳线短表明股价经过一段时间的上涨，多方实力已经萎缩，次日的股价高开低走收出一根长阴线，将前一日的阳线完全覆盖。这表明，庄家已经将股价推至高点，在散户不明真相、情绪高昂时借机出货，见图 2-3-15-①。高开是为了制造股价欲继续上涨的假象，吸引散户跟进买入，殊不知买进的股票都是主力所抛，将所有跟风盘套牢。

这种 K 线是杀伤力极强的顶部反转形态，之后的下跌空间极大。遇到此种形态，散户应及时杀跌止损，见图 2-3-15-①。

(三) 牛市鲸吞

1. 形态特征

牛市鲸吞意味着股价由跌转涨，具有如下特点。

(1) 形态出现之前为下降趋势。

(2) 前一根 K 线延续原趋势为阴线，后一根 K 线为阳线，两根 K 线阴阳相反，见图 2-3-14。

(3) 后一根 K 线的阳线实体必须完全包含前一根 K 线的阴线实体。

2. 市场含义

阴线较短表明股价经过了一段时间的下跌，空方实力已经萎缩，次日股价低开高走收出一根长阳线，将前一日的阴线完全覆盖。这表明，市场主力已经将股价压至低点，并在散户不明真相、情绪低落时借机补仓、建仓。低开是为了制造股价欲继续下跌的假象，诱

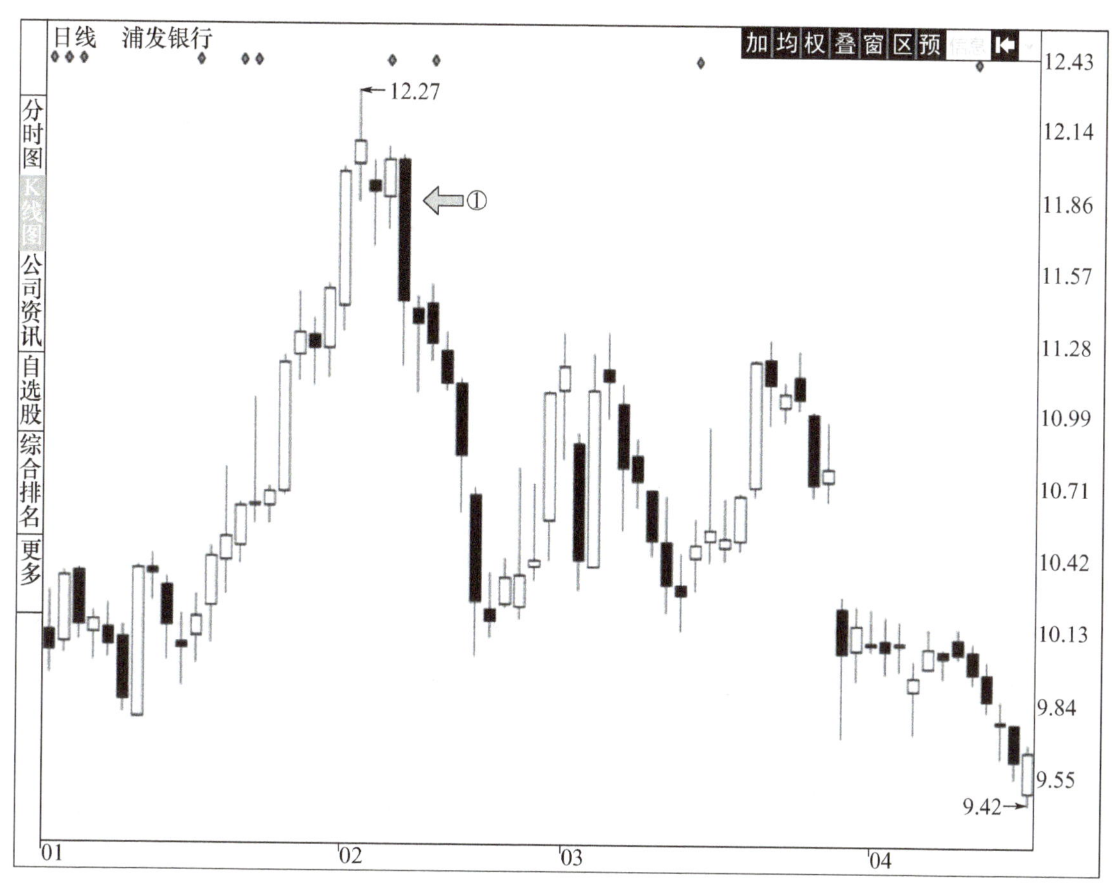

图 2-3-15 浦发银行熊市鲸吞案例

使散户纷纷低价卖出，殊不知卖出的股票都被主力所吸纳，让所有跟风盘踏空。

这种K线是很有希望的底部反转形态，之后的上升空间极大。遇到此种形态，散户应及时建仓跟进，见图2-3-16-①。

（四）影响鲸吞型效果的因素

前一根K线的长度与后一根K线的长度的比例越悬殊，反转的力量越强。

后一根K线的成交量越大，反转的力度越大。

五、孕育型

（一）基本图形

前一根长实体K线完全包含了后一根与之阴阳相反的短实体K线，长实体K线像母亲，短实体K线像母亲腹中的胎儿，这种K线类型称为孕育型（身怀六甲），孕育型同样是反转形态。

这种形态出现在趋势的顶部称为熊市孕育型，见图2-3-17；出现在趋势的底部称为牛市孕育型，见图2-3-18，以下分别进行讨论。

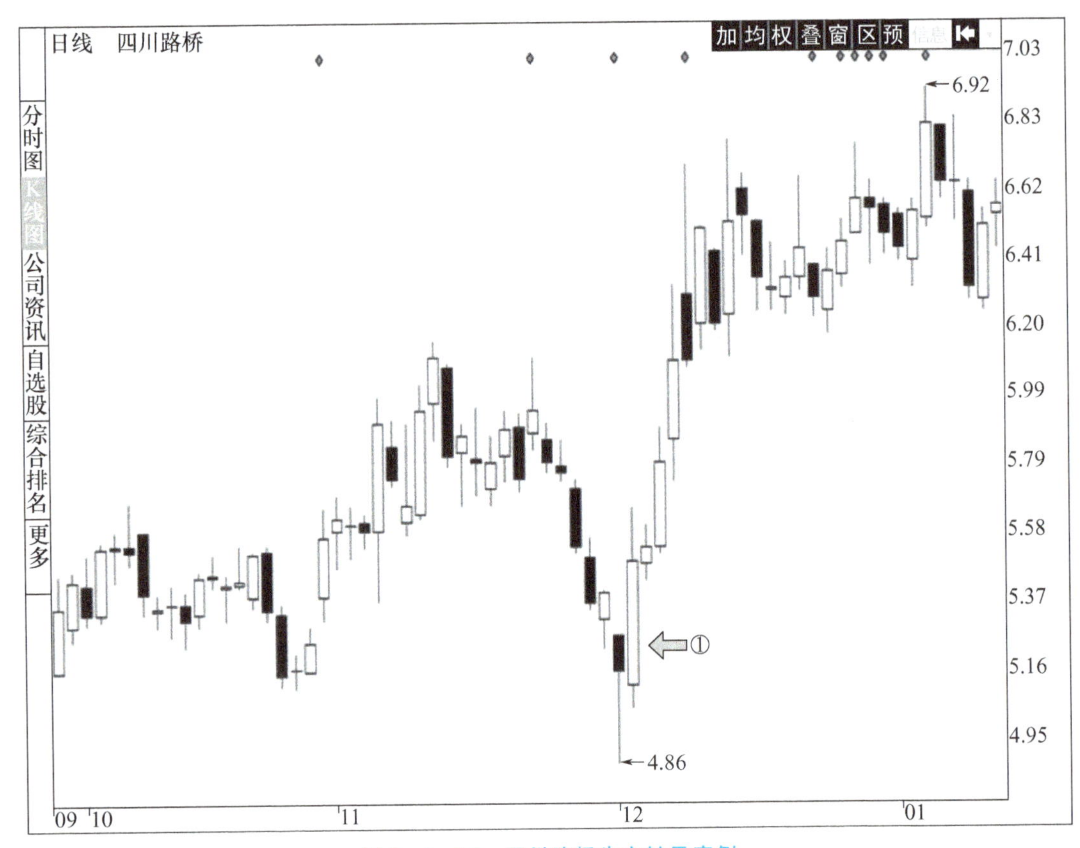

图 2-3-16 四川路桥牛市鲸吞案例

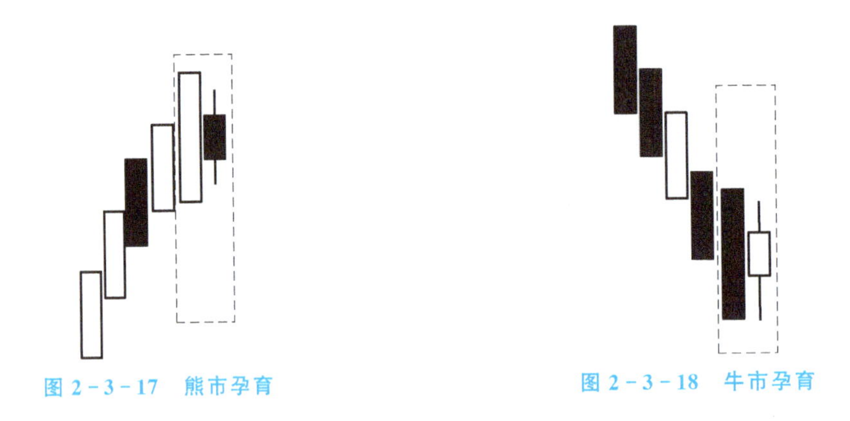

图 2-3-17 熊市孕育 图 2-3-18 牛市孕育

（二）熊市孕育型

1. 形态特征

熊市孕育型是股价由涨转跌的反转形态，具有如下特征。

（1）形态出现在上升趋势的顶部。

（2）前一根 K 线延续原趋势为阳线，后一根 K 线为阴线，两根 K 线阴阳相反，见图 2-3-19-①。

（3）前一根K线的阳线实体必须完全包含后一根K线的阴线实体。

2. 市场含义

熊市孕育型的市场含义是股价连续上涨的最后一天，股价高开高走，具有一定成交量的长阳线出现，主力出货殆尽，上涨能量已经释放殆尽。

第二天，股价低开低走，开始下降，表明部分投资者继续出货，进行最后的补救。如果这一天的成交量超过前一天，表明已无主力救市和继续拉升的可能，投资者需果断卖出股票。

第三天，股价继续下降，反转形态形成，见图2-3-19-①。

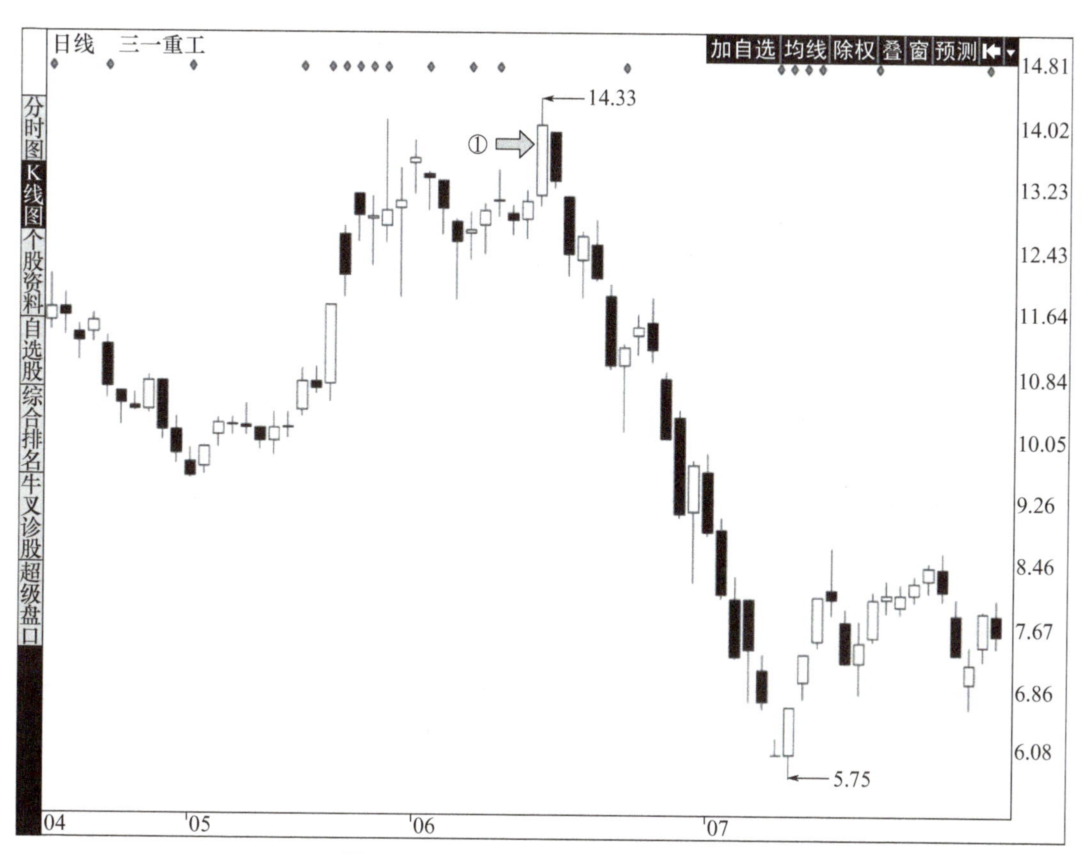

图2-3-19　三一重工熊市孕育型案例

（三）牛市孕育型

1. 形态特征

牛市孕育型意味着股价由跌转涨，具有如下特征。

（1）形态位于下降趋势的底部。

（2）前一根K线延续原趋势为阴线，后一根K线为阳线，两根K线阴阳相反。

（3）前一根K线的阴线实体必须完全包含后一根K线的阳线实体，见图2-3-20-①。

2. 市场含义

牛市孕育型的市场含义是股价经过了一段时间下跌，第一天股价低开低走收出一根长

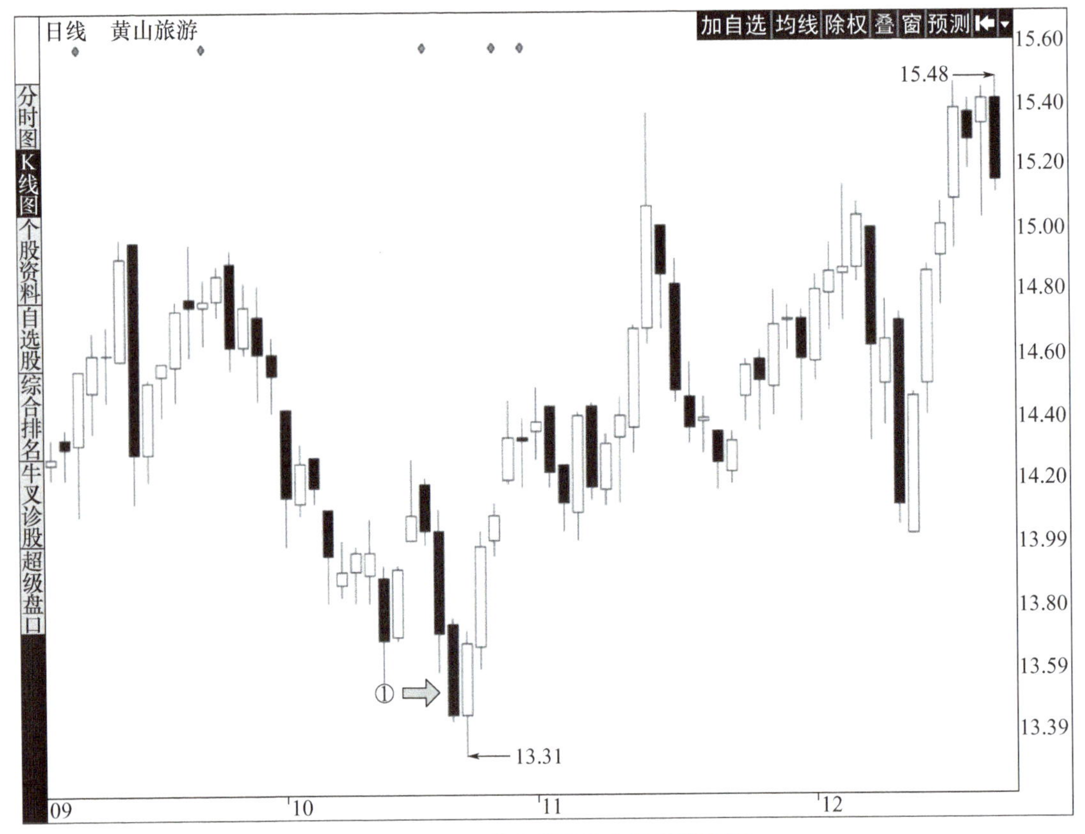

图 2-3-20 黄山旅游牛市孕育型案例

阴线。当日的成交量很大，表明空方纷纷买进，上涨信心已经建立，预示着股价已经见底将要上涨，此时是买入股票的绝佳时机。

第二天，股价低开高走，止跌回升；此时未能及时买入股票的空方正在进行最后的补救；部分空方认为前景并不明朗，不急于跟进，持币观望。

第三天，股价继续上涨，反转形态形成。

（四）孕育型的影响因素

出现下列情况时，孕育型的反转效果更可靠。

（1）前一根 K 线的实体长度与后一根 K 线的实体长度的比例越悬殊，反转的力量越强。如果后面一根较短的 K 线是一根十字线，则称为十字胎。它是孕育型的特殊形态，是比普通孕育型更为强烈的反转形态。

（2）前一根 K 线的成交量越大，反转的力度越大。

（五）鲸吞型与孕育型的区别

与孕育型相比，鲸吞型的反转形态更明确、可靠。孕育型后面的实体较小，表现出观望、徘徊的行情，是“警告”或“提示”市场将要反转，或者说是一种准市场逆转信号。

在上涨的行情中，熊市孕育型在警示人们：目前市场继续将股价推高的力量已经减弱，多头行情接近尾声，继之而来的很可能就是下跌行情。在下跌的行情中，牛市孕育型在提醒人们：目前股价下跌的势头已趋缓，股价可能见底回升，或者继续下跌的空间已经很小，市场正积蓄力量，伺机向上反转突破。

所以，孕育型所提示的买卖信号，只是“准市场逆转信号”，也就是说，在一个强劲的多头市场中，上升时出现孕育型，股价并不见得马上见顶，仍可能继续上涨。反之，在一个空头市场中，下跌时出现孕育型，股价也不见得马上见底，仍可能会继续下跌。

鲸吞型与孕育型，涉及两根K线，其中的一根包含另一根，如果两根K线非包含关系，这时趋势会发生反转吗？

六、曙光初现与乌云盖顶

（一）基本图形

这种K线组合有曙光初现和乌云盖顶两种类型，见图2-3-21、图2-3-22。

两根阴阳不同的K线，第一根K线的实体被第二根K线的实体覆盖了二分之一以上。这表明第二根K线占领了第一根K线的大部分领地，多空双方力量的对比有了明显的改变，这时的形态是反转形态，股价将沿着第二根K线的方向运行。

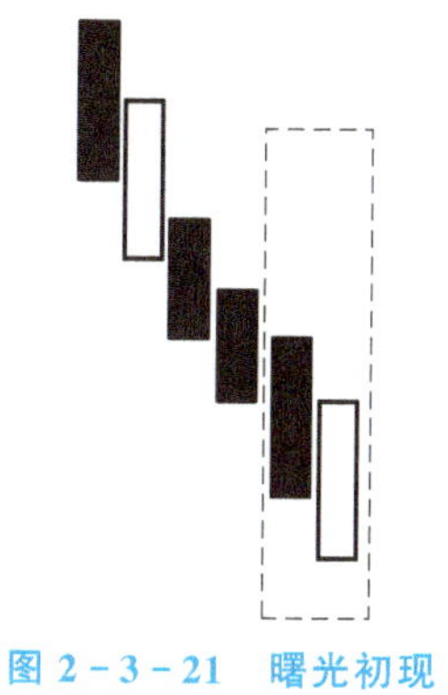

图2-3-21 曙光初现

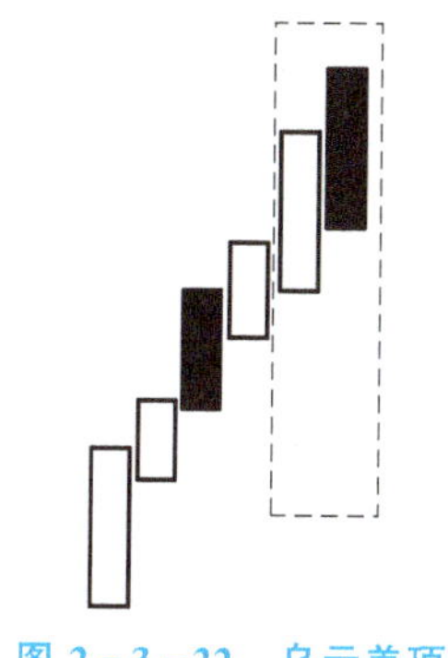

图2-3-22 乌云盖顶

（二）曙光初现

1. 形态特征

（1）连续下降趋势的底部出现一根长阴线。

（2）第二天出现一根长阳线，开盘价低于前一天的收盘价。

（3）阳线的收盘价在第一天阴线的实体之内，但是高于第一天阴线的实体中点，见图2-3-23-①，注意与鲸吞型的区别。

2. 市场含义

第一天的长阴线强调了下跌行情。第二天股价跳空低开，给人造成要继续下跌的假象，导致散户恐慌性抛盘。此时庄家纷纷建仓、补仓，导致股价上扬，并最终收出大阳线，上穿前一实体50%以上。

图 2-3-23 黑化股份曙光初现案例

曙光初现形态的出现，表明下降趋势结束，股价开始上涨，这是投资者入市做多的好机会。

（三）乌云盖顶

1. 形态特征

（1）位于趋势顶端的长阳线延续了上升趋势。

（2）第二天，股价跳空高开，且高开低走，收出一根大阴线。

（3）阴线的收盘价低于第一天阳线实体的中部。

2. 市场含义

乌云盖顶出现于上升趋势的顶部，第一天的长阳线实体保持继续上升的趋势，这时多方纷纷平仓。第二天股价跳空开盘，给人造成要继续上涨的假象，诱使散户追高买入，庄家乘机持续出货，导致股价高开低走，长阴线收于前一天阳线实体的中部以下，见图 2-3-24-①。从而形成了反转形态的顶部，且阴线实体低于阳线实体的幅度越大，反转形态越明确。如果后者将前者包裹，便是鲸吞型。此时散户应及时卖出股票，以防套牢。

通过以上分析可以看出，反转强度的次序为：鲸吞型，曙光初现和乌云盖顶，孕育型。

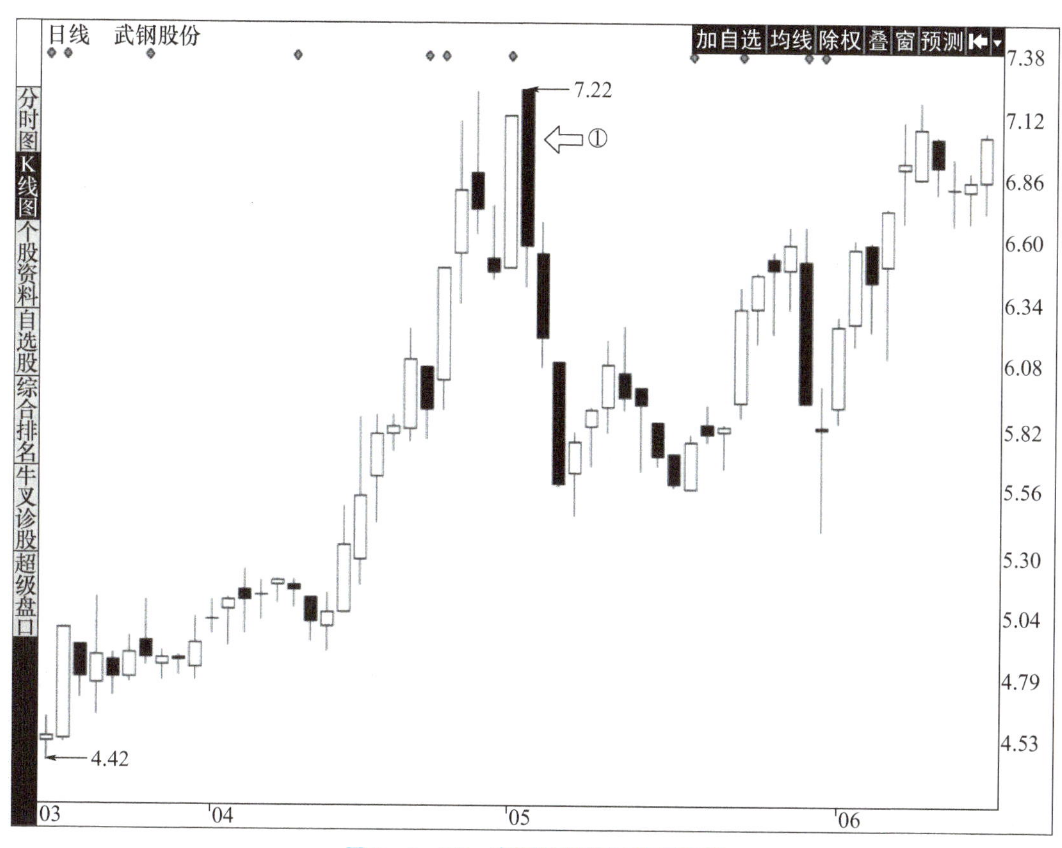

图 2-3-24 武钢股份乌云盖顶案例

前文讨论了两根 K 线组合构成的反转形态，如果是三根 K 线的组合，是否构成反转形态？

七、上升缺口两乌鸦

上升缺口两乌鸦是一根阳线、两根阴线的 3K 线组合，是股价连续上涨后，预示着未来股价将要反转的形态，见图 2-3-25。

1. 形态特征

（1）第一天的 K 线为延续原趋势的阳线。

（2）第二天的 K 线是阴线，股价跳空开盘，高开低走，阴线的收盘价高于第一天阳线的收盘价，二者形成一个缺口（一般并不要求缺口，只要阴线实体高于阳线实体）。

（3）第三天的 K 线是阴线，股价继续下跌，当日收盘价低于第二天阴线的收盘价，见图 2-3-26-①。

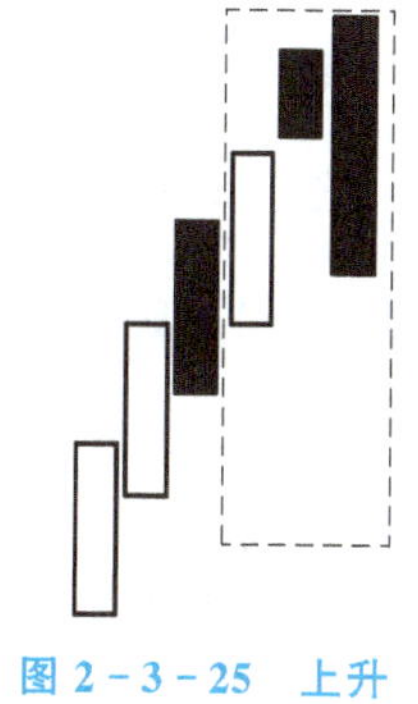

图 2-3-25 上升缺口两乌鸦

2. 市场含义

上升缺口两乌鸦出现在上升趋势的顶部，第一天的长阳线延续着上升趋势，这时作为多方的庄家获利回吐纷纷卖出。

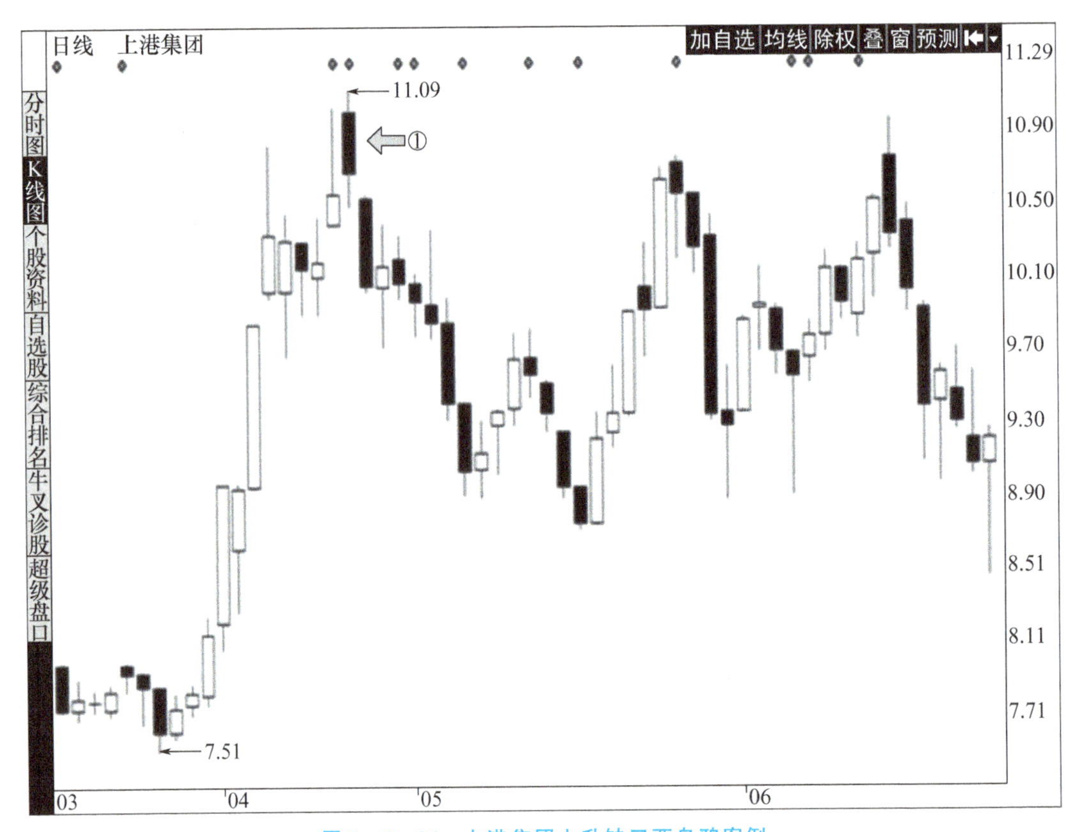

图 2-3-26 上港集团上升缺口两乌鸦案例

第二天，股价跳空高开，给人造成将要继续上涨的假象，庄家继续卖出手中持有的剩余股票。由于部分多方对后市抱有幻想，持股观望，故未跌至第一天的收盘价，与第一天形成一个缺口。

第三天，股价继续下跌，收在比第二天的收盘价更低的位置，此时多为散户恐慌性抛盘，表明下降趋势已不可逆转，预示着熊市的到来。

上升缺口两乌鸦是不同颜色的 3 根 K 线，如果连续出现 3 根相同颜色的 K 线，又预示着什么呢？

八、红三兵

红三兵是连续三根阳线的 3K 线组合，预示着未来股价将要反转的形态。

（一）形态特征

（1）在股价下降趋势的底端或上升趋势的顶部，连续出现三天的阳线，且收盘价一天比一天高。

（2）每天的开盘价在前一天阳线实体的中点以上。

（3）每天的收盘价在当天的最高点或接近最高点（无上影线或上影线很短），见图 2-3-27。

图 2-3-27 红三兵

（二）市场含义

红三兵，既可以出现在股价下降趋势的底部，也可以出现在股价上升趋势的顶端。

1. 上升趋势的顶端

当股价经历了较长时间的上涨，如果连续三天开盘价一天比一天高，收盘价一天比一天高，这表明股价已经见顶，多方卖出、平仓的势头强劲，预示着股价由涨转跌的反转形态形成，见图 2-3-28-①。

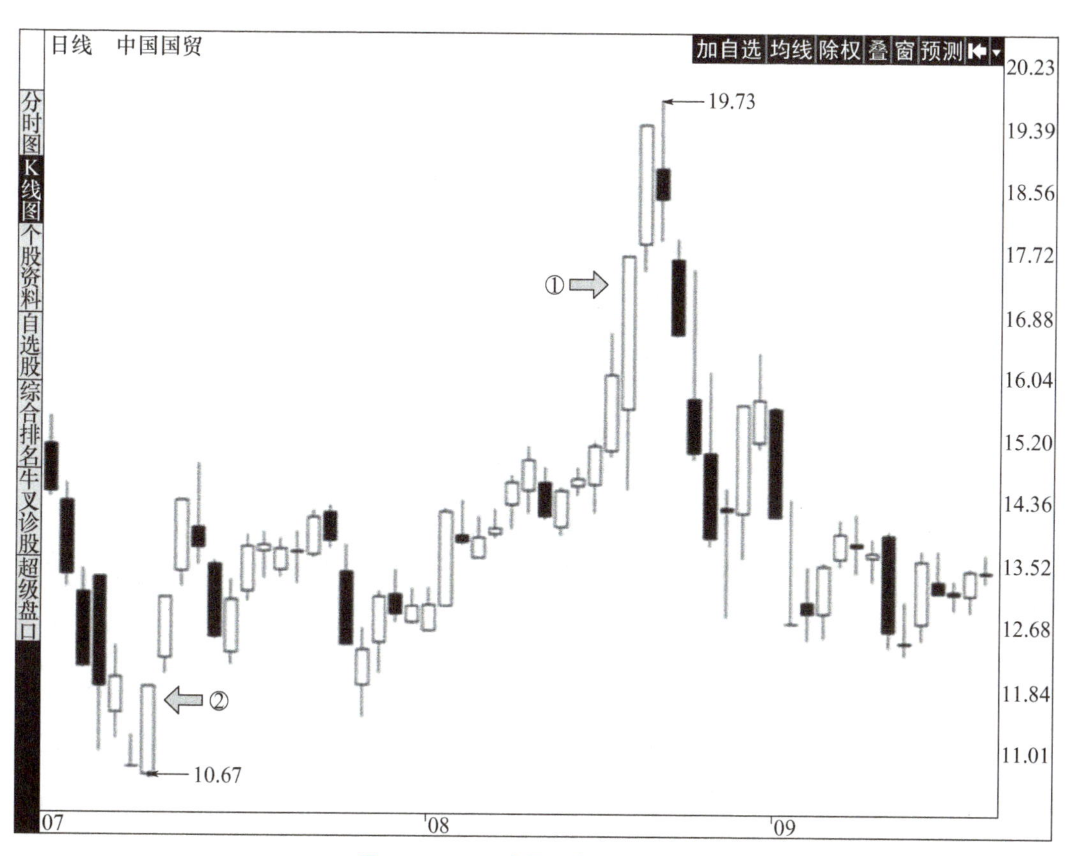

图 2-3-28 中国国贸红三兵案例

2. 下降趋势的底部

当股价经历了较长时间的下跌，如果连续三天的 K 线都是低开高收的阳线，且收盘价一天比一天高，这表明股价已经见底，多方实力强劲、纷纷建仓，预示着股价由跌转涨的反转形态形成，见图 2-3-28-②。

九、强弩之末

位于股价上升趋势顶端，前两根 K 线较长，第三根 K 线比较短，此时的红三兵称为强弩之末，是一种常见的股价由涨转跌的反转形态。

1. 形态特征

（1）第一根和第二根 K 线是较长的阳线。

（2）第三根 K 线的开盘价接近于第二天的收盘价。

（3）第三根 K 线是纺轴线或十字星，见图 2－3－29－①。

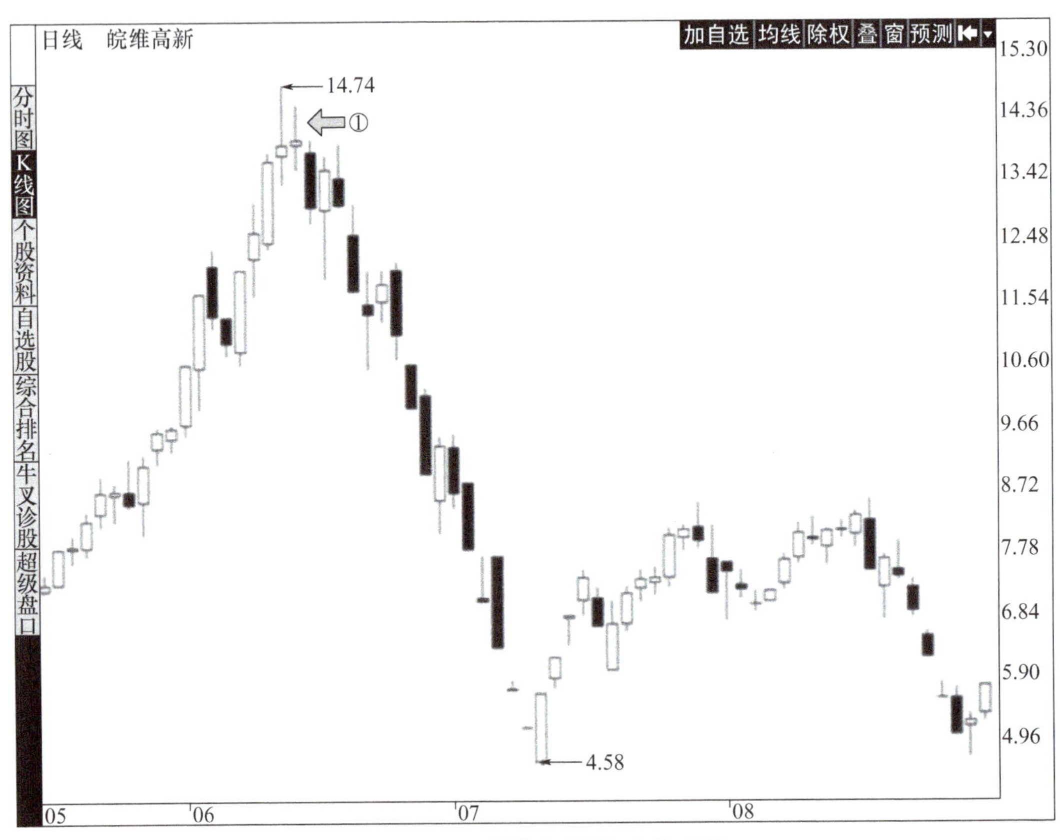

图 2－3－29 皖维高新强弩之末案例

2. 市场含义

强弩之末是红三兵的“导出品”，出现在上升趋势的末期。前两天较长的阳线维持了上升趋势，多方的能量得到了充分释放；第三天股价有可能跳空高开，但阳线的小实体说明了上升趋势的动力已明显不足，有心无力，预示上升趋势结束。

黄昏之星要求前一根 K 线为长阳线，第二根 K 线为纺轴线，阴阳均可，故强弩之末肯定是黄昏之星，二者都预示上升趋势结束，熊市到来。

与红三兵对应，如果出现三根连续的阴线呢？

十、三乌鸦

（一）形态特征

（1）连续三根长阴线，见图2-3-30。

（2）后一天的开盘价低于前一天的开盘价，后一天的收盘价低于前一天的收盘价。

（3）收盘价等于或接近当天的最低价，即下影线较短或没有。

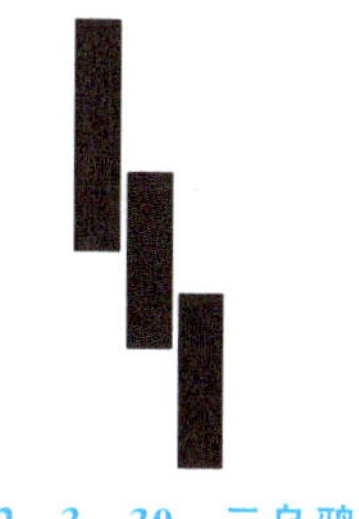

图2-3-30 三乌鸦

（二）市场含义

1. 上升趋势的顶端

如果股价在连续多天上涨之后，高开低收，收盘价一天比一天低，实体较长，这预示着股价已经见顶，反转形态出现，见图2-3-31-①。

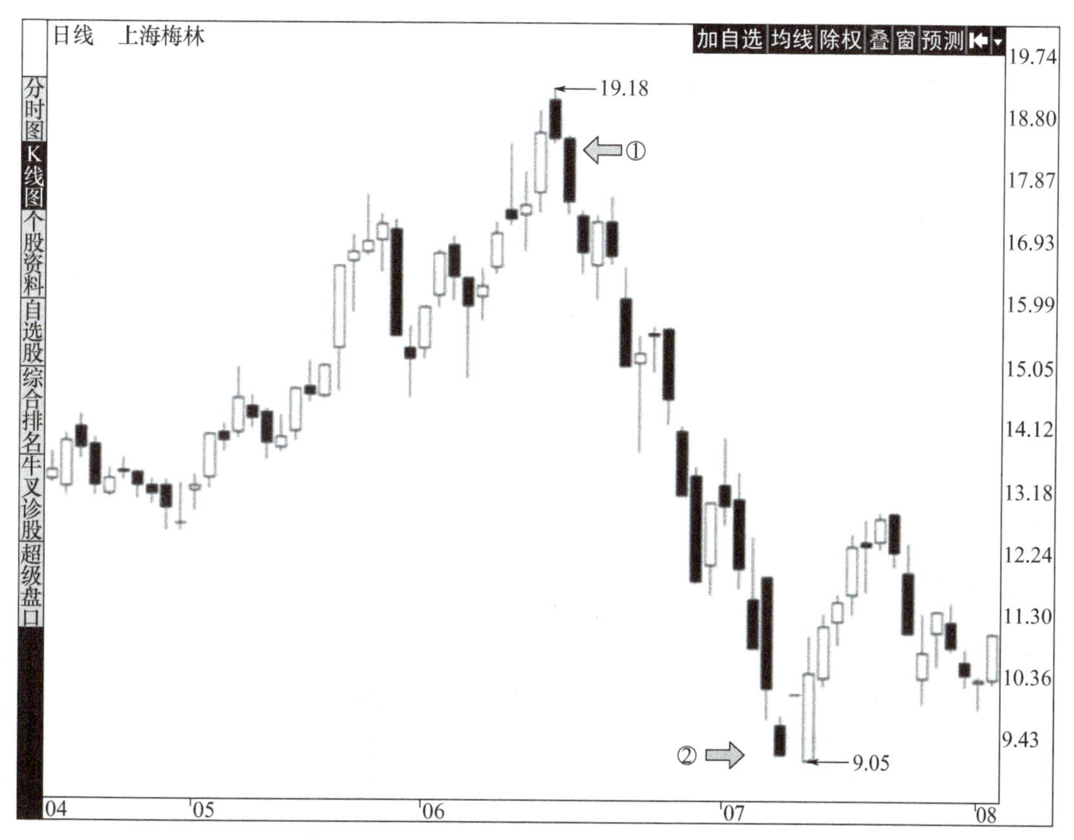

图2-3-31 上海梅林三乌鸦案例

2. 下降趋势的底部

如果股价已经下跌了一段时间之后，连续三天又是高开低收，且收盘价一天比一天低，这是市场已经见底的表现，反转形态即将到来，见图2-3-31-②。

十一、反转形态的操作策略

K 线组合的反转形态有多种，这里只讲其中的十种。反转形态分为顶部反转和底部反转。

1. 顶部反转

股价一段时间以来一直处于上升趋势，由于某一 K 线组合的出现，预示着股价已经见顶，将由涨转跌出现反转。

多方：在反转形态到来之前和到来之时，应及时获利回吐；反转形态刚过，应及时割肉止损，以防套牢。

空方：应持币观望，待股价见底再建仓买入股票，切不可追高，以防套牢。

2. 底部反转

股价一段时间以来一直处于下降趋势，由于某一 K 线组合的出现，预示着股价已经见底，将由跌转涨，出现反转。

多方：应持股待涨，及时补仓。

空方：反转形态到来之前及到来之时，应及时建仓买入，以防踏空；如果在底部没有建仓，可在反转形态刚过时及时建仓补救，搭上此轮反弹行情的末班车。

第四节　K 线持续组合

在我们爬山时发现，上山的阶梯，每连续的几十级之后，就有一个小的平台，其作用是让游客休息一下，以继续攀登或下山。股市也有类似的现象，股价经过一段时间的上涨或下跌，会出现几天的徘徊。

由多根 K 线构成，经过短暂盘整后继续原有的趋势，这样的组合形态称为持续整理形态，这里只介绍一种。

一、上升三法和下降三法

1. 形态特征

上升三法和下降三法的图形见图 2-4-1、图 2-4-2。

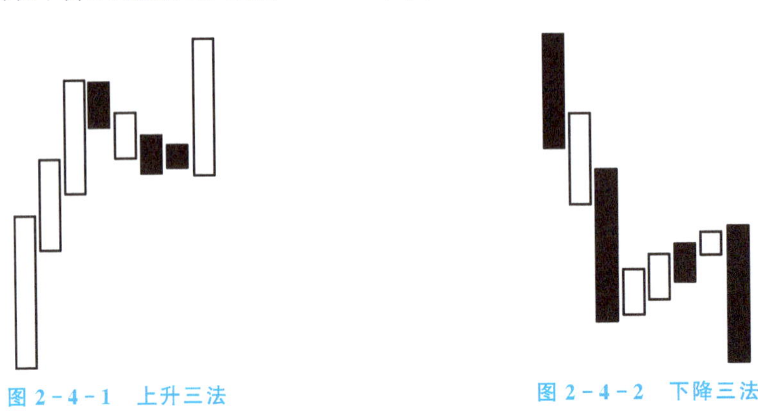

图 2-4-1　上升三法　　　图 2-4-2　下降三法

上升三法和下降三法具有如下特征。

（1）第一根长实体 K 线延续了原趋势。

（2）长实体 K 线后跟随一组短实体 K 线。

（3）多数短实体 K 线的阴阳与原趋势相反，并保持在第一根长实体 K 线的最高和最低所限定的范围之内。

（4）最后一根长实体 K 线，阴阳与第一天一致，且收盘价比第一根长实体 K 线的收盘价高或低，即保持原有趋势。

（5）出现在趋势的中途。

2. 上升三法

上升三法形成于股价上升趋势的过程中，第一根长阳线是趋势的延续，随后的短实体 K 线表明上升趋势暂时受到阻力，但阻力较小，多为短阴线，最后一根长阳线进一步维持了原来的上升趋势，收盘价高于第一天的收盘价，见图 2－4－3。

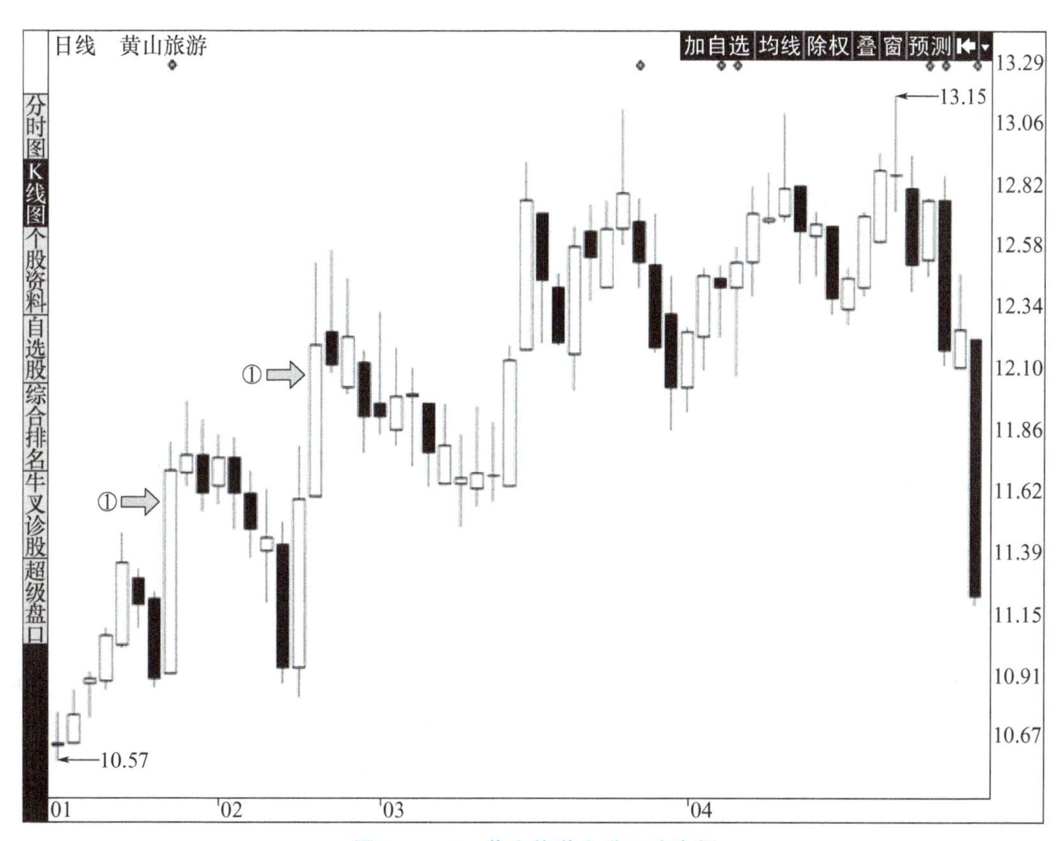

图 2－4－3　黄山旅游上升三法案例

3. 下降三法

下降三法形成于股价下降趋势的过程中，第一根长阴线是趋势的延续，随后的小实体 K 线表明下降趋势暂时受到阻力，但阻力较小，最后一根长阴线进一步维持了原来的下降趋势，见图 2－4－4。

4. 补充说明

之所以称为三法，是因为持续整理形态一般不会保持太长时间，一般为 3 天。实际情况多于 3 天也很常见，但一般会少于 8 天，否则不利于保持原有形态。在此形态中，如果头、尾两天的交易量超过了中间那些小 K 线的交易量，那么，该形态就更明确了。

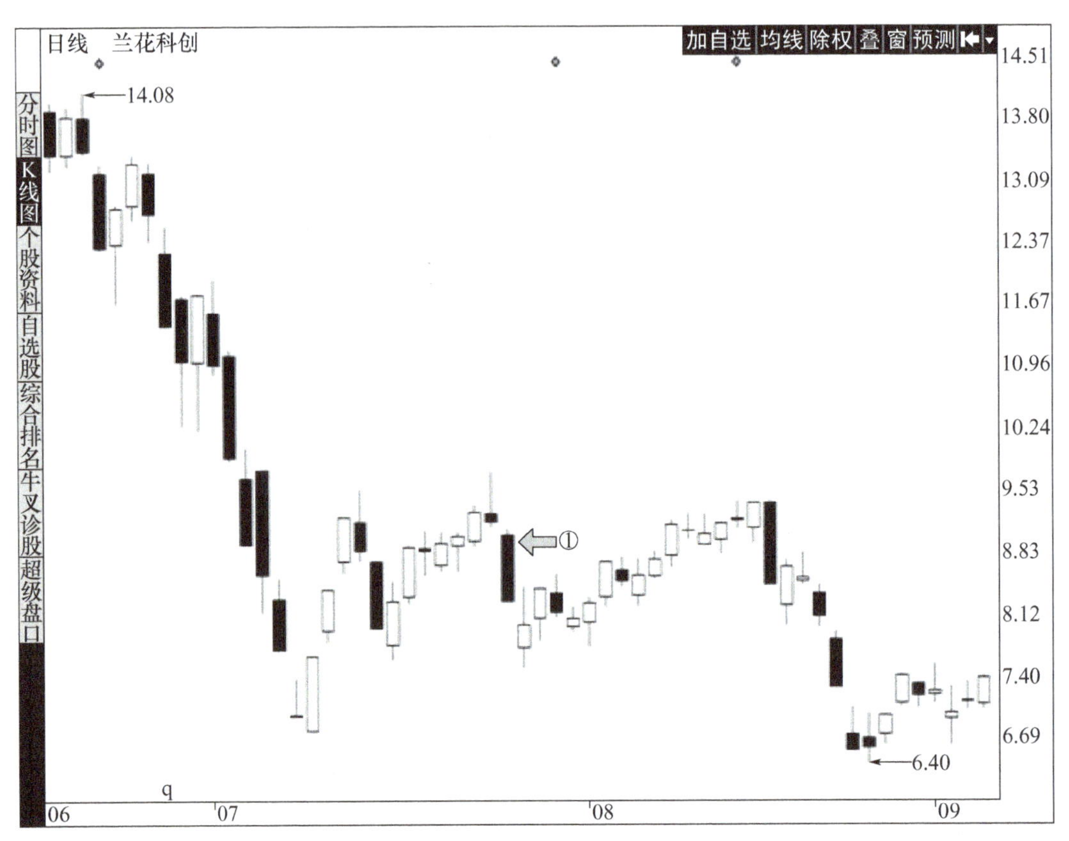

图 2-4-4 兰花科创下降三法案例

二、应用 K 线理论应注意的问题

K 线是历史记录的再现，有很强的视觉效果，是最能表现市场行情的图表之一。上面给出的典型组合形态，对于投资决策可以提供一些参考，但生搬硬套将会一败涂地，应用时应注意如下问题。

1. 去伪存真，顺势而为

影响股价波动的因素是复杂的，从 K 线的使用原理看，K 线理论只涉及短时间内的股价波动，有被庄家、主力的非市场行为左右的可能。决定买入与卖出之前，除参照 K 线图外，还要通过宏观分析、行业分析、公司分析、主力分析等，再进行决策，以免成为他人利润的提供者、他人风险的承担者。

前文讲了十种反转形态。需要注意的是，出现反转形态并不一定会百分之百反转，可能反转，也可能延续原趋势，只是反转的概率很大。

2. 未来形态不是某一已经发生形态的复制

在具体应用中，证券市场出现的形态，一般不会与标准形态完全相同。也就是说，未来出现的形态，不是已发生形态的简单复制，或多或少都有差异。

具体识别的时候要根据实际情况灵活运用，只要符合标准形态的原则即可，切不要机械照搬。

本章小结

本章运用K线理论描述股票市场的交易信息，分析多空双方实力的强弱，据此来分析未来股票市场的趋势。主要内容包括K线的基础知识，单根K线及K线组合的形态及应用，并对K线的弱点进行了说明。

综合练习

一、名称解释

1. 实体　　2. 影线　　3. 阴阳

二、单项选择题（以下各小题所给出的选项中，只有一项符合题目要求，请将正确选项填入括号内）

1. 在K线理论中，（　　）是最重要的。

A. 开盘价　　B. 收盘价　　C. 最高价　　D. 最低价

2. 开盘价与最高价相等，且收盘价不等于开盘价的K线被称为（　　）。

A. 光头阳线　　B. 光头阴线　　C. 光脚阳线　　D. 光脚阴线

3. K线图中十字星的出现表明（　　）。

A. 多方力量还是略微比空方力量大一点

B. 空方力量还是略微比多方力量大一点

C. 多空双方的力量不分上下

D. 行情将继续维持以前的趋势，不存在大势变盘的意义

4. 下面关于单根K线的应用，说法错误的是（　　）。

A. 有上下影线的阳线，说明多空双方争斗激烈，到了收尾时，空方勉强占优势

B. 一般来说，上影线越长，阳线实体越短，越有利于空方占优势

C. 十字星的出现表明多空双方力量暂时平衡，使市场暂时失去方向

D. 小十字星表明窄幅盘整，交易清淡

5. 光头光脚大阳线表示当日（　　）。

A. 空方占优　　B. 多方占优　　C. 多空平衡　　D. 无法判断

6. 当开盘价与收盘价相同时，就会出现（　　）。

A. 一字线　　B. 十字星　　C. 光脚阴线　　D. 蜻蜓线

7. 当开盘价、收盘价和最高价三价相同时，就会出现（　　）。

A. 一字线　　B. 十字星　　C. 光脚阴线　　D. 蜻蜓线

8. 当开盘价、收盘价、最高价和最低价四价相同时，K 线图呈现（　　）。

A. 一字线　　B. 十字星　　C. 光脚阴线　　D. 蜻蜓线

三、不定项选择题（以下各小题所给出的选项中，至少有一项符合题目要求，请将正确选项填入括号内）

1. 光头大阳线实体说明（　　）。

A. 多方已经取得决定性胜利

B. 多空双方斗争很激烈

C. 这是一种下降趋势的信号

D. 窄幅盘整，交易清淡

2. 对于两根 K 线组合来说，下列说法正确的是（　　）。

A. 第二天多空双方争斗的区域越高，越有利于股价上涨

B. 连续出现两根阴线的情况，表明空方获胜

C. 连续出现两根阳线的情况，第二根 K 线实体越长，超出前一根 K 线实体越多，则多方优势越大

D. 无论 K 线的组合多复杂，都是由最后一根 K 线相对前面 K 线的位置来判断多空双方的实力大小

3. 下列关于 K 线的说法正确的是（　　）。

A. K 线是一根柱状的线条，由影线和实体组成

B. 实体表示一日的最高价和最低价

C. 上影线的上端顶点表示一日的开盘价，下影线的下端顶点表示一日的收盘价

D. 收盘价高于开盘价时为阳线，收盘价低于开盘价时为阴线

4. 下列属于应用一根 K 线分析的是（　　）。

A. 多空双方力量的对比取决于影线的长短与实体的大小

B. 一般来说，指向一个方向的影线越长，越有利于股价今后朝这个方向运动

C. 阴线实体越长越有利于上涨，阳线实体越长越有利于下跌

D. 当上、下影线相对于实体较短时，可忽略影线的存在

四、判断题（判断以下各题的对错，对的用 A 表示，错的用 B 表示，将结果填在括号内）

1. K 线图是进行各种技术分析最重要的图表。（　　）

2. 根据开盘价和收盘价的关系，K 线分为阳线和阴线，开盘价高于收盘价时为阳线，开盘价低于收盘价时为阴线。（　　）

3. 无论是一根 K 线，还是两根、三根或多根 K 线，都是对多空双方的争斗进行描述，由它们的组合得到的结论都是相对的，不是绝对的。（　　）

4. 应用一根 K 线进行分析时，多空双方的力量的对比取决于影线的长短与实体的大小。（　　）

5. 连续出现两根阴线、两根阳线说明，多空双方的一方已经取得决定性胜利，今后将以取胜的一方为主要运动方向。（　　）

五、简答题

1. 如何确定 K 线实体的阴阳和位置?

2. 如何确定影线的位置？上、下影线的长度如何影响多空双方力量？
3. 长实体和短实体分别表示什么含义？为什么长实体比短实体重要？
4. K线组合有几种类型，名称是什么？差别是什么？
5. K线组合的反转形态都有哪些？
6. 分析射击之星和上吊线的异同。

第三章

切线理论

学习目标

- 趋势的方向和类型
- 支撑和压力的概念和角色的相互转换
- 支撑和压力的突破
- 趋势线和轨道线的作用

思维导图

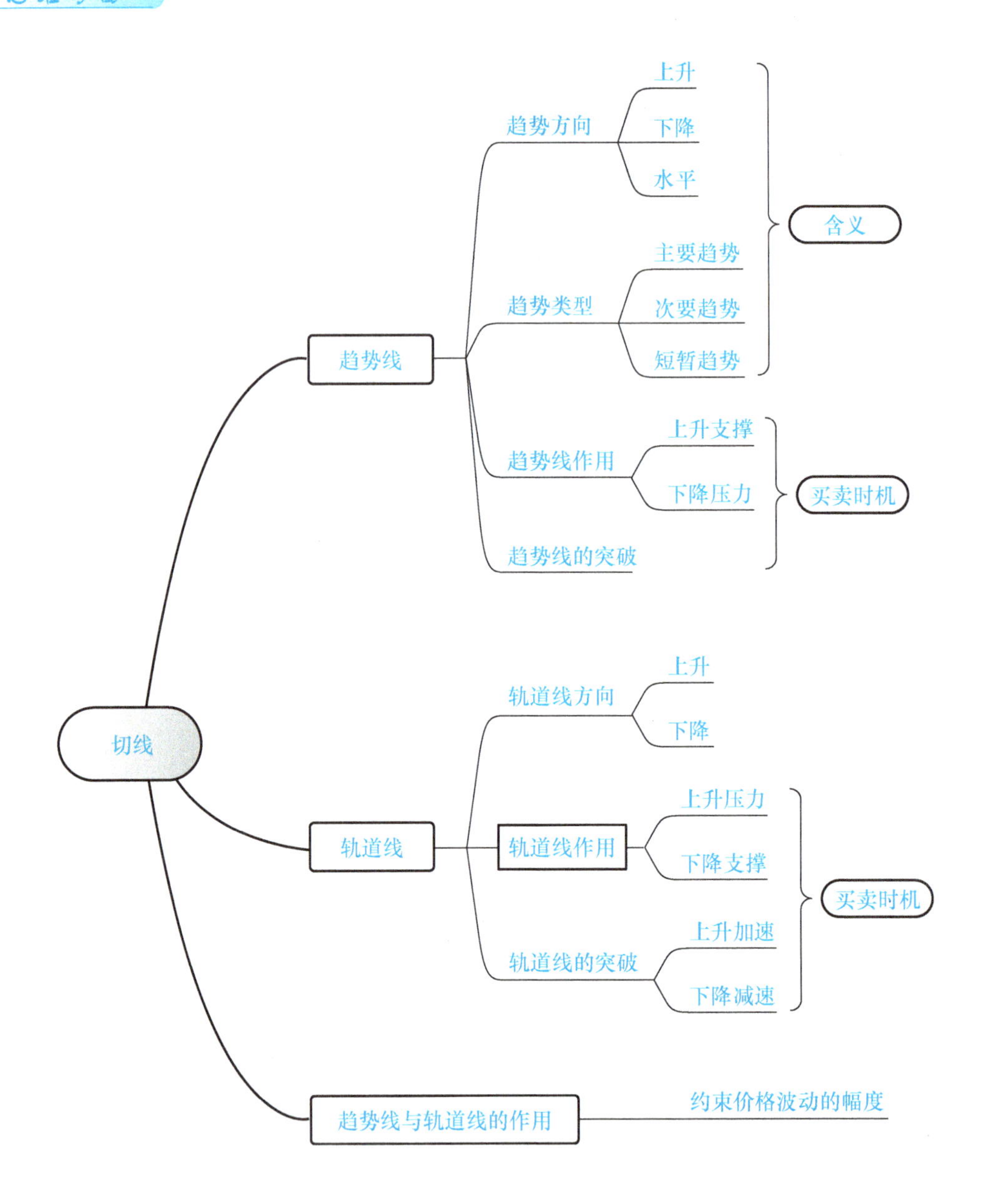

切线
趋势线
趋势方向
上升
下降
水平
趋势类型
主要趋势
次要趋势
短暂趋势
含义
趋势线作用
上升支撑
下降压力
趋势线的突破
买卖时机
轨道线
轨道线方向
上升
下降
轨道线作用
上升压力
下降支撑
轨道线的突破
上升加速
下降减速
买卖时机
趋势线与轨道线的作用
约束价格波动的幅度

K 线理论是对短期内的价格形态进行分析，据此确定买入或卖出的操作时机，这时的分析是战术分析。

实际的炒股操作，首先需要对股票价格进行整体的分析，在一个较长的时间区间内，观察股票的当前价格是位于高点还是低点，推断未来是涨还是跌，从众多的股票中筛选出有投资价值的股票，这时的分析是战略分析，即趋势分析。

现在的问题是，趋势分析都包括哪些内容，如何根据趋势分析进行投资决策呢?

第一节　趋　　势

一、趋势的定义

股价在上涨时，类似于上山的小路，虽然主要的运动方向是向上，但也时常出现短暂向下的情况；股价在下跌时，类似于下山的小路，虽然主要的运动方向是向下，但也偶尔出现短暂向上的情况。

忽略偶尔、短暂的情况，股票价格的主要运动方向，称为价格曲线的趋势。

二、趋势的方向

趋势的方向分为上升、下降和水平三种方向。

1. 上升方向

股价图形中，如果后面的峰都比前面的峰高，后面的谷都比前面的谷高，则称股价呈上升趋势，这时也说一底比一底高或底部抬高，见图 3-1-1。

图 3-1-1　中信证券上升趋势与下降趋势案例

2. 下降方向

股价图形中，如果后面的峰低于前面的峰，后面的谷低于前面的谷，则称股价呈下降趋势，这时也说一顶比一顶低或顶部降低，见图 3-1-1。

3. 水平方向

股价的图形中，如果后面的峰和前面的峰相比，后面的谷与前面的谷相比，没有明显的变化，几乎呈水平趋势，则称股价呈水平趋势。水平趋势是市场处在供需平衡的盘整状态，股价下一步朝哪个方向运动，无任何先兆和提示信息，无预测功能。

三、趋势的类型

股价趋势分为主要趋势、次要趋势和短暂趋势三种类型。

1. 主要趋势

主要趋势是指股价波动的主要方向或大方向，是股价趋势的主流，一般持续的时间比较长，故又称长期趋势。主要趋势是由影响经济的主要因素决定的，反映了国家的宏观经济环境或一个行业的发展趋势，见图 3-1-2。主要趋势是投资者首先要关注的，只有把握住了主要趋势，才能顺势而为，获得长线投资的盈利机会。

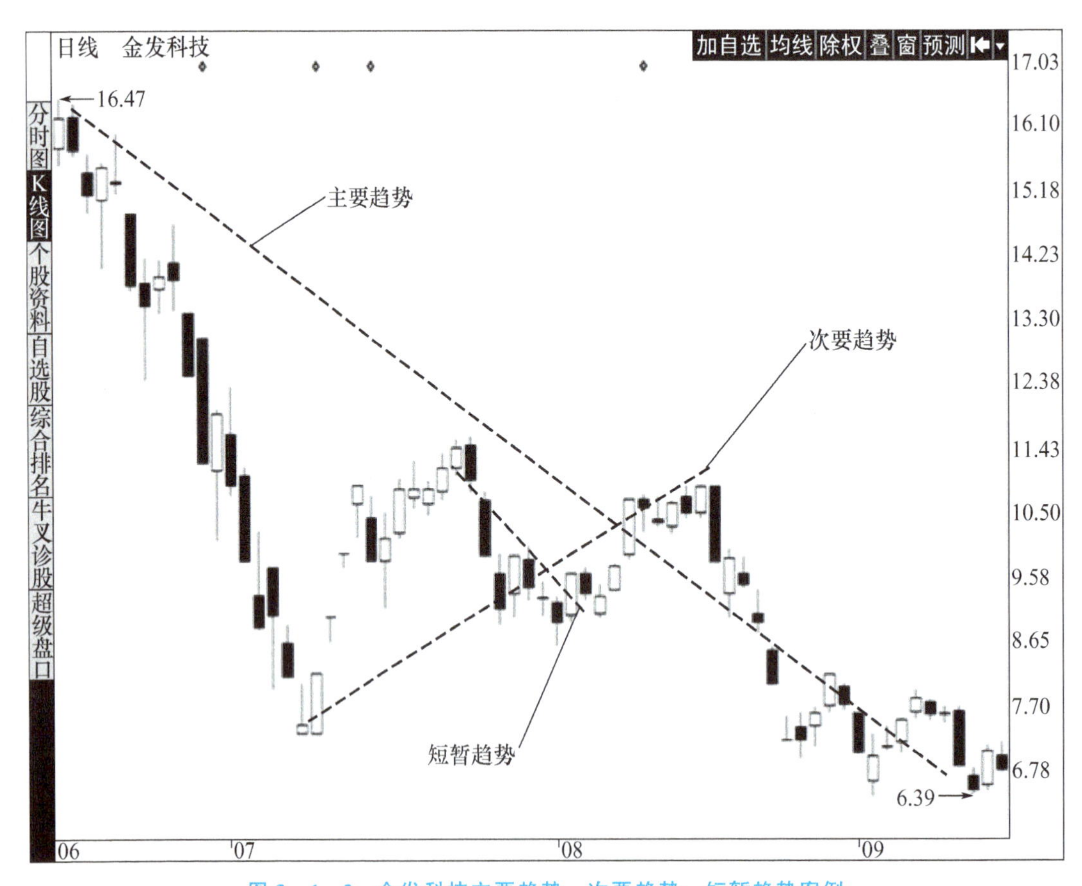

图 3-1-2 金发科技主要趋势、次要趋势、短暂趋势案例

2. 次要趋势

次要趋势是指包含在主要趋势过程中，与主要趋势方向相反的波动，见图 3-1-2。次要趋势是由影响经济发展的次要因素决定的，是经济市场的不断调整与完善。次要趋势持续的时间是主要趋势的几分之一，要短得多，故又称中期趋势或次级运动，是中短线投资的依据。

3. 短暂趋势

短暂趋势是对次要趋势的调整，是由微小的经济因素影响决定的，是短线投资的依据，见图 3-1-2。

第二节 支撑线与压力线

人们都知道低买高卖，但说起来容易做起来难！现在不禁要问，低点、高点在哪里，如何确认?

一、基本概念

(一) 定义

1. 支撑线

当股价下跌到某个价位附近时，空方认为这一价位有利可图，于是会纷纷买进，阻止了股价继续下跌，从而导致股价转而上涨，这个起着阻止股价继续下跌的价位就称为支撑线或抵抗线，见图 3-2-1。

2. 压力线

当股价上涨到某个价位附近时，多方认为这一价位已经盈利，于是会纷纷卖出，导致股价上涨速度减缓甚至转而下跌，这个起着阻止股价继续上涨的价位就称为压力线或阻力线，见图 3-2-1。

3. 说明

一次大的行情中会有多次回调或反弹，每次的回调或反弹都对应着相应的支撑线与压力线，见图 3-2-1。

股票交易软件并不给出支撑线、压力线，需要投资者自己添加。

通过价格曲线的图形可以看出，支撑线或压力线可以添加多条，因而不同的人进行的操作会有很大的不同，哪一条最好呢?

(二) 支撑线与压力线的确定

当支撑线或压力线确认后，市场会逐渐演变出多根支撑线或压力线，一般选择交易密集区的支撑线或压力线，在这样的区域驻留的时间比较长，交易量、成交量一般也比较大。

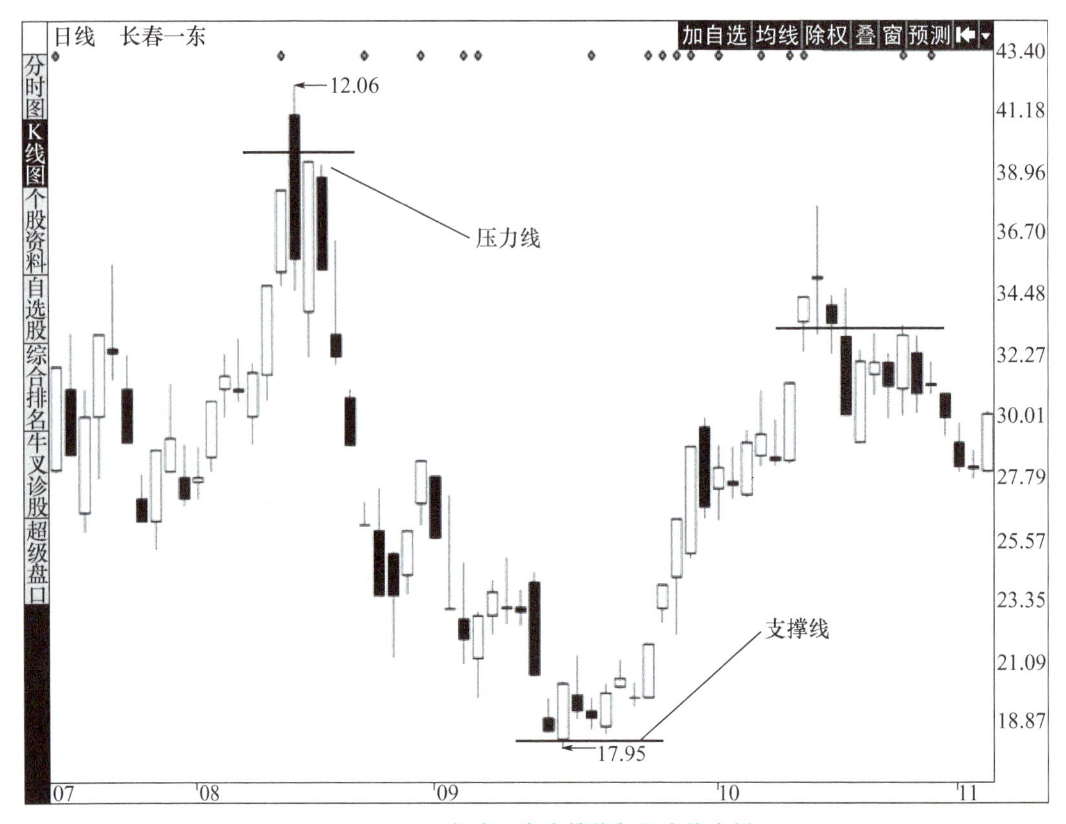

图 3-2-1 长春一东支撑线与压力线案例

支撑线或压力线暂时阻止了股价朝原来的方向运动。一般来说，股价只是暂时调整，之后将突破支撑线或压力线继续沿原趋势运动。如何判断股价突破了支撑线或压力线？

（三）支撑线与压力线的突破

若是短线投资，只有当股价突破支撑线或压力线达三个交易日，并且突破幅度达到股价的3%以上时，才能称为有效突破，见图3-2-2；若是中线投资，其突破幅度达到股价的5%以上时，才能称为有效突破；若是长线投资，其突破幅度达到股价的10%以上时，才能称为有效突破。

二、支撑线和压力线的作用

支撑线和压力线的作用有如下两种。

1. 延缓价格按原有方向运动的速度

股价的变动是有趋势的，要维持原趋势，保持原来的运动方向，就必须突破阻止继续原趋势的障碍。要维持下跌行情，就必须突破支撑线的支撑，创出新低；要维持上涨行情，就必须突破压力线的阻力，创出新高。这时的支撑线与压力线，没能阻止股价继续原趋势，只是延缓了其前进的速度，见图3-2-2-①、图3-2-2-②。

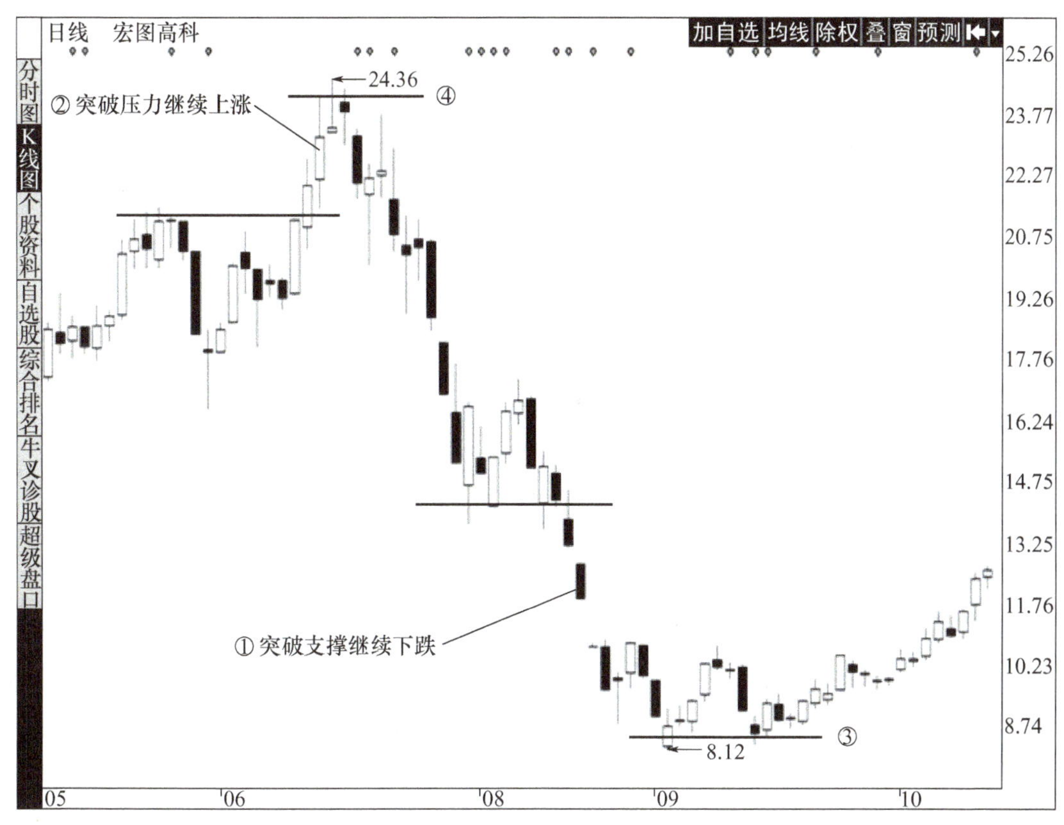

图 3-2-2　宏图高科支撑、压力及突破案例

2. 改变原有运动方向（反转）

股价不可能总涨或总跌，一直朝着一个方向发展。当一个趋势到了顶部或底部，将无力再创出新高或新低。

下降趋势中，股价已经位于趋势的底部，如果遇到了支撑，但未突破支撑线，将发生反转，预示着这一轮下降趋势将要结束，下一轮股票市场将是上涨行情，见图 3-2-2-③。

上升趋势中，股价已经位于趋势的顶部，如果受到了压力，但未突破压力线，将发生反转，预示着这一轮上升趋势已经结束，下一轮股票市场将是下跌行情，见图 3-2-2-④。

三、支撑线和压力线的转化

1. 多、空双方与压力线、支撑线的关系

支撑与压力，是多空双方投资行为在价格上的直接体现，是双方较量的结果。

空方希望在低价位买入，要维持股价的下跌行情，就必须突破支撑线，创造出新的低点，见图 3-2-3（a）。

多方希望在高价位卖出，要维持上涨行情，就必须突破压力线，创造出新的高点，见图 3-2-3（b）。

支撑线或压力线的形成，是多空双方的力量暂时达到平衡的结果。

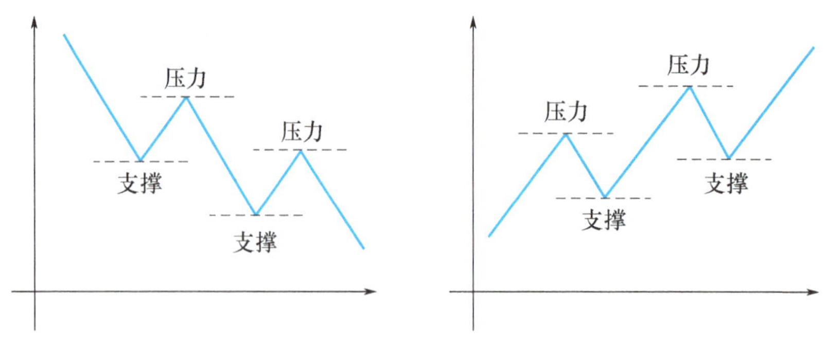

（a）空方希望的运动方向　　（b）多方希望的运动方向

图 3-2-3　支撑线和压力线

2. 投资者的角色

空方总是希望股价下跌，故常处于施加压力的角色；多方总是希望股价上涨，故常处于支撑的角色。

3. 角色的改变导致力的方向改变

在交易完成的瞬间，同一个投资者所代表的用力方向便发生 180°的改变。空方的压力，持仓后变成了支撑，见图 3-2-4（a）；多方的支撑，空仓后变成了压力，见图 3-2-4（b）。

多方、空方角色的瞬间转化，反映在股市上，是支撑与压力的转化。

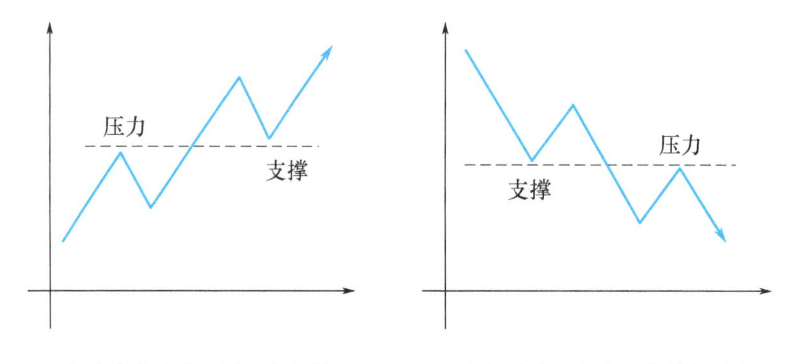

（a）空方变多方，压力变支撑　　（b）多方变空方，支撑变压力

图 3-2-4　支撑线与压力线的转化

四、支撑线与压力线的重要程度

支撑线、压力线对于投资者的重要程度是不同的。如何判断二者对于投资者是否重要呢？主要考虑如下三个因素。

停留的时间的长短：股价在某一点附近停留的时间越长，表明支撑线或压力线的影响力越大。

成交量的大小：支撑线是由空方买入股票造成的，压力线是多方卖出股票造成的；成交量大，表明支撑或压力的力度大。

时间距离当下时期的远近：支撑线或压力线是投资者操作的节点，如果支撑线或压力线所在的位置距离当下很久远了，对于投资者当下的投资及市场的影响都将降低。

平面几何题，常常会让人一筹莫展。如果添加一条辅助线，有时会让人茅塞顿开，解题的思路豁然开朗。直接观察股票价格曲线，未来的变化趋势未必很明显，添加一条辅助线是否有助于趋势的预测呢？

第三节 趋势线和轨道线

一、趋势线

（一）趋势线的定义

股价在一段时间内，如果是按照某一趋势和方向波动的，表示这种趋势和方向的直线称为趋势线。

（二）趋势线的画法

在上升趋势中，连接价格曲线的谷得到的直线，称为上升趋势线。上升趋势线总位于价格曲线的下方，见图 3-3-1（a）、图 3-3-2。

在下降趋势中，连接价格曲线的峰得到的直线，称为下降趋势线。下降趋势线总位于价格曲线的上方，见图 3-3-1（b）、图 3-3-2。

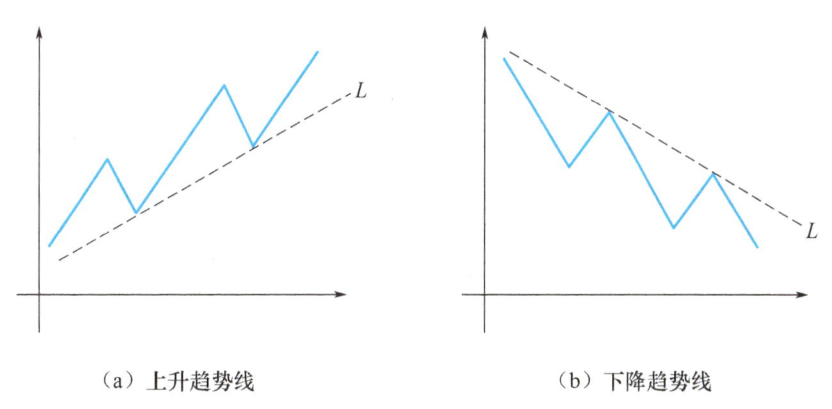

图 3-3-1 趋势线

同支撑线与压力线类似，趋势线并不是系统生成的，而是投资者自己添加的，故会因人而异，其有效性也会不同。如何添加更有效的趋势线呢？

（三）趋势线的有效性

可从以下四个方面判断趋势线的有效性。

（1）趋势线与价格曲线的峰或谷触及的次数越多，趋势线越有效。

（2）趋势线越长，表明趋势持续的时间会越长，趋势线越有效。

（3）趋势线的斜率为 1 时更可靠，这样的趋势线一般持续的时间会较长。

（4）趋势线越陡，表明趋势线持续的时间会越短，有效性越弱。

图 3-3-2 宏图高科上升趋势线与下降趋势线案例

（四）趋势线的作用

趋势线可以对今后股价的变化起到约束作用。当股价上涨时，趋势线总位于价格曲线的下方，起到支撑的作用，故趋势线是支撑线的一种；当股价下跌时，趋势线总位于股价曲线的上方，起到压力的作用，故趋势线也是压力线的一种。

股价不会总遵循一个趋势运动，当股价突破趋势线时，就是操作的时机。如何判断股价是否突破了趋势线？

（五）趋势线的突破

1. 以收盘价的突破为依据

讨论突破主要以收盘价为依据，因为最高价和最低价的突破，带有强烈的瞬间性，具有偶然色彩。而收盘价并非最后一笔交易的价格，是一个加权平均值，更具有代表性，故用收盘价的突破更有效。

2. 突破的幅度越大越有效

股价突破趋势线后，突破的幅度越大越有效。根据时间的长短，相对于股票的价格，可参照的幅度为短线（3%）、中线（5%）、长线（10%）。

3. 停留时间越长越有效

穿越趋势线后，在趋势线的另一侧停留的时间越长，突破越有效。

（六）操作策略

1. 上升趋势

对于上升趋势，待股价回调到上升趋势线附近，可在其停止下跌时买入股票，见图 3-3-3-①。

当股价向下突破上升趋势线，技术性反弹到触及趋势线时卖出股票，此时为投资者在此轮行情最后的卖出机会，否则将会套牢，见图 3-3-3-②、图 3-3-4-①。

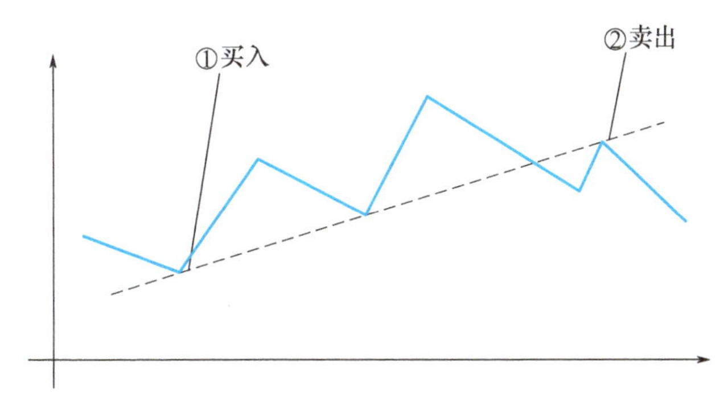

图 3-3-3　参照趋势线的买入卖出操作

2. 下降趋势

对于下降趋势，在股价反弹到下降趋势线附近，可在其已无力突破时卖出股票，见图 3-3-5-①。

当股价向上突破下降趋势线后，技术性回调到触及趋势线时买入股票，此时为投资者在此轮行情最后一次低位买进建仓的机会，否则将踏空，见图 3-3-4-②、图 3-3-5-②。

本节讨论了价格曲线与趋势线的关系，上升趋势线和下降趋势线对股价朝相反方向的运动起到了约束作用。

我们发现，有时股价会在一个时期内位于两条平行线构成的通道内波动。这时的价格曲线有什么特征，该如何操作呢？

二、轨道线

（一）轨道线的定义

在已经得到了趋势线的情况下，通过多个峰或者多个谷，可以添加趋势线的平行线，这条趋势线的平行线称为轨道线或通道线，见图 3-3-6 中的虚线。

说明如下：不是所有的价格曲线都有轨道线；轨道线与趋势线相伴而生，不能独立存在；当存在轨道线时，也称股价进入上升通道或下降通道。

图 3-3-4 中葡股份上升趋势线与下降趋势线案例

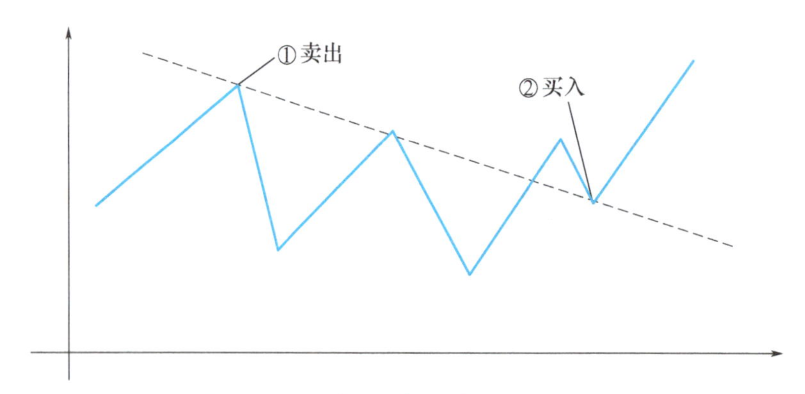

图 3-3-5 参照趋势线的买入卖出操作

（二）轨道线的作用

1. 压力或支撑

上升轨道线位于价格曲线的上方，是压力线；下降轨道线位于价格曲线的下方，是支撑线。

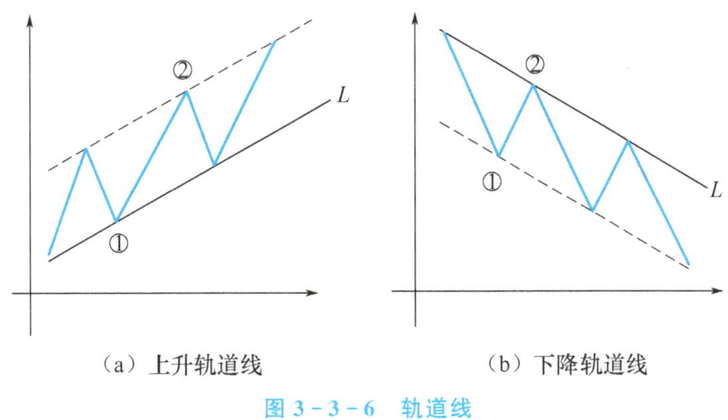

（a）上升轨道线　　（b）下降轨道线

图 3-3-6　轨道线

2. 约束价格幅度

轨道线与趋势线一起，将价格曲线框在了一个平行的区域内，将价格约束在一个幅度内变化。

3. 趋势改变的预警

若股价在波动中未触及轨道线，离得很远就开始转向，这预示着原趋势将要改变，市场已经无力继续维持原趋势，见图 3-3-7。

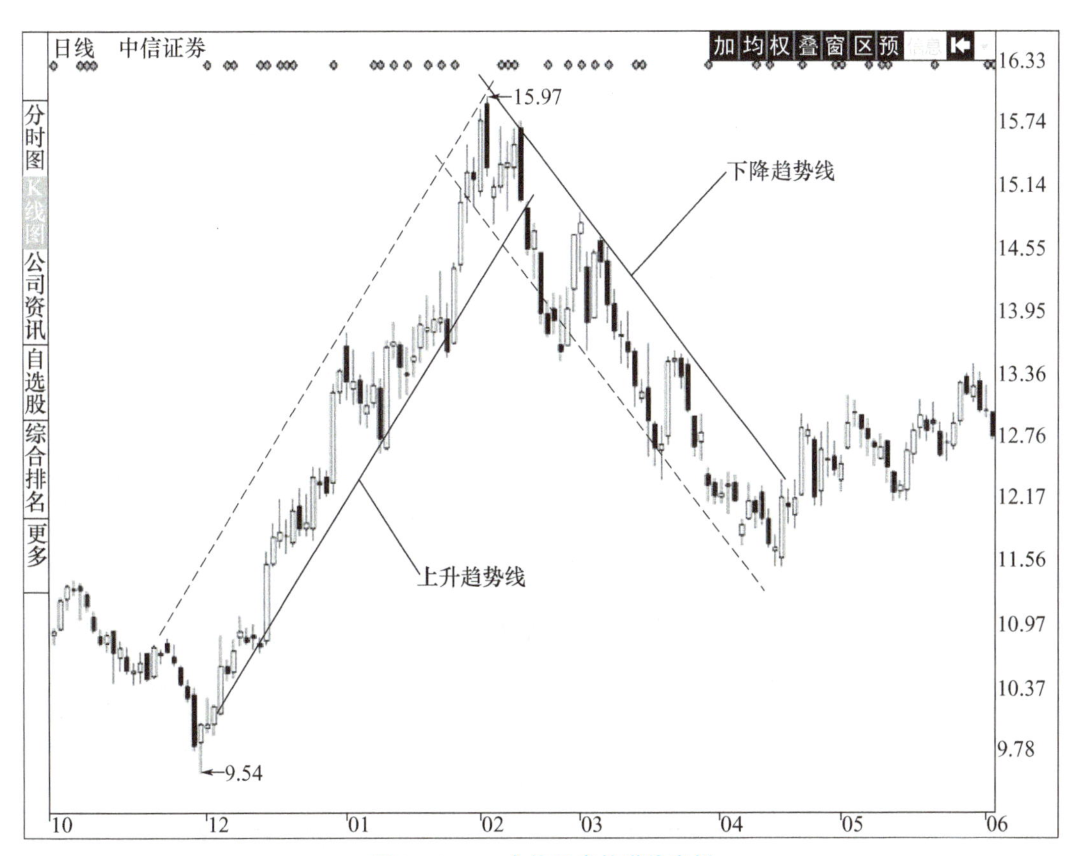

图 3-3-7　中信证券轨道线案例

（三）轨道线的操作策略

股价在上升通道中运行，出现在趋势线附近时，投资者应逢低买入股票，见图 3－3－6（a）－①；出现在轨道线附近时，投资者应短线平仓，见图 3－3－6（a）－②。

股价在下降通道中运行，出现在轨道线附近时，投资者应逢低买入股票，见图 3－3－6（b）－①；出现在趋势线附近时，投资者应短线平仓，见图 3－3－6（b）－②。

股价突破趋势线，意味着股价将发生反转，改变方向；突破轨道线又意味着什么呢？

（四）轨道线的突破

与突破趋势线反转不同，股价对轨道线的突破，不是趋势反转的开始，而是趋势线的斜率开始改变，即涨跌速度的改变，见图 3－3－8、图 3－3－9。

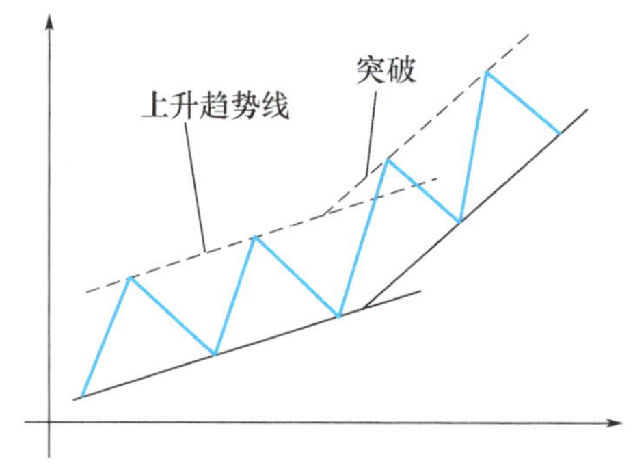

图 3－3－8　突破轨道线改变了涨跌速度

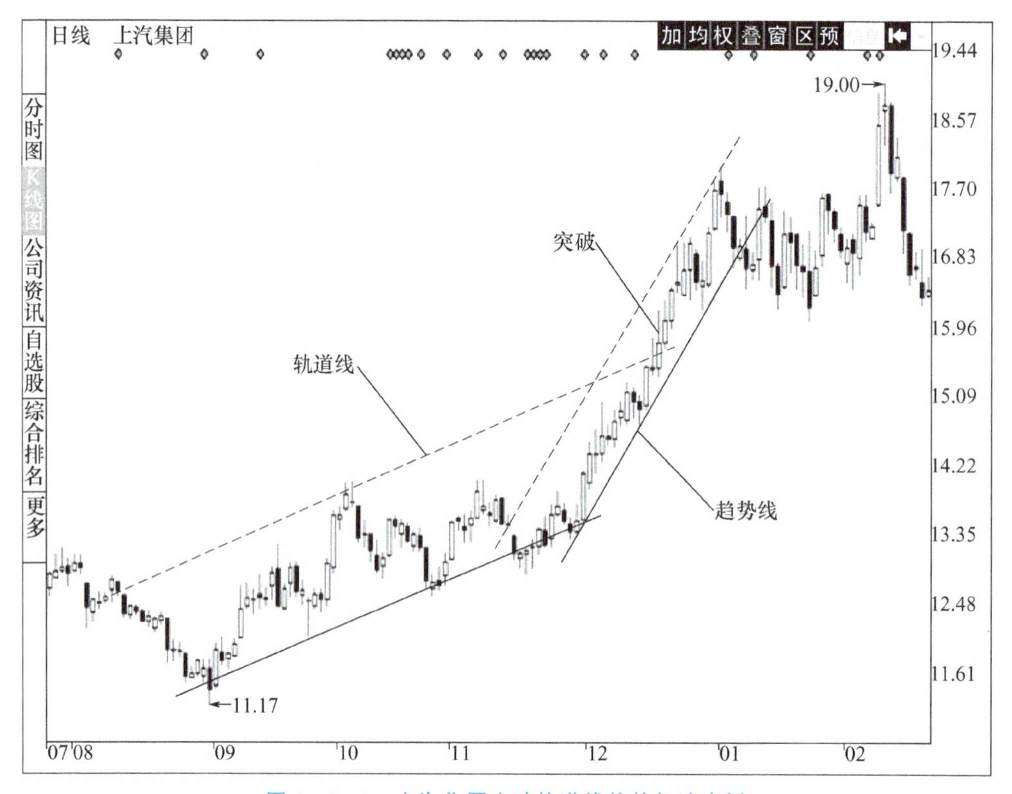

图 3－3－9　上汽集团突破轨道线趋势加速案例

本章小结

本章介绍了支撑线与压力线的定义，讨论了两者之间的转化，阐述了支撑线、压力线与趋势线及轨道线的关系，结合实际案例论述了它们的应用。

综合练习

一、名称解释

1. 支撑与压力　　2. 支撑与压力的突破　3. 趋势的类型　　4. 趋势线与轨道线

二、单项选择题（以下各小题所给出的选项中，只有一项符合题目要求，请将正确选项填入括号内）

1. 在上升趋势中，将（　　）连成一条直线，就得到上升趋势线。

A. 两个低点　　B. 两个高点

C. 一个低点、一个高点　　D. 任意两点

2. 在上升趋势中，如果股价下一次未创新高，即未突破压力线，往后反而向下突破了这个上升趋势的支撑线，通常这意味着（　　）。

A. 上升趋势开始　　B. 上升趋势保持

C. 上升趋势已经结束　　D. 没有含义

3. 支撑线和压力线之所以能起支撑和压力作用，两者之间之所以能相互转化，很大程度是由于（　　）。

A. 机构主力斗争的结果　　B. 心理因素作用的结果

C. 筹码分布作用的结果　　D. 持有成本作用的结果

4. 趋势线被突破说明（　　）。

A. 股价会上涨　　B. 股价走势将反转

C. 股价会下跌　　D. 股价走势将加速

5. 一般说来，可以根据下列（　　）因素判断趋势线的有效性。

A. 趋势线的斜率越大，有效性越强

B. 趋势线的斜率越小，有效性越强

C. 趋势线被触及的次数越少，有效性越被得到确认

D. 趋势线被触及的次数越多，有效性越被得到确认

6. 在技术分析理论中，不能单独存在的切线是（　　）。

A. 支撑线　　B. 压力线　　C. 轨道线　　D. 趋势线

三、不定项选择题（以下各小题所给出的选项中，至少有一项符合题目要求，请将正确选项填入括号内）

1. 下列说法正确的是（　　）。

A. 证券市场里的人分为多头和空头两种

B. 压力线只存在于上升行情中

C. 反映价格变动的趋势线不可能一成不变，而是随着价格波动的实际情况进行调整

D. 支撑线和压力线可以相互转换

2. 关于支撑线和压力线，下列说法正确的是（　　）。

A. 支撑线又称抵抗线

B. 支撑线总是低于压力线

C. 支撑线起阻止股价继续上涨的作用

D. 压力线起阻止股价下跌或上涨的作用

3. 一般来说，一条支撑线或压力线对当前市场走势影响的重要性取决于（　　）。

A. 股价在这个区域停留时间的长短

B. 压力线所处的下降趋势的阶段

C. 这个支撑区域或压力区域发生的时间距离当前这个时期的远近

D. 在这个区域伴随的成交量大小

4. 下列属于趋势线与支撑线特点的是（　　）。

A. 在上升趋势中，将两个低点连成一条直线就得到了上升趋势线

B. 上升趋势线起支撑作用，下降趋势线起压力作用

C. 上升趋势线是支撑线的一种，下降趋势线是压力线的一种

D. 趋势线应得到第三个点的验证才能确认这条趋势线是有效的

5. 下列属于股价趋势的压力线特性的是（　　）。

A. 有被突破的可能　　　　B. 必须是一条水平直线

C. 起阻止股价继续上涨的作用　　　　D. 只出现在上升行情中

6. 股价的移动是由多空双方力量大小决定的，在一个时期内（　　）。

A. 多方处于优势，股价向上移动　　　　B. 多方处于优势，股价向下移动

C. 空方处于优势，股价向下移动　　　　D. 空方处于优势，股价向上移动

四、判断题（判断以下各题的对错，对的用 A 表示，错的用 B 表示，将结果填在括号内）

1. 支撑线不仅存在于上涨行情中，下跌行情中也有支撑线。（　　）

2. 支撑线和压力线的作用是在较长的时间内阻止股价向一个方向继续运动。（　　）

3. 一条支撑线如果被跌破，那么这一条支撑线将成为压力线；同理，一条压力线被突破，这条压力线将成为支撑线。（　　）

4. 每一条支撑线和压力线都是股价波动所必然产生的内在规律，而非人为控制和确认的。（　　）

5. 趋势线被突破后，说明股价下一步的走势将要反转。（　　）

6. 越重要、越有效的趋势线突破，其转势的信号越强烈。（　　）

7. 只有在下跌行情中才有支撑线。（　　）

8. 一般来说，所画出的直线被触及的次数越多，其作为趋势线的有效性越能得到确认，用它进行预测越准确有效。（　　）

五、简答题

1. 如何理解支撑和压力的相互转换？在实际投资中应该如何运用这一思想？

2. 支撑和压力对股价的波动起什么作用？股价下降到支撑线就一定可以买入吗？

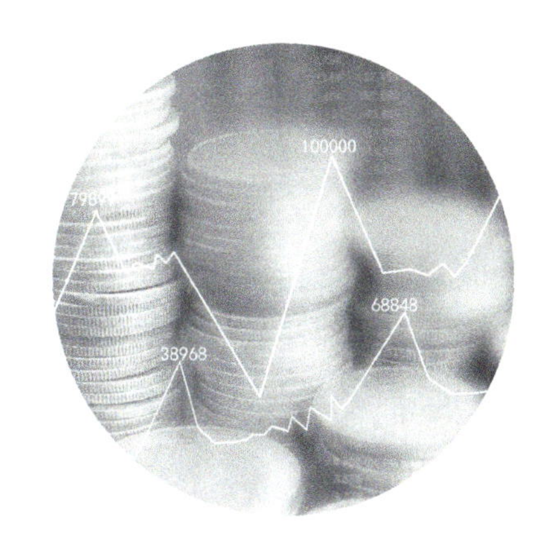

第四章

形态理论

学习目标

- 股价的运动规律
- 反转突破形态
- 持续整理形态
- 缺口

思维导图

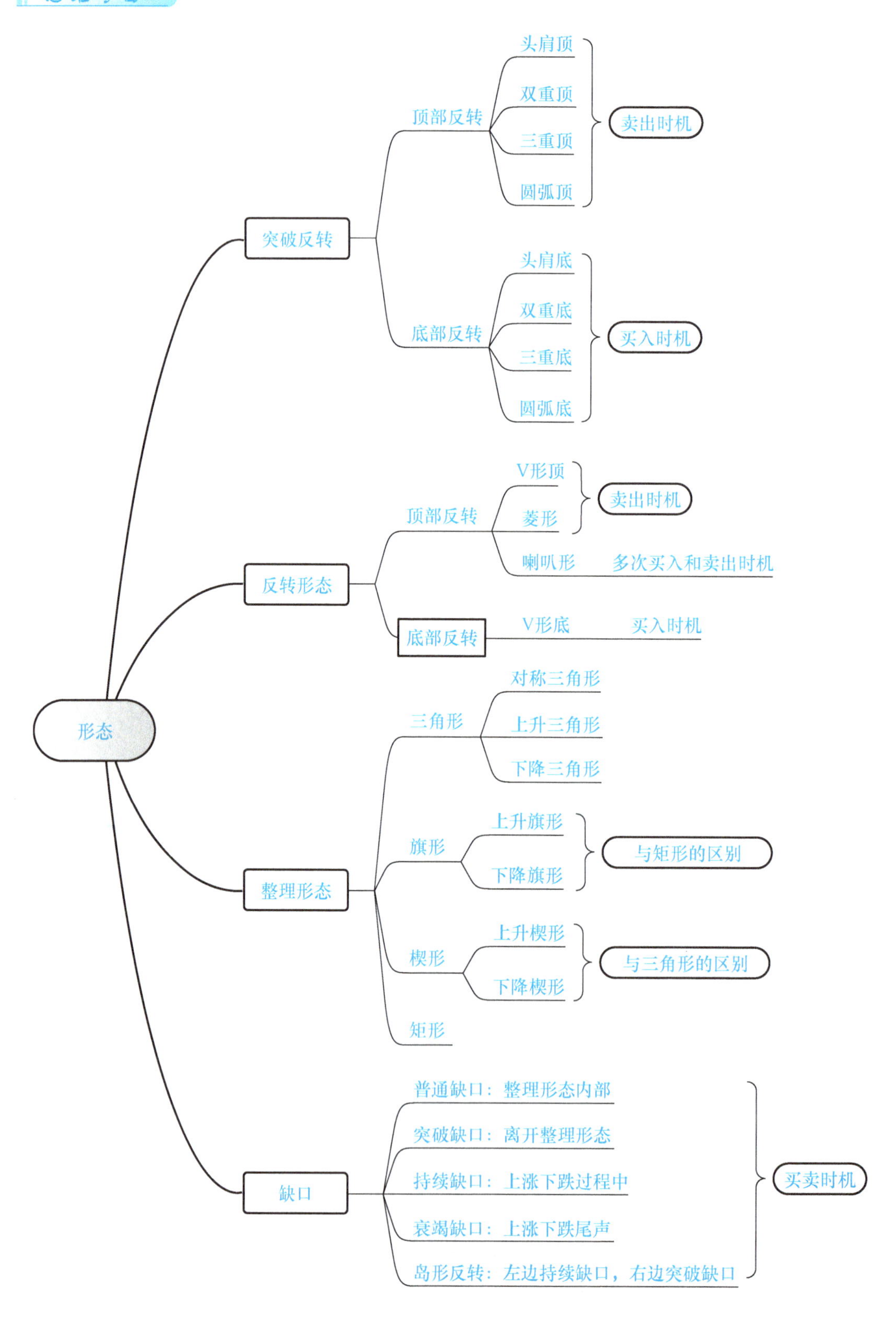

形态
突破反转
顶部反转
头肩顶
双重顶
三重顶
圆弧顶
卖出时机
底部反转
头肩底
双重底
三重底
圆弧底
买入时机
反转形态
顶部反转
V形顶
菱形
卖出时机
喇叭形
多次买入和卖出时机
底部反转
V形底
买入时机
整理形态
三角形
对称三角形
上升三角形
下降三角形
旗形
上升旗形
下降旗形
与矩形的区别
楔形
上升楔形
下降楔形
与三角形的区别
矩形
缺口
普通缺口：整理形态内部
突破缺口：离开整理形态
持续缺口：上涨下跌过程中
衰竭缺口：上涨下跌尾声
岛形反转：左边持续缺口，右边突破缺口
买卖时机

K线分析是指利用两三天的K线形态确定买卖时机，但这种方法时间短、信息量有限，更适合短线交易。对于期限较长的股价趋势的预测，K线分析将无能为力。这时该使用什么方法呢？形态理论！

买入的最佳时机是股价位于低位、上涨以前；卖出的最佳时机是价格位于高位、下跌之前。也就是说，交易的最佳时机是价格反转的时刻。如何确定反转时刻呢？

第一节 头肩型反转突破形态

头肩型反转突破形态是最典型的反转形态，具体如下。

一、头肩顶和头肩底

头肩顶、头肩底两种形态是实际股价形态中的常见形态，也是最著名和最可靠的反转突破形态。

（一）头肩顶

头肩顶形态是一个难得的沽出良机，一般通过连续三次起落构成该形态的三个部分，也就是要出现三个局部的高点。中间的高点比另外两个点都高，称为头；左右两个相对较低的高点称为肩，这就是头肩顶形态名称的由来，见图4-1-1。

1. 头肩顶形态形成过程

（1）形成左肩。

股价经过长期的上涨到达第一个高点A，多方开始纷纷获利回吐，供应量的增加导致股价掉头向下，到达趋势线的B点后左肩形成，见图4-1-1。

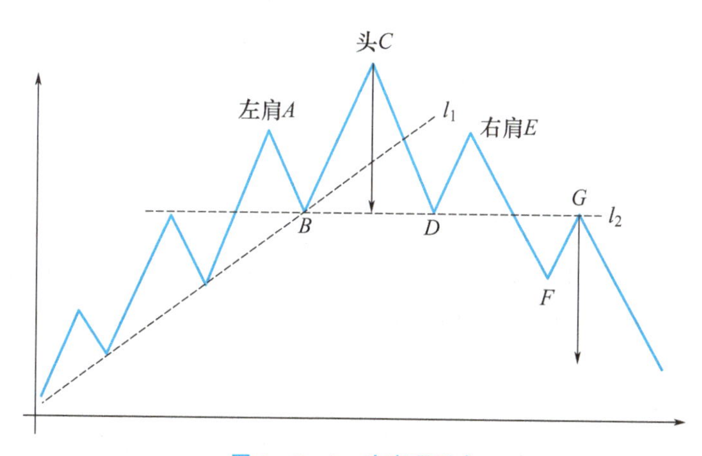

图4-1-1 头肩顶形态

（2）形成头部。

由于多方实力超强，股价再次被拉起，创出新高到达C点。高价位使得多方竞相卖出，供应量的大幅增加导致股价再次回落突破支撑线l_1，下跌到前一低点B附近，这时多方能量尚未完全释放，在这里再次形成支撑，头部构建完成，见图4-1-1。

若不跌破支撑线 l_1，股价继续上涨将是普通的上升趋势，无法形成头部，这时的形态将不是头肩顶形态，故跌破支撑线 l_1 是确认头部形成的关键指标。

（3）形成右肩。

股价第三次上涨，但由于前两次成交量的大量释放，涨势已不再凶猛，到达头顶之前的 E 点便掉头向下至 F 点，形成右肩。这次下跌，股价急速穿过支撑线 l_2，没有及时卖出的零星投资者虽然心有不甘，试图再次反扑，但有心无力，勉强接近支撑线 l_2 的 G 点便转身向下，头肩顶形态完成。

2. 头肩顶形态的支撑线

头肩顶形态的形成与支撑线 l_1、l_2 密切相关。

支撑线 l_1 的特点：作为股票价格曲线的连续支撑，由于价格曲线由 C 点向下的突破，预示着上升趋势可能结束。

支撑线 l_2 的特点：作为股票价格曲线连续两个近似等高点 B、D 的支撑线，平行或近似平行于横轴，且价格曲线须向下突破该支撑线到达 F 点，是确认右肩形成的重要指标。

由于 B、D 两点位于头部下方的颈部，故经过这两点的支撑线 l_2 称为颈线，见图 4－1－1。

3. 头肩顶形态完成的确认

头肩顶形态是一个长期趋势的反转形态，多出现在一段上升趋势的顶部，该形态是否形成需要最终确认。

下跌深度的测算：右肩形成之后，股价自 F 点反弹至颈线 l_2 的 G 点再次下跌的深度，是衡量头肩顶形态完成的考核指标。

测算方法：从突破点 H（图 4－1－1）算起，股价将至少要跌到与形态高度相等的距离。形态高度是指从头顶到颈线的垂直距离（图 4－1－1 中从 C 点处的箭头长度）。

测算说明：上述是股价下落的最起码的深度，是最低的标准，否则，将不是头肩形态。当股价下跌幅度大于或等于这一幅度以后，头肩形态才算最终完成。

4. 补充说明

（1）头肩顶形态的识别。

头肩顶形态两个肩未必看上去很像，且两个肩的高度也不一定等高。等高是偶然情况，实际应用中应该注意如下两点：当右肩的高点比头部还要高时，不构成头肩顶形态；若股价从右肩未跌破颈线，或股价跌破颈线后又回升到颈线上方，则都不属于头肩顶形态，宜进一步观察。

（2）头肩顶与成交量的关系。

就成交量而言，一般以左肩最大，头部次之，而右肩最小，即呈梯状递减，见图 4－1－2。

股价从 E 点下跌到达 F 点对于颈线 l_2 的突破，不需要大成交量配合，但日后继续下跌时，成交量有可能会放大。这是由于此时股价离高点较近，投资者还有折返冲高的幻想。一旦股价继续下跌，表明大势已去，新的一轮下跌行情开始，会出现恐慌性抛盘导致成交量的放大。

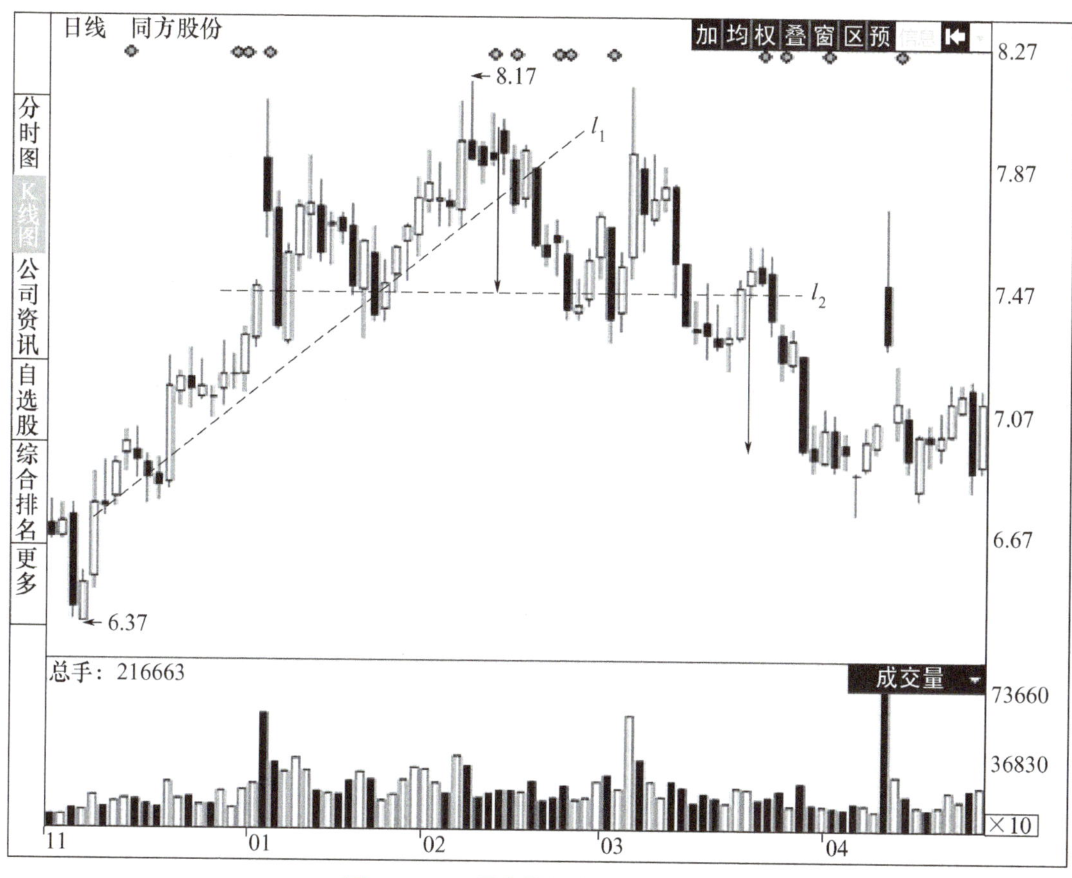

图 4-1-2 同方股份头肩顶形态案例

（二）头肩底形态

1. 头肩底的特点

头肩底是头肩顶的倒转形态，是一个可靠的买进时机。其构成和分析方法，除了在成交量方面与头肩顶有所区别外，其余与头肩顶类似，只是方向相反，见图 4-1-3。

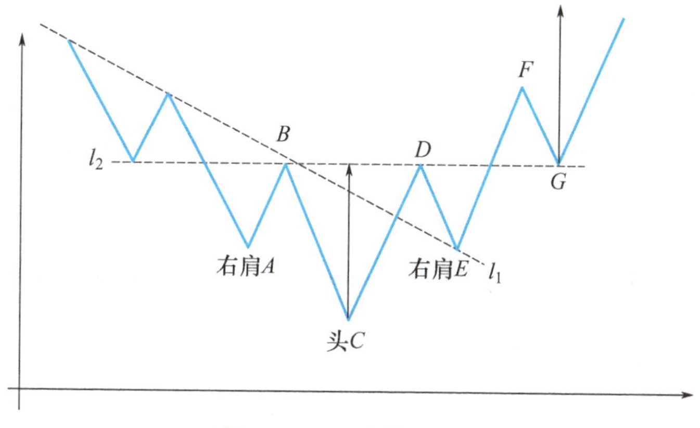

图 4-1-3 头肩底形态

2. 头肩底成交量

值得注意的是，头肩顶形态与头肩底形态在成交量配合方面的最大区别是，头肩顶形态向下突破颈线时，成交量不一定放大；而头肩底形态向上突破颈线时，若没有较大的成交量出现，可靠性将大为降低，甚至可能出现假头肩底形态，见图 4-1-4。

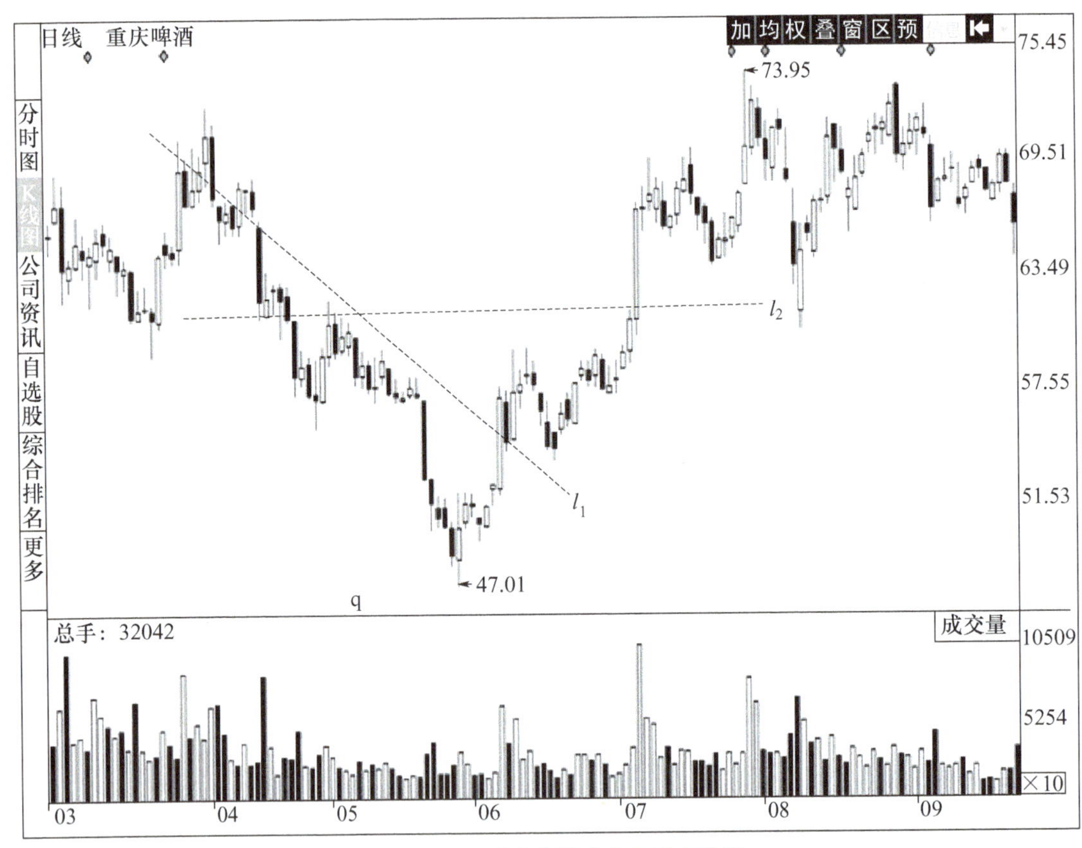

图 4-1-4 重庆啤酒头肩底形态案例

头肩顶和头肩底形态，是典型的反转形态，但实际遇到的往往没有那么完美。假如股票的价格曲线没有头部只有两个肩，或者说没有肩、只有两个头部。这是什么形态？具有普遍意义吗？

二、双重顶和双重底

双重顶和双重底也是投资过程中经常遇到的、极为重要的反转形态。

（一）双重顶

双重顶形态，是指股票价格曲线有两个相同的高点，形似英文字母的 M，因此双重顶又称“M 头”，见图 4-1-5。

双重顶形态经历了如下的形成过程。

1. 双重顶的形成过程

（1）形成左头。

股价经历了较长的上涨过程，再次冲高到达第一个高点 A 后，多方纷纷获利回吐，供应量增加，股价上涨遇到阻力 l_1 而回落。成交量随股价下跌而萎缩，这时上升趋势线 l 对股价形成强有力的支撑，回调到 B 点附近停止，见图 4－1－5。

（2）形成右头。

由于多方能量没有充分释放，在趋势线的强劲支撑下，股价反转回升，再次上升至前一峰顶与 A 点几乎等高的 C 点，投资者纷纷卖出，经过两次出货，多方能量充分释放，形成了上升的阻力，股价在 C 点掉头向下，见图 4－1－5。

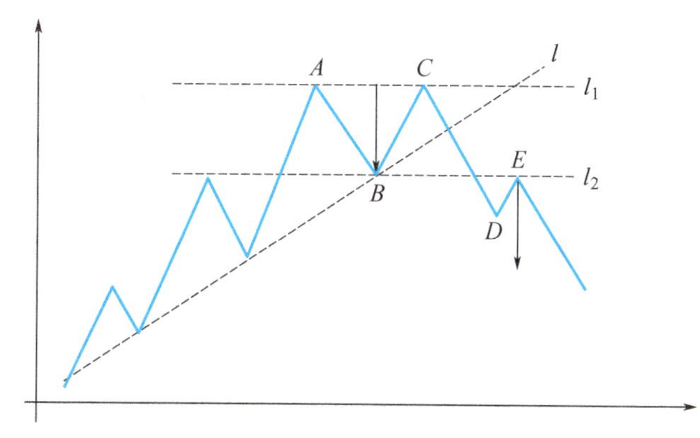

图 4－1－5　双重顶形态

（3）颈线。

通过 B 点做 A 点和 C 点连线 l_1 的平行线，该线在头的下方位于颈部，称该直线为颈线，见图 4－1－5 的 l_2。l_1 是股票价格曲线的阻力线，与其平行的颈线 l_2 在 B 点对于股价的下跌起支撑作用，故为股票价格曲线的支撑线。股价在 C 点跌破支撑线 l_2 到达 D 点后，第二个顶形成。

（4）反扑。

股价到达 D 点后，一般不会径直向下，这是因为没有及时出货的零星投资者，还会凝聚力量做最后的反扑。但终因零星投资者势单力孤，寡不敌众，颈线对股价形成的阻力，使得股价再次掉头向下，见图 4－1－5。

2. 形态完成确认

股价自 D 点反弹，这时的支撑线 l_2 转变成了压力线 l_1，股价到达 E 点再次向下，下降的深度至少应等于压力线 l_1 与支撑线 l_2 的垂直距离，双重顶反转突破形态真正形成，见图 4－1－5。

3. 补充说明

双重顶形态的两个高点不一定在同一水平，两者相差小于股价的 3%就不会影响形态的分析意义，见图 4－1－6。

在顶点 A 附近的成交量最大，顶点 C 次之，见图 4－1－6－①、图 4－1－6－②。在向

下突破颈线时一般无大成交量伴随，但日后继续下跌时，有可能出现恐慌性抛盘，成交量有可能扩大，见图 4-1-6-③。

两个顶之间的距离越大，该形态的反转潜力越大，一般两个高点之间相隔 2～3 周以上。

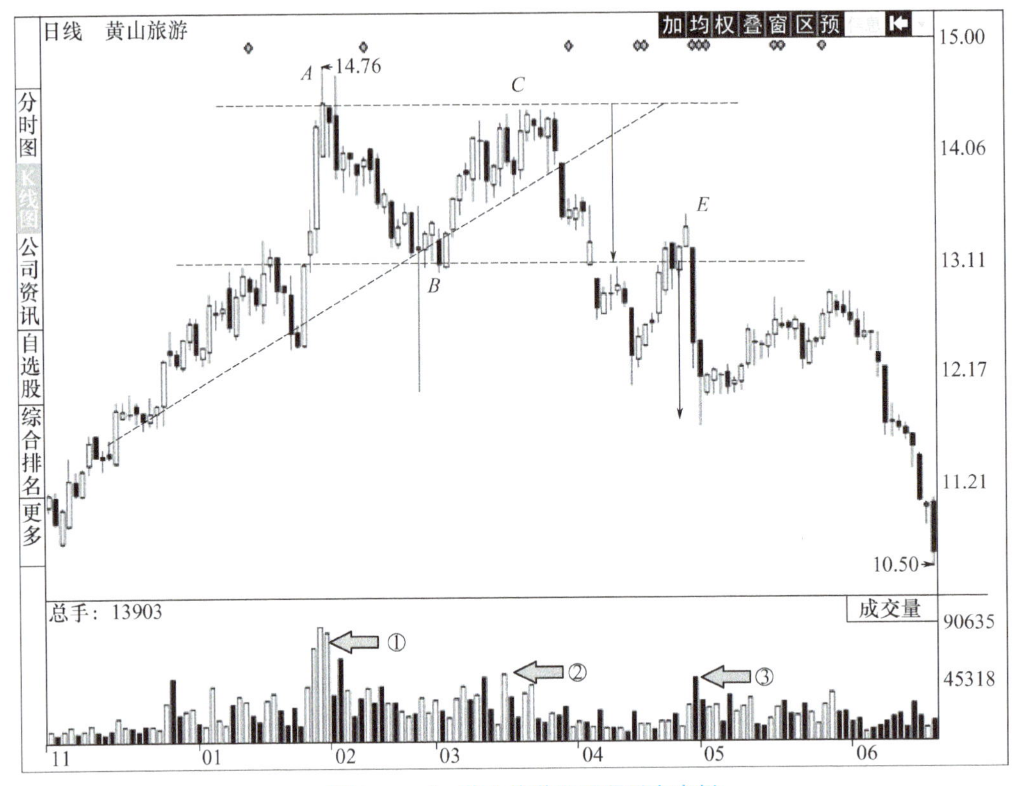

图 4-1-6 黄山旅游双重顶形态案例

4. 操作策略

对于做长线而言，双重顶形态中，在 A、C 两点是卖出股票的最佳时机，E 点是卖出股票止损的最后机会，这时只能忍痛割肉。M 头处于趋势的顶部，不适合做长线投资买入股票。但可在 B 点买入股票，C 点卖出股票，是做短线投资的机会。

(二) 双重底

双重底形态，是指股票价格曲线有两个相同的低点，形似英文字母的 W，因此又称“W 底”，结构与双重顶形态完全相反，见图 4-1-7。

需要强调的是，在双重底形态中的 A 点处，若成交量放大，表明主力逢低吸纳；如果成交量没有放大，表明前景并不明朗，即此处成交量放大与否均属正常，见图 4-1-8。

B 点为股价在下降趋势中的反弹，成交量未必很大；D 点属于股价向上突破，尽管未必成功，但成交量应该有所放大。股价在 E 点向上突破颈线成功，需有大成交量的配合，否则将有可能是无效突破。

若头肩顶形态中的头部和两个肩一样高，就构成了三重顶形态，这样的形态具有怎样的特点？

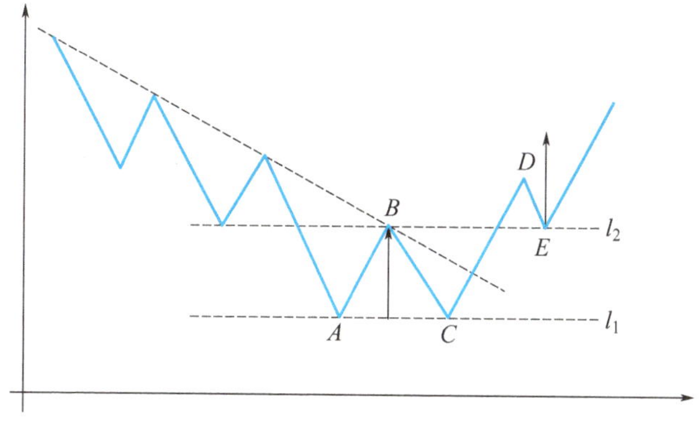

图 4-1-7　双重底形态

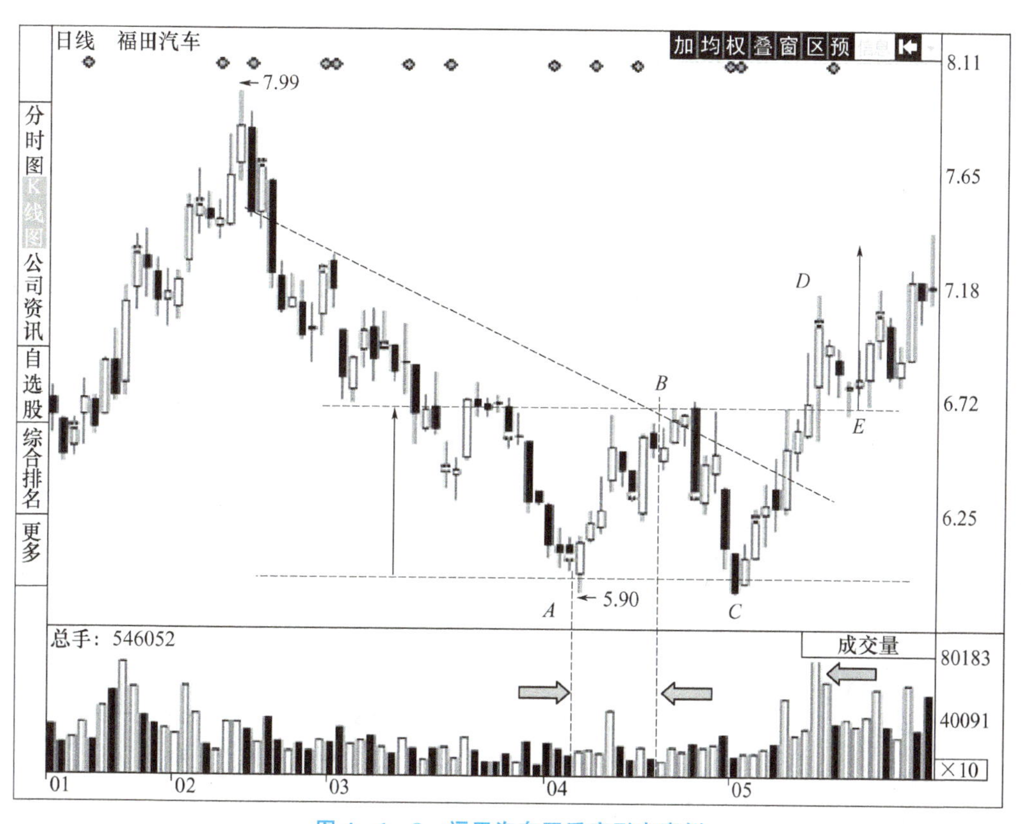

图 4-1-8　福田汽车双重底形态案例

三、三重顶和三重底

1. 形态特点

三重顶（底）形态是双重顶（底）形态的扩展形式，也是头肩顶（底）形态的变形，其形状由三个一样高的顶或一样低的底组成，也是常见的反转形态，见图 4-1-9、图 4-1-10。

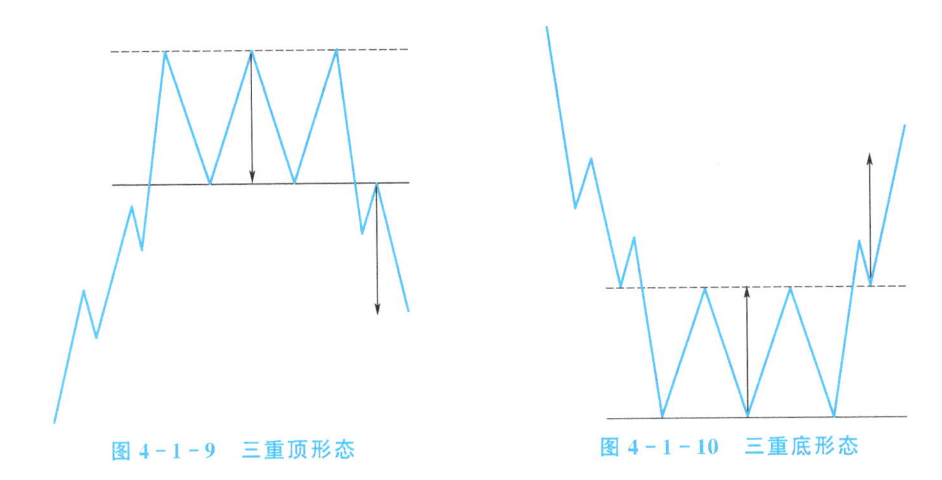

图 4-1-9　三重顶形态　　　图 4-1-10　三重底形态

三重顶形态与头肩顶形态相比，只是头部回缩到了与肩差不多等高的位置；与双重顶形态相比，只是顶多重复了一次。

2. 三重顶（底）形态的识别

由于三重顶（底）形态是双重顶（底）形态、头肩顶（底）形态的扩展形式，故二者的识别方法可直接应用于三重顶（底）形态的识别。

如果第三次下跌未能跌破支撑线，三重顶形态将演变成持续整理形态，而不是反转形态，见图 4-1-11。

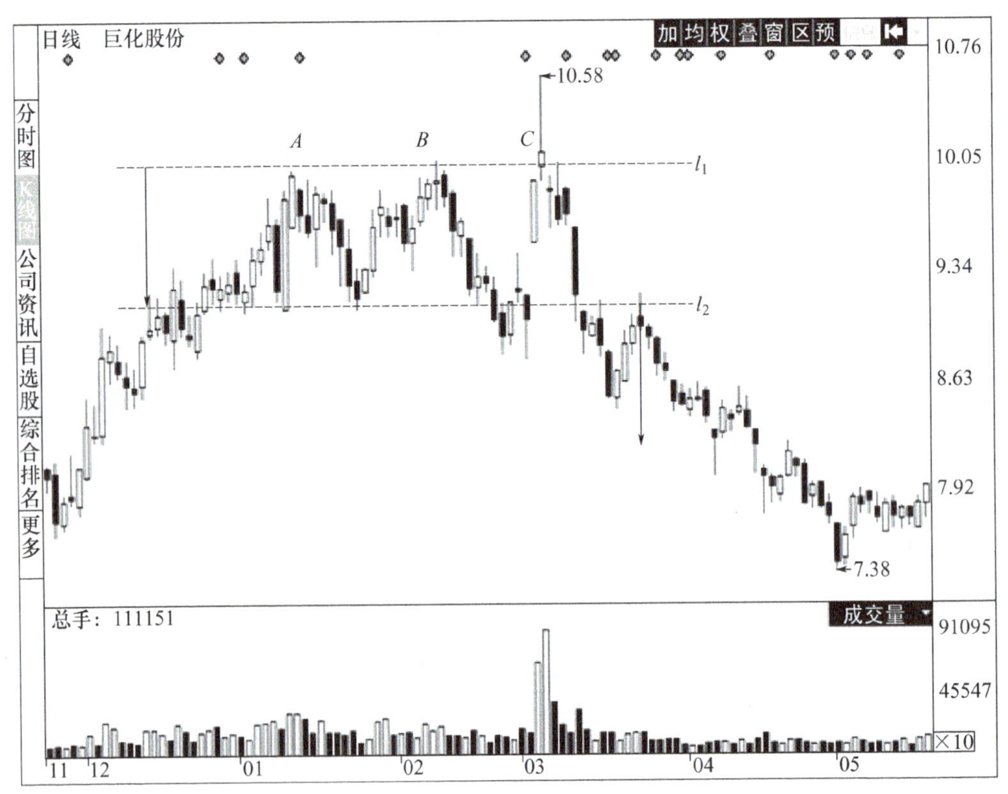

图 4-1-11　巨化股份三重顶形态案例

三重顶（底）形态完成的标志是，股价向下（向上）突破颈线与压力线之间的距离。另外在分析时，三重顶（底）形态的峰顶与峰顶，或谷底与谷底的间隔距离和时间不必相等。

四、圆弧顶与圆弧底

（一）形态特点

将股价的高点连接起来，得到一条凸的圆形弧线，盖在股价之上，这时的形态称为圆弧顶形态，见图 4－1－12。

将股价的低点连接起来，得到一条凹的圆形弧线，托在股价之下，这时的形态称为圆弧底形态，见图 4－1－13。

圆弧形态在实际中出现的机会较少，但一旦出现则是绝好的机会，它的反转深度和高度是不可测的，这一点与其他形态不同。

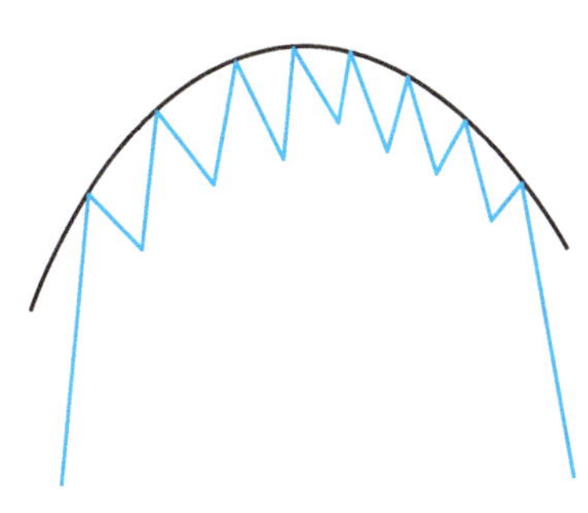

图 4－1－12 圆弧顶形态

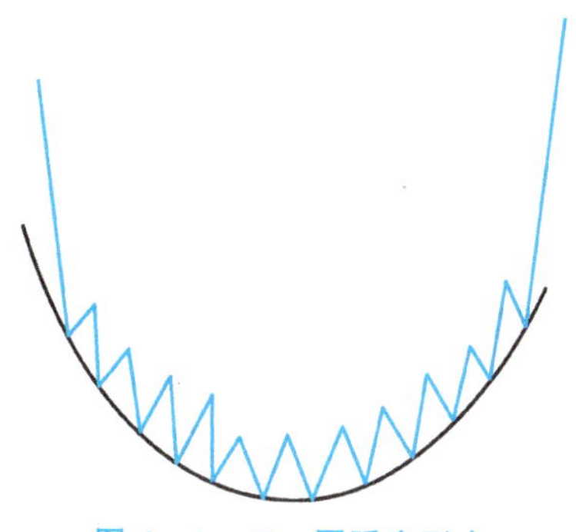

图 4－1－13 圆弧底形态

（二）市场含义

圆弧形态在很大程度上是庄家、大户炒作的产物。庄家的多、空两种角色，对应着圆弧顶、圆弧底两种形态。

1. 大户持股

当大户手里有足够多的股票时，若一次性卖出太多，股价将迅速下跌，手里的股票将无法以满意的价格出手，只能一点一点地往外回吐，使得股价多次来回拉锯，形成圆弧顶形态。直到大户手中的股票接近卖完时，才会大幅度打压，一举使股价下跌到很低的位置，以便再次低价买入股票，见图 4－1－14。

2. 大户持币

当大户持有足够多的资金时，若一次性买入太多股票，将导致短时间内股价快速攀升，无法实现在低价大量补仓的目标。这时需要逐步分批补仓，使得股价一点一点地来回拉锯，形成圆弧底形态。只有当大户建仓完毕，才会将股价提到一个很高的价位，见图 4－1－15。

较深的圆弧底形态，是庄家自股价高位逐渐卖出股票，接近底部逐渐吸纳，股价达到一定高度再度逐步抛出股票的过程。

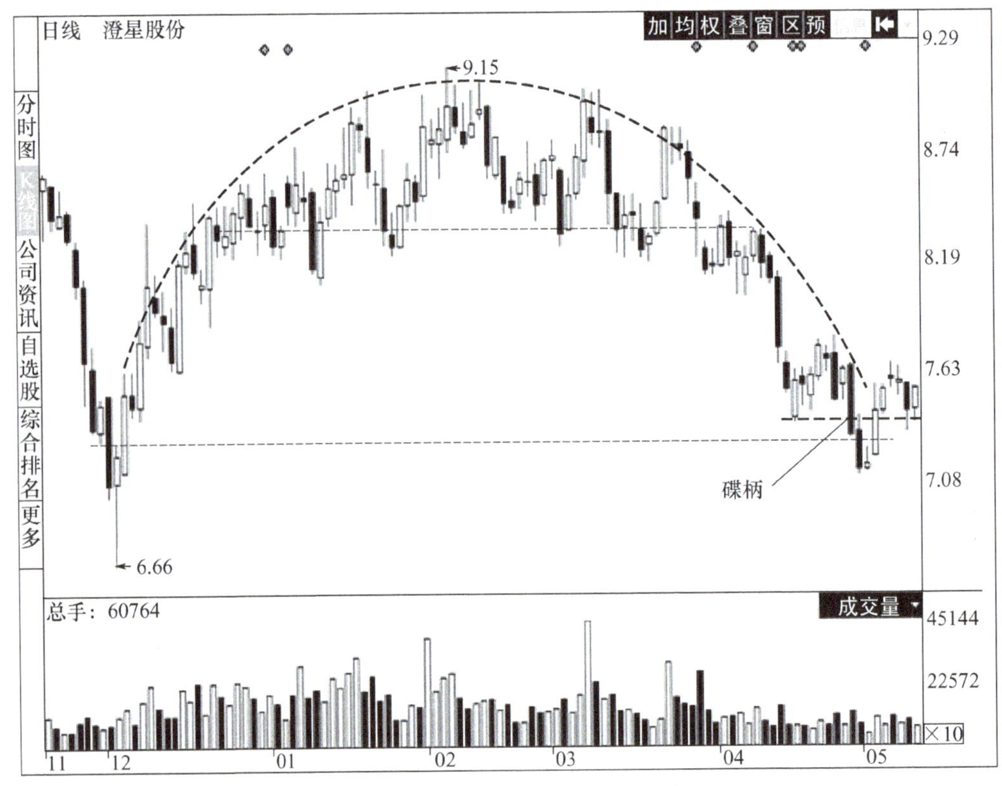

图 4－1－14　澄星股价圆弧顶形态案例

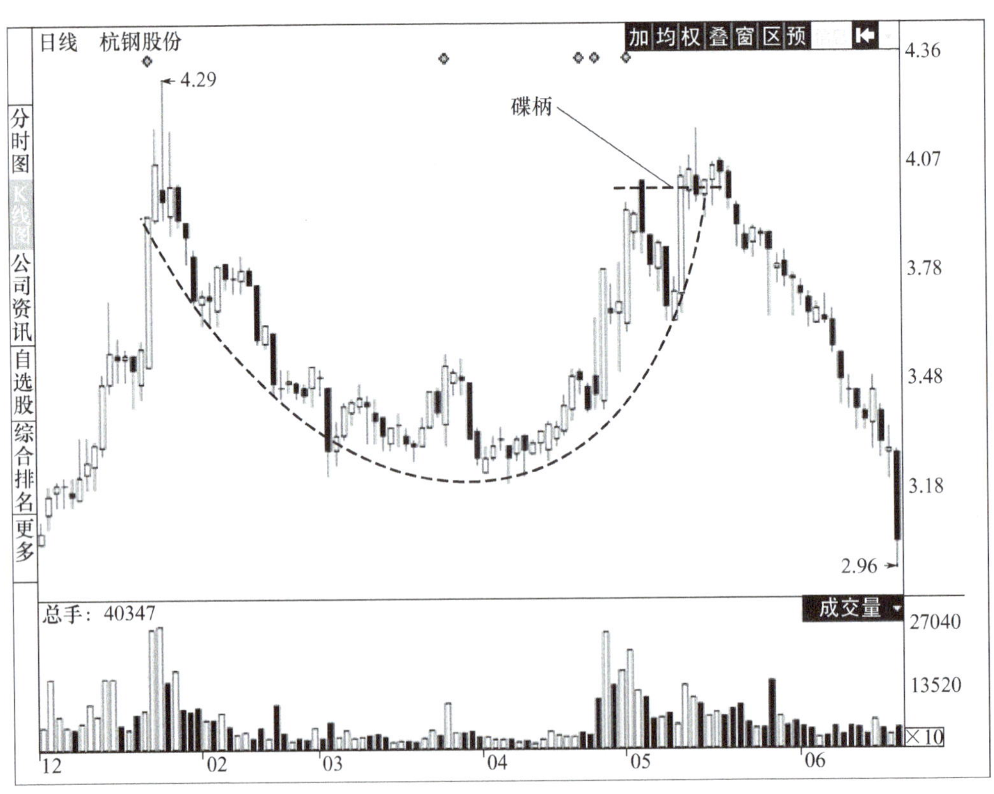

图 4－1－15　杭钢股份圆弧底形态案例

（三）圆弧形态的突破

双重顶、三重顶及头肩顶等形态的颈线作为压力线或支撑线，是判断形态突破的参照。圆弧形态是逐步形成的曲线，无支撑线及压力线可以参照，故判断形态突破很困难。

下面给出两种间接判断圆弧形态突破的方法。

（1）圆弧形态到最后，往往要进行短暂整理形成一个平台，此平台称为碟柄。出现此种情况是因为主力的震仓行为令没有耐心的短线跟风者出局，过后庄家发力使股价突破碟柄区，大涨或大跌将到来，见图 4－1－14、图 4－1－15。

（2）圆弧形态的结束，尤其是圆弧底形态，成交量会明显增大，这也可以作为圆弧底形态突破的标志。

（四）圆弧形态的成交量

圆弧顶形态如果呈碟形，形成之初及结束之时的成交量都会很大。形成之初是由于庄家拉高股价后纷纷卖出股票，结束之时是由于投资者恐慌性抛盘，故成交量两头高、中间低。

圆弧顶形态如果呈锅形，形成之初股价较低，成交量会逐步增大，到达顶部后，成交量会逐步减小，见图 4－1－14。

圆弧底形态的开始与结束对应的股价都是高点，底部平滑、平稳吸纳，故成交量两头多、中间少，见图 4－1－15。

（五）圆弧形态的操作策略

1. 圆弧顶形态

对于锅形圆弧顶形态，趋势的顶部是投资者卖出股票的最佳时机；即使没有及时卖出股票，也还存在诸多机会。对于碟形圆弧顶形态，意味着股价将要大跌，形态结束的时刻是投资者卖出股票的最后机会，以免套牢。

2. 圆弧底形态

对于碟形圆弧底形态，趋势的底部是投资者买入股票的最佳时机；尤其是形态结束的时刻，是投资者买入股票的最后机会，因为股价将要大涨，以免踏空。

对于锅形圆弧底形态，趋势的底部是投资者买入股票的最佳时机；形态的开始与结束的时刻或许是卖出股票的机会，需灵活掌握。

前面讨论了头肩型反转突破形态，包括头肩顶（底）形态、双重顶（底）形态、三重顶（底）形态及圆弧顶（底）形态共四种类型的反转突破形态，还有哪些其他反转形态呢？

第二节　V 形、喇叭形和菱形

一、V 形底与 V 形顶

V 形底形态又称 V 形反转形态，出现在激烈的市场动荡之中，股价在短期内迅速连续下跌后立刻反转迅速连续上升。趋势的转换没有丝毫的喘息与停顿，底部只出现一次，因其形态酷似英文字母“V”而得名，见图 4-2-1。

与 V 形底形态完全相反的情形，称为 V 形顶形态或倒 V 形反转形态，见图 4-2-2。如果在股价上涨或下跌的过程中，进行了短暂的整理，这时称为延伸 V 形反转形态。

（一）形态特点

（1）下跌阶段：通常 V 形底形态的左侧跌势十分陡峭，且持续一段时间，见图 4-2-3-①。

（2）转折点：V 形底形态的底部十分尖锐，形成这种转折点的时间仅两、三个交易日，股价在极度恐慌中完成了反转。

（3）回升阶段：股价从底部以与下跌同样的速度回升，成交量亦随之增加。

（4）延伸 V 形反转形态，是部分投资者对于未来的趋势没有信心，经过短暂的徘徊、观望，在顾虑消除后，继续完成整个形态的过程，见图 4-2-3-③。

（5）V 形顶形态的情况，与 V 形底形态的情况恰好相反，见图 4-2-3-②。

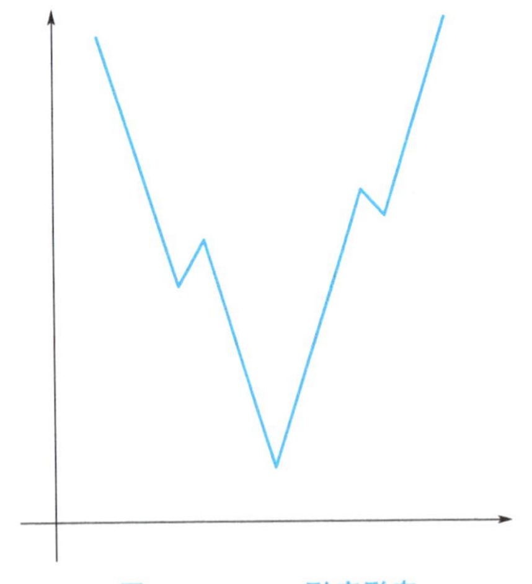

图 4-2-1　V 形底形态

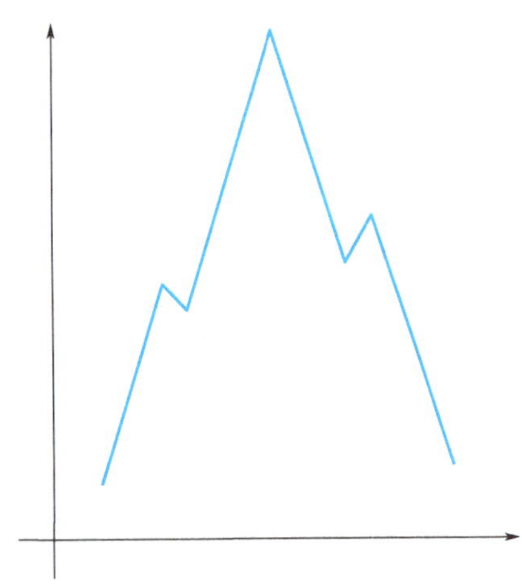

图 4-2-2　V 形顶形态

（二）市场含义

V 形底（顶）形态是无突破反转形态，对过去的趋势产生逆转，往往是不可预见的、突然的利好或利空消息所造成的。

（1）V 形底形态：市场前景黯淡，利空气氛浓烈，投资者纷纷抛出手中的股票，导致股价持续下跌。当这股抛售力量得到充分释放之后，多方力量完全控制了市场；加之突发的利好消息的刺激，股价几乎以下跌时同样的速度收复失地，形成 V 形底形态，

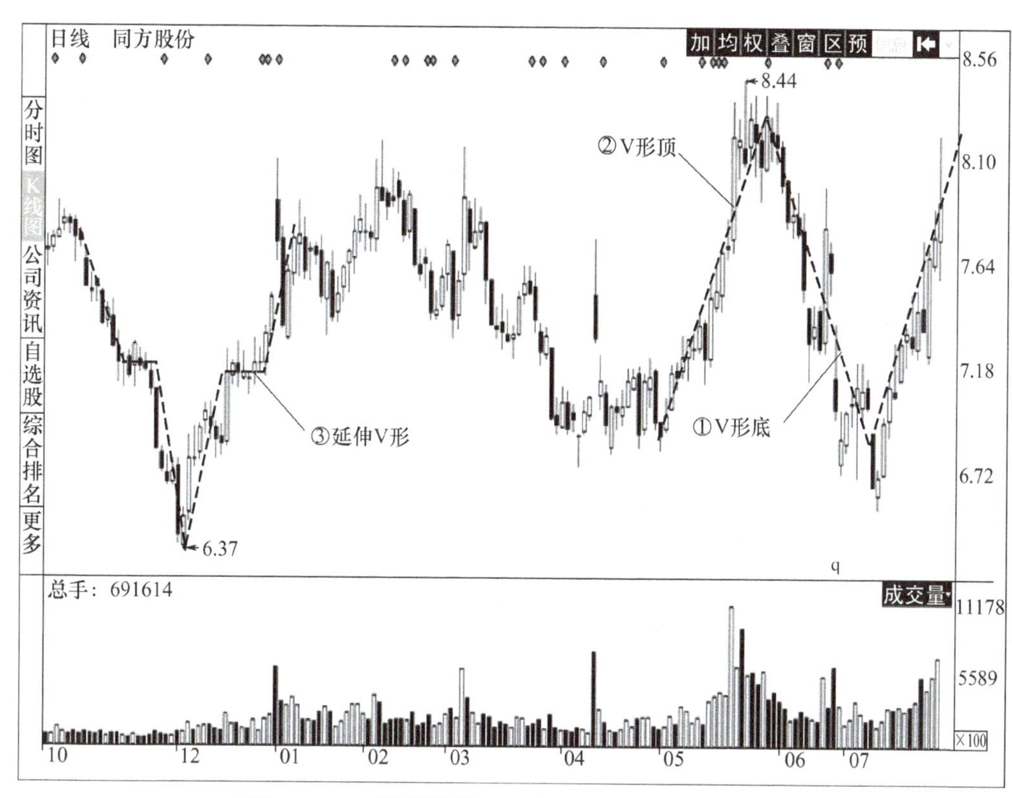

图 4-2-3 同方股份 V 形底（顶）及延伸形态案例

见图 4-2-3-①。

（2）V 形顶形态：投资者对后市看好的情绪节节攀升，纷纷追高买入，突如其来的利空消息的刺激，颠覆了整个市场方向，股价以与上涨时同样的速度下跌，形成一个 V 形顶形态，见图 4-2-3-②。

（三）形态判别

（1）V 形底形态的急速下跌阶段，如果成交量增加，则表明投资者恐慌性抛盘；如果成交量未增加，则表明多方持股观望，不知所措；在股价急速上涨阶段的成交量会明显增多，见图 4-2-3-①。

（2）V 形底形态的底部成交量不一定会明显增加；V 形顶形态的顶部成交量会明显增加，此时为庄家获利回吐，见图 4-2-3-②。

（3）股价在向上突破延伸 V 形反转形态的徘徊区顶部时，必须有成交量增加的配合；在向下跌破延伸 V 形反转形态的徘徊区底部时，则不必有成交量增加的配合，见图 4-2-3-③。

（四）投资策略

V 形底（顶）形态在形成前无法确认，投资者很难在最低点买入股票或在最高点卖出股票。但可以明确的是，股价前期的涨幅越大，后期的跌幅越大，反之亦然。V 形底（顶）形态的反转时刻可借助 K 线分析方法辅助确定。

1. V形底形态

对于持股者，在股价下跌的开始前或初期，宜及时卖出股票；如果股价下跌幅度已经很大，宜持股待涨。对于持币者，如果股价大幅度快速下跌到近期的最低点附近，且开始放量，表明庄家开始买入股票，要果断进场建仓或补仓。

2. V形顶形态

对于持股者，如果股价已经上涨到近期的最高点附近，且开始放量，表明庄家开始卖出股票，要果断卖出股票清仓。对于持币者，在股价上涨的初期可以买入股票，在股价上涨的中后期可持币观望，等待时机。

二、喇叭形

喇叭形态，是因为股价的波动幅度逐步扩大，形似喇叭而得名的，见图4-2-4。

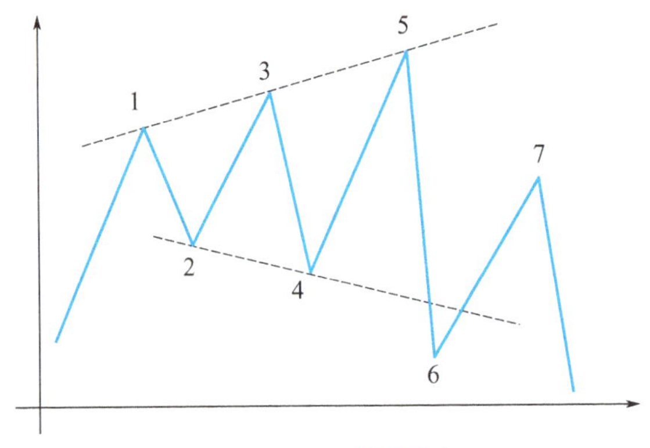

图4-2-4 喇叭形态

1. 形态特征

喇叭形态是无突破反转形态，其价格波动幅度逐渐扩大，股价最终下跌完成形态。这一形态在实际中并不常见，而一旦出现，投资者需要谨慎对待。

2. 产生原因

出现喇叭形态，投资者的冲动情绪受到市场炽热的投机气氛或市场传闻的感染，已经失去了理性，纷纷加入追涨、杀跌的行列中来。冲动且杂乱无章的状态，使得股价不正常地大起大落，形成巨幅震荡，在震荡中完成形态的反转。

从图4-2-4中看出，由于股价波动的幅度越来越大，形成了越来越高的三个高点，以及越来越低的两个低点。这说明当时的交易异常活跃，成交量日益放大，市场已失去控制，股价完全由参与交易的投资者情绪来决定，见图4-2-5。

3. 交易策略

投资者此时进入市场是很危险的，进行交易也十分困难，故处于喇叭形态时，投资者应不买或减持股票，在第三峰（图4-2-4中的5）调头向下时，是抛出股票的最佳时机。

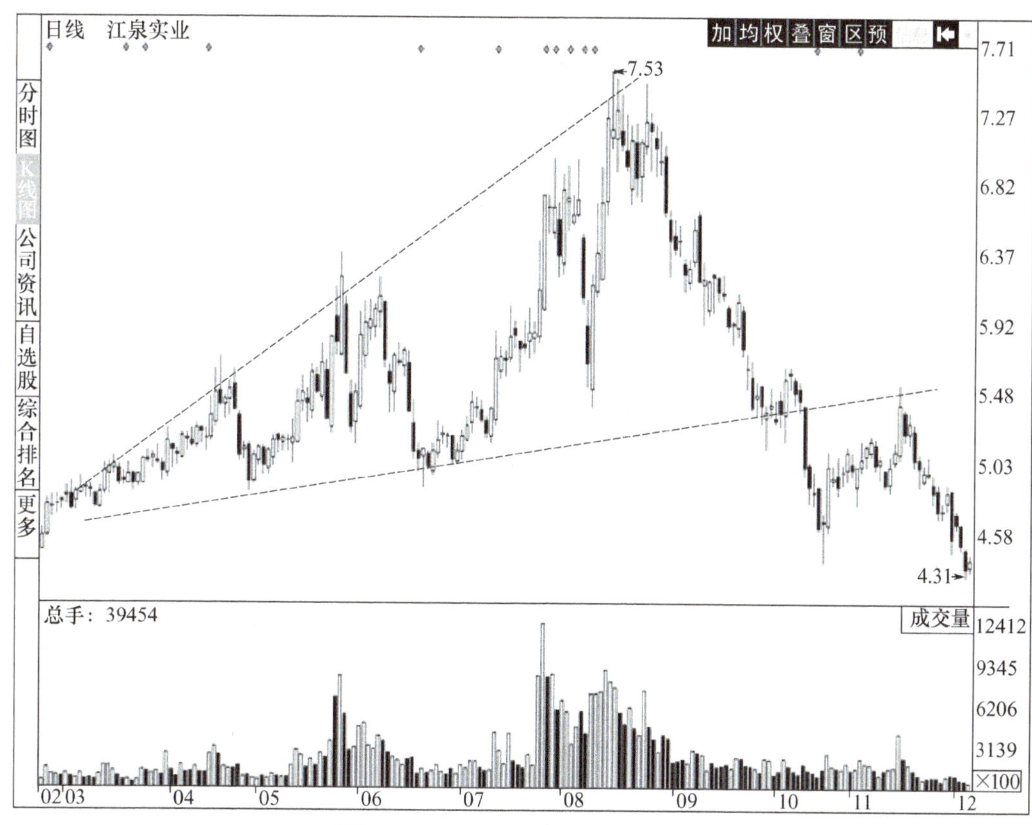

图 4-2-5 江泉实业喇叭形态案例

4. 形态确认

股价在喇叭形态之后的下跌过程中，肯定会遇到反扑（反弹），而且反扑的力度会相当大，这是喇叭形态的特殊性。但是，只要股价反扑高度不超过下跌高度的一半（图 4-2-4 中的 7），股价再次掉头向下，将宣告形态的结束。

5. 形态总结

喇叭形态是股价由升到跌的反转形态，暗示上升趋势将到尽头。喇叭形态中股价的跌幅是不可度量的，一般说来，跌幅会很大。整个喇叭形态在形成期间，会保持不规则的大成交量，否则难以构成该形态。喇叭形态是在投资者处于非理性的氛围中产生的，因而在投资意愿不强、气氛低沉的市场气氛中，不可能形成该形态。

三、菱形

1. 图形特征

菱形形态又称钻石形形态，同样是位于趋势顶部的反转形态，见图 4-2-6。

菱形形态的前半部分类似喇叭形态，而喇叭形态是下跌形态，故为股价下跌做好了必要准备。菱形形态的后半部分类似于对称三角形形态，而对称三角形形态具有持续整理形态的特征，延迟了下降趋势的到来。从这一点来说，菱形形态还兼具短暂持续形态的特征。但由于喇叭形态的基础，股价下跌将是不可避免的。

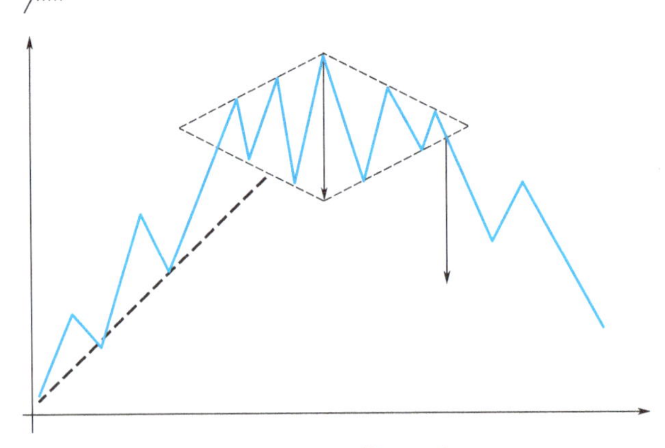

图 4-2-6 菱形形态

2. 突破的测算

当股票价格曲线向下运行，跌破菱形形态平行于纵轴的对角线的深度，将认为是对菱形形态突破的测算。

3. 成交量

股票的成交量和图形的趋势有关，前半部分类似于喇叭形态，股价涨跌幅度逐步增大，故成交量也相应增大；后半部分类似于对称三角形形态，股价涨跌幅度逐步收缩，故成交量也相应缩小，见图 4-2-7。

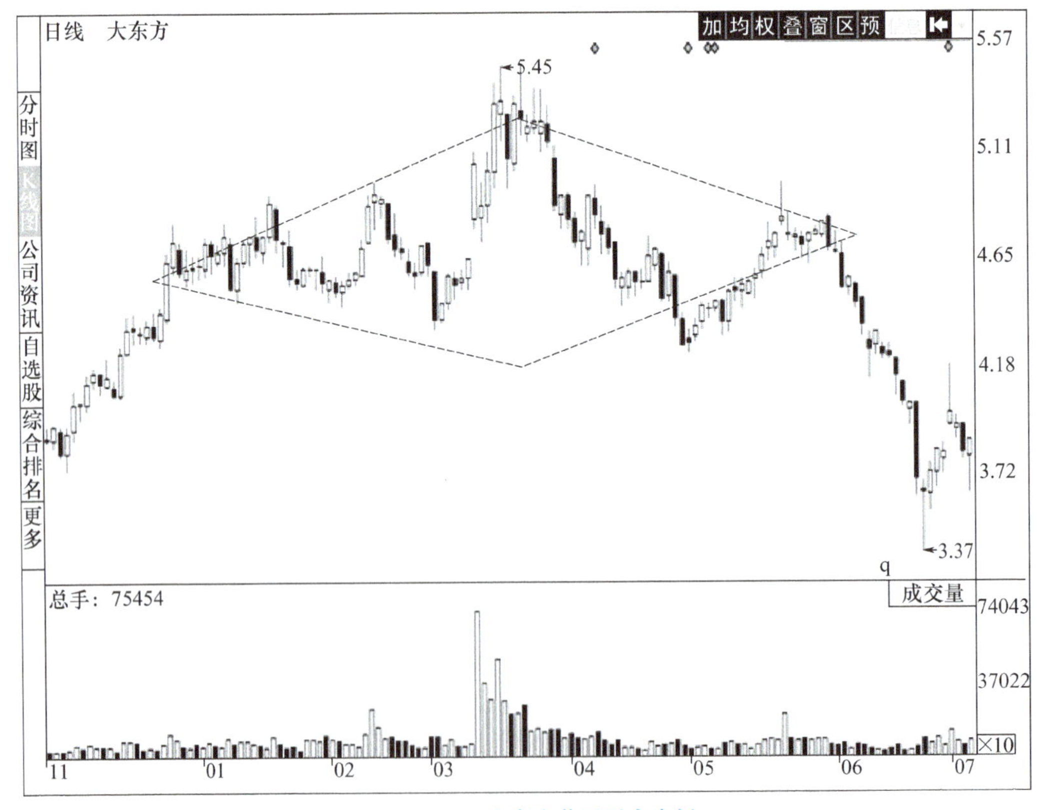

图 4-2-7 大东方菱形形态案例

前面讲了七种反转形态。实际的股票价格的图形还有整理形态。

股价在一个平行于横轴的区域内横向波动，这样的形态称为整理形态。整理形态出现在股价上涨或下跌的过程中，将维持原趋势；出现在趋势的顶部或底部，将出现反转。整理形态有多种类型，其中三角形整理形态是最常见的。这一形态都有哪些类型，如何进行分析？

第三节　三角形整理形态

三角形整理形态主要分为三种：对称三角形形态（正三角形形态）、上升三角形形态和下降三角形形态（直角三角形形态）。

一、对称三角形

对称三角形形态，见图 4－3－1。

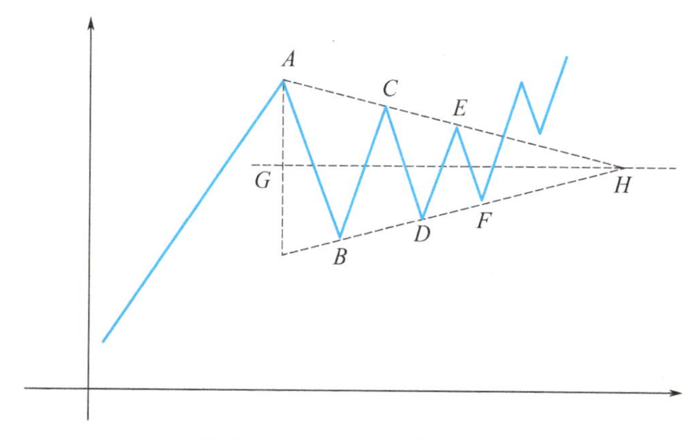

图 4－3－1　对称三角形形态

1. 形成过程

对称三角形形态，多发生在一个大趋势（上升或下降）的行进途中，它表示股价原有的趋势暂时处于休整阶段，之后一般按照原趋势的方向继续运动。

从图 4－3－1 可以看出，股价原有的趋势是上升趋势，所以在对称三角形形态整理完成后，股价仍延续原趋势继续上升，反之亦然。

2. 图形特征

对称三角形形态有两条聚拢的直线，上面的直线向下倾斜，起压力作用；下面的直线向上倾斜，起支撑作用；两直线的交点称为顶点。

正如趋势线需要由高点或低点确定一样，对称三角形形态一般应有六个转折点（见图 4－3－1 中的 A、B、C、D、E、F），这样上下两条直线的支撑和压力作用才能得到验证。

3. 市场含义

对称三角形形态是多空双方在该价格区域势均力敌、暂时达到平衡的状态，见图 4－3－1。

在交易过程中，空方对后市看好，股价未能回到前次的低点便纷纷买入，导致股价回升；多方对后市观望、迷茫、缺乏信心，股价未回到上次的高点便纷纷卖出，股价反转向下。多空双方情绪激烈，使股价的上下波动范围日渐狭窄，最终形成了对称三角形形态。

4. 持续时间

对称三角形形态只是原趋势在行进途中短暂的休整，所以持续时间不会太长。若持续时间太长，股价保持原有趋势的能力就会下降，见图 4-3-1。

股价突破上下两条直线的包围，继续原有趋势所需要的时间，一般应在三角形横向宽度的1/2～3/4 的某个位置。三角形的横向宽度是指三角形的顶点到底的高度，见图 4-3-1 中的线段 GH。

要注意的是，对称三角形形态的成交量，随着股价波动幅度的减小而递减。而股价向上突破需要大成交量的配合，没有成交量的配合，很难判断突破的真假；股价向下突破则不必通过大成交量的配合来判断突破的真假，见图 4-3-2。

图 4-3-2 五矿发展对称三角形形态案例

5. 突破的测算

对称三角形形态是否被突破，需要经过测算确认。测算的方法，见图 4-3-3。

股价从 C 点向上突破的高度，要大于或等于三角形的高度，即 AB 连线的长度。也可过 A 点做 B 点和顶点所形成三角形边的平行线，即图中的斜虚线，当股价突破虚线后，即完成了对称三角形形态，见图 4-3-3。

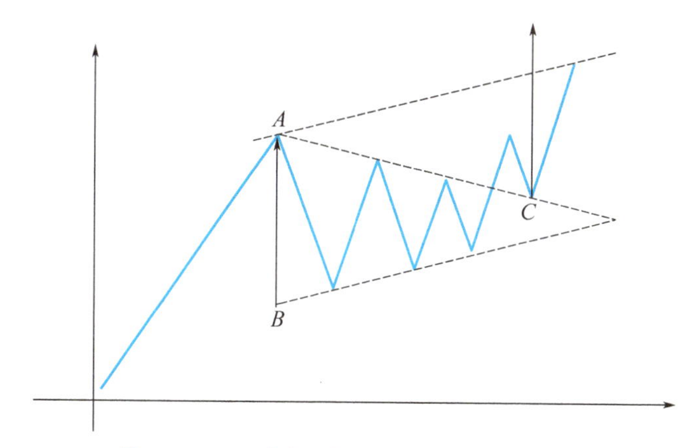

图 4-3-3 对称三角形形态突破的测算方法

6. 特殊情况

三角形整理形态一般是持续整理形态，但如果出现在顶部或底部，也可能出现反转。

对称三角形形态的特点，是三角形的上边与下边以同样的角度倾斜、收缩，支撑与压力达到均衡。如果支撑与压力的力度不同，其形态又如何呢？

二、上升三角形

1. 形态特性

上升三角形形态是对称三角形形态的变形，见图 4-3-4。

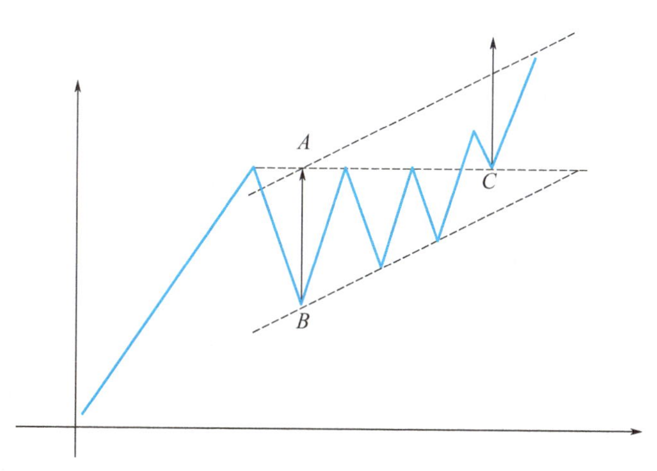

图 4-3-4 上升三角形形态

与对称三角形形态一样，上升三角形形态下方的支撑线也是向上倾斜，但上方的压力线并非向下倾斜，而是水平直线。

在对称三角形形态中，压力和支撑都是逐步加强的。一方是越压越低，另一方是越撑越高，势均力敌、不分伯仲。

在上升三角形形态中，压力是水平的，始终相同，没有变化；而支撑是越撑越高，比

对称三角形形态有更强烈的上升意识。

通常以股价的向上突破作为这个持续过程终止的标志。

2. 市场含义

上升三角形形态是多空双方在该价格区域势均力敌，处于短暂的平衡状态，见图 4-3-4。

多方对后市并不看好，认为某一股价已经是比较理想的盈利价位，每当股价升到该价位附近就毫不犹豫地卖出；由于供应量的增加，使得股价下跌，因此在同一卖出价位便形成了一条水平的供给线。

空方对后市看好，他们不待股价跌到上次的低点，便急不可耐地购进，因此形成了一条向上倾斜的需求线。

另外，也有可能是某些庄家有计划的市场行为，刻意将股价压低到水平线以下，以达到逢低大量吸纳的目的。

3. 可能的趋势

如果上升三角形形态位于股价趋势的中低部，原有的趋势是向上的，那么出现上升三角形形态后，几乎可以肯定今后股价的趋势是向上突破的，见图 4-3-5。

图 4-3-5　亿利能源上升三角形形态案例

一方面，整理形态应保持原有的趋势；另一方面，形态本身就有强烈的向上愿望，这两方面的因素使股价逆大方向而动的可能性很小。但如果上升三角形形态位于股价上升趋势的顶端，有时也有反转的可能，需要灵活掌握，见图 4－3－6。

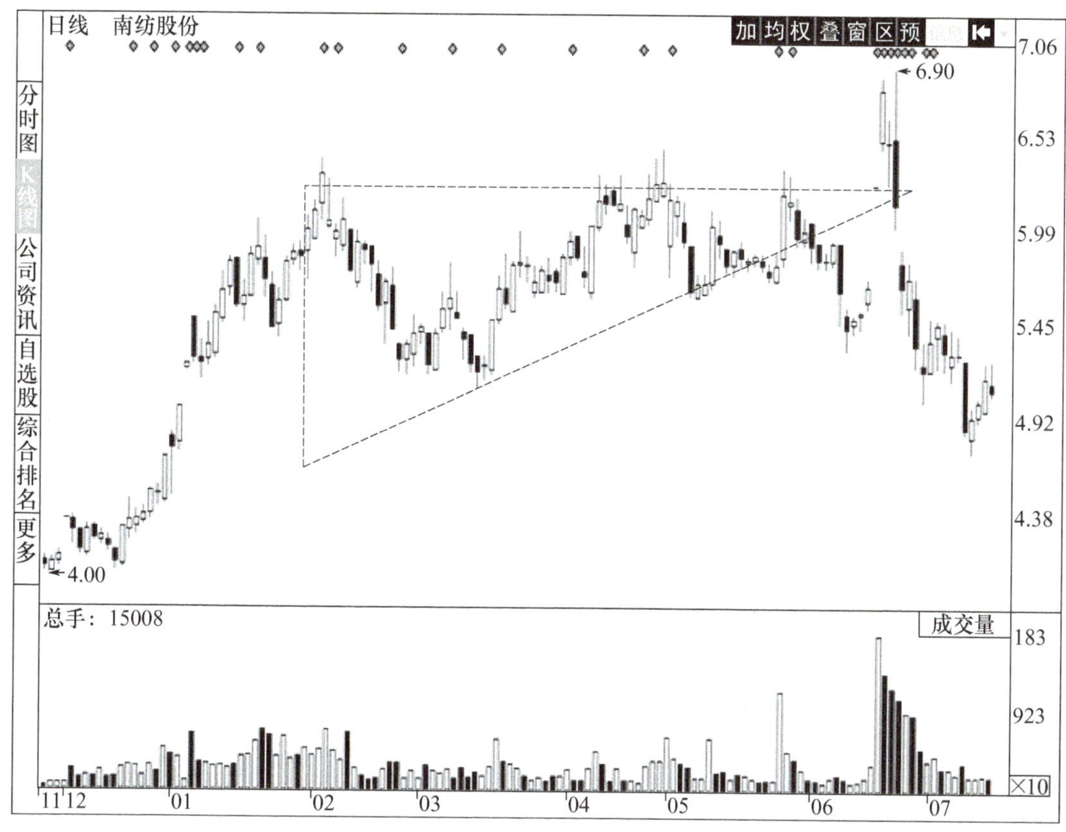

图 4－3－6 南纺股份上升三角形形态反转案例

4. 形态完成的测算

同样，上升三角形形态在突破顶部的阻力线时，必须有大成交量的配合，否则为假突破。上升三角形形态突破的测算方法与对称三角形形态的方法相同，见图 4－3－4。

三、下降三角形

1. 形态特性

下降三角形形态同上升三角形形态类似，见图 4－3－7。

下降三角形形态下方的支撑线是水平直线，上方的压力线是向下倾斜。在下降三角形形态中，支撑是水平的，始终相同，没有变化；而压力是越压越低，具有更强烈的下降意识。通常以股价的向下突破作为这个特殊过程终止的标志。

2. 市场含义

下降三角形形态是多空双方在某价格区域势均力敌，处于短暂的平衡状态。

在交易的过程中，多方对市场前景并不看好，股价还没有回升到上次的高点，便急不可待地卖出股票；空方对市场前景信心满满，认为股价已经见底，每当股价回到该价格附近就照单全收，在该价位形成一条水平的支撑，见图 4－3－8。

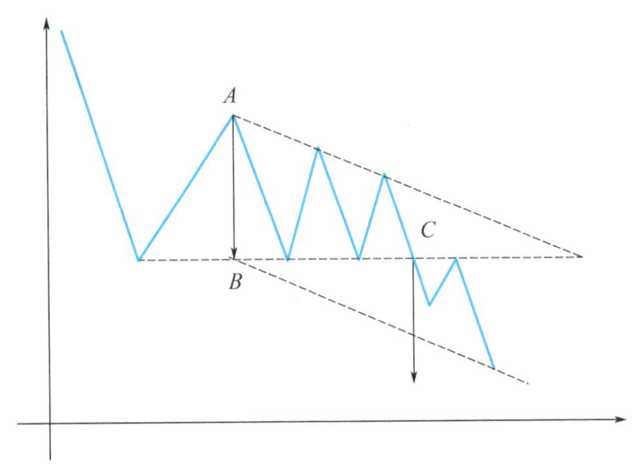

图 4-3-7 下降三角形形态

也有可能是有人托价出货，只要到达支撑价位，就拉升价位而后卖出股票，由于能量不断释放，故一波比一波低，直到全部卖出股票为止。

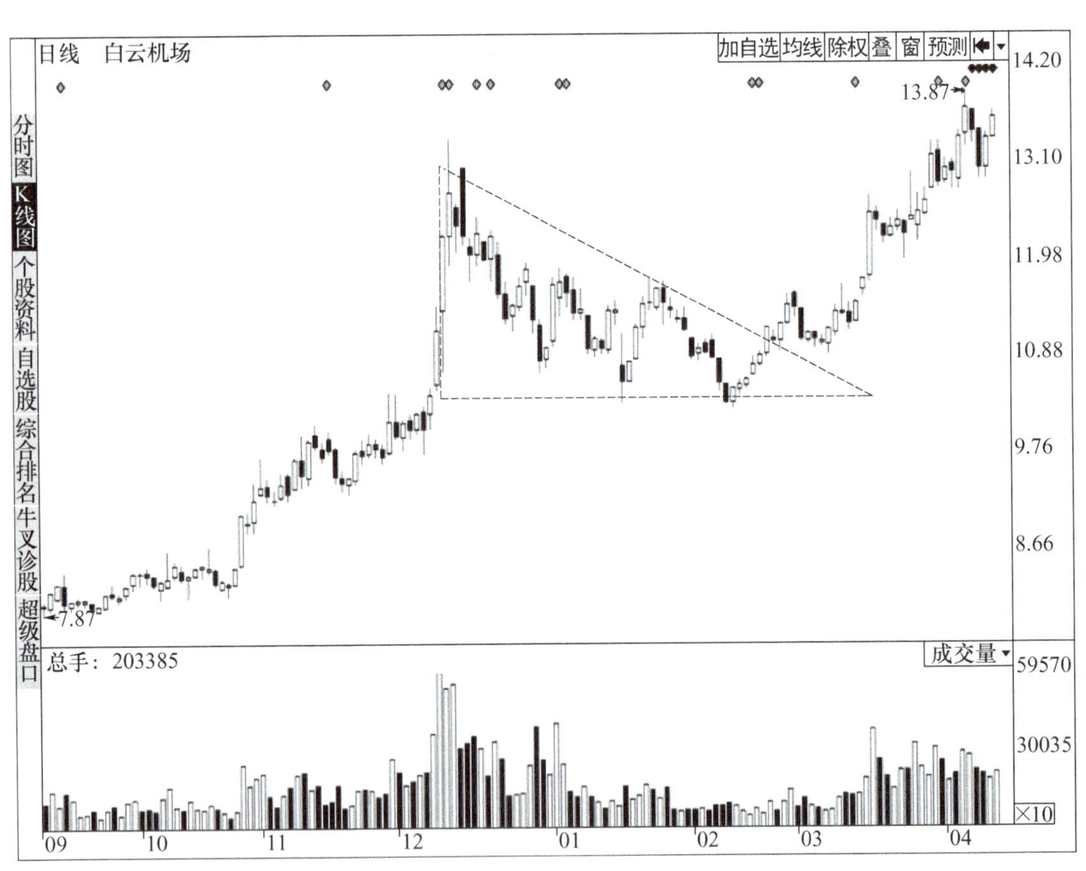

图 4-3-8 白云机场下降三角形形态实例

3. 需要注意的问题

(1) 下降三角形形态的压力线向下，表明处于空方势力强劲，多方支撑不足的整理阶段，成交量会比较低。

（2）股价向上突破需要成交量的配合，见图 4-3-8；向下突破则不需要成交量的配合。

（3）下降三角形形态突破的测算方法与上升三角形形态突破的测算方法相同。

第四节　矩形、旗形和楔形

一、矩形

1. 形态特性

矩形形态又称箱形形态，形状长且窄，股价在两条平行于横轴的水平通道内上下波动做横向延伸运动，成交量一般不是很大，是一种典型的整理形态，见图 4-4-1、图 4-4-2。

2. 市场含义

矩形形态，表明多空双方实力相当、势均力敌，处于均衡状态。

空方认为，矩形形态的下边线是理想的买入点，于是当股价到达该价位附近的就买入股票，形成支撑；多方认为，股价难以超出矩形形态的上边线附近的价位，于是当股价回升至该价位附近时便卖出股票，形成压力。

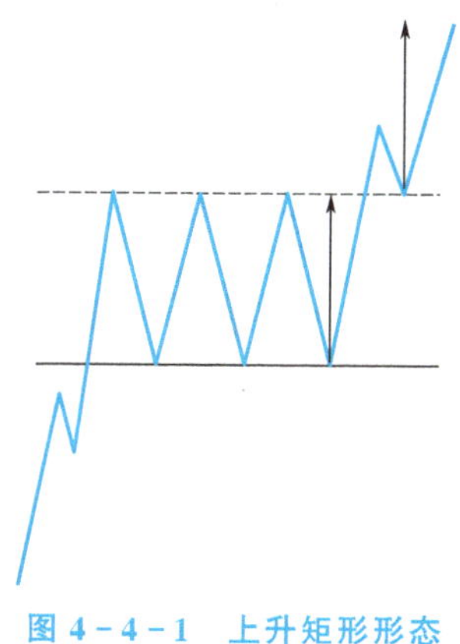

图 4-4-1　上升矩形形态

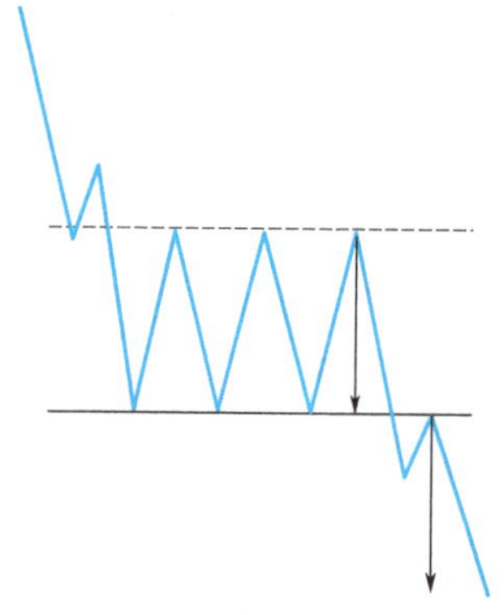

图 4-4-2　下降矩形形态

3. 发展趋势

若股票价格曲线原来是上升趋势，表明多方占优。若形态位于区域底部或中部，经矩形形态整理积蓄能量后，股价会突破矩形形态的上边线，延续原有的上升趋势，见图 4-4-3。若股价位于高位，则已无上升空间，经过一段矩形整理后，将会发生反转。

若原来是下降趋势，表明空方占优，若股价处于高位或中位，经矩形形态整理积蓄能量后，股价会突破矩形形态的下边线，延续原有的下降趋势，见图 4-4-4。

4. 矩形形态与三重顶（底）形态的区别

矩形形态和三重顶（底）形态相近，但方向南辕北辙，截然相反。

矩形形态是持续整理形态，一般会维持原来的趋势。如果原来为上升趋势，整理后多

图 4－4－3 中农资源上升矩形形态案例

为上升趋势，反之亦然。

三重顶（底）形态是反转突破形态，要改变原来的趋势。也就是说，形态完成之后，趋势会与原趋势相反。

5. 突破的确认

当股价向上突破时，必须有大成交量的配合方可确认，而向下突破时，则不必有成交量的增加；当矩形形态被突破后，股价的涨跌幅度通常等于矩形形态本身宽度，即图 4－4－1、图 4－4－2 中箭头的高度。

面对突破后股价的反扑，矩形形态的上下边线同样具有阻止反扑的作用。具体表现为：上升趋势的反扑将止于上边线之上；下降趋势的反扑将止于下边线之下，见图 4－4－1、图 4－4－2。

6. 利用矩形整理形态进行短线操作

与多数其他形态不同，矩形形态为我们提供了一个短线操作的机会。

如果在矩形形态形成的早期能够预计到股价将进行矩形形态整理，那么可以在矩形形态的下边线附近买入，在上边线附近抛出，来回做几次短线的进出。

若上下边线相距较远，短线的收益也会相当可观。

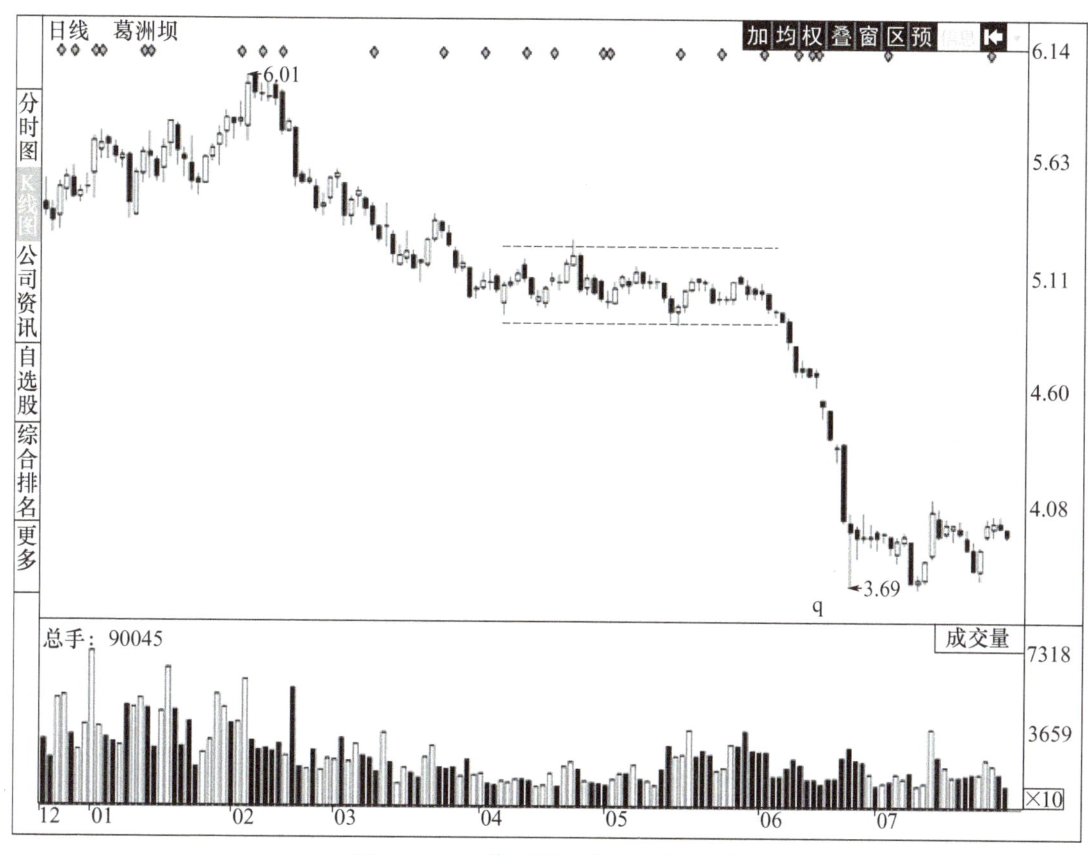

图 4-4-4　葛洲坝下降矩形形态案例

二、旗形

（一）形态特征

旗形形态由一上倾或下倾的平行四边形和旗杆两部分构成，见图 4-4-5、图 4-4-6。

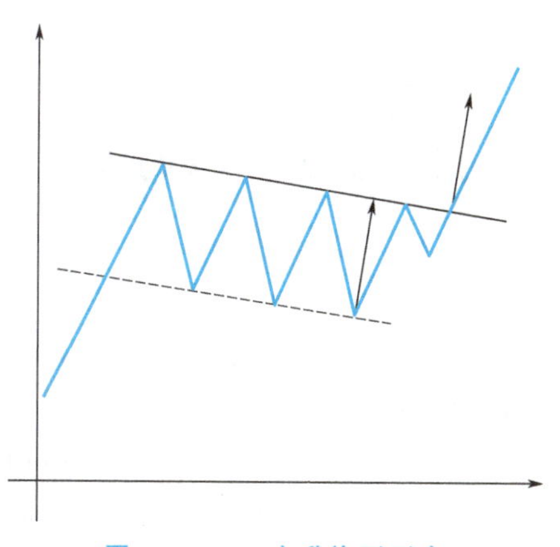

图 4-4-5　上升旗形形态

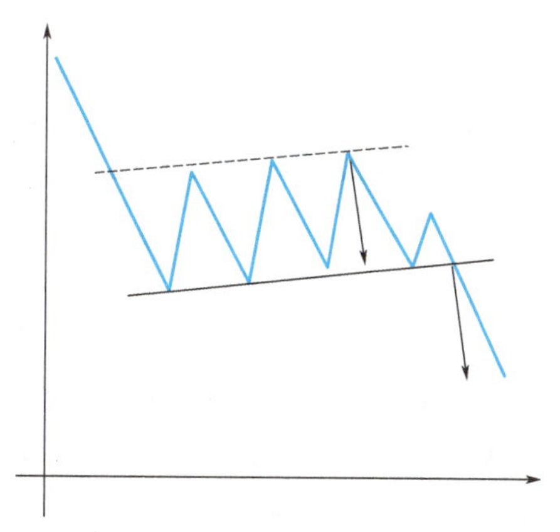

图 4-4-6　下降旗形形态

旗形形态的上下两条平行线起着压力和支撑的作用，形成了短暂的上升或下降的通道，当趋势线被突破时，旗形形态完成。

（二）市场含义

旗形形态通常出现在股价急速上升或急速下降趋势的行进途中。

1. 上升旗形

在急速的上升趋势中，成交量逐渐增加，最后达到一个短期的最高纪录，上升趋势遇到强大的阻力，股价开始小幅回调。不过大部分投资者对后市依然充满信心，所以股价回落的速度并不快，幅度也十分轻微，成交量不断减少，反映出市场中卖出股票的力量在股价回落中不断减轻。经过一段时间的整理，到达旗形形态末端，股价突然再次上升，成交量增大，而且几乎形成一条直线，股价又像开始时的移动速度一样，急速上升，最终形成上升旗形形态，见图 4－4－7－①。

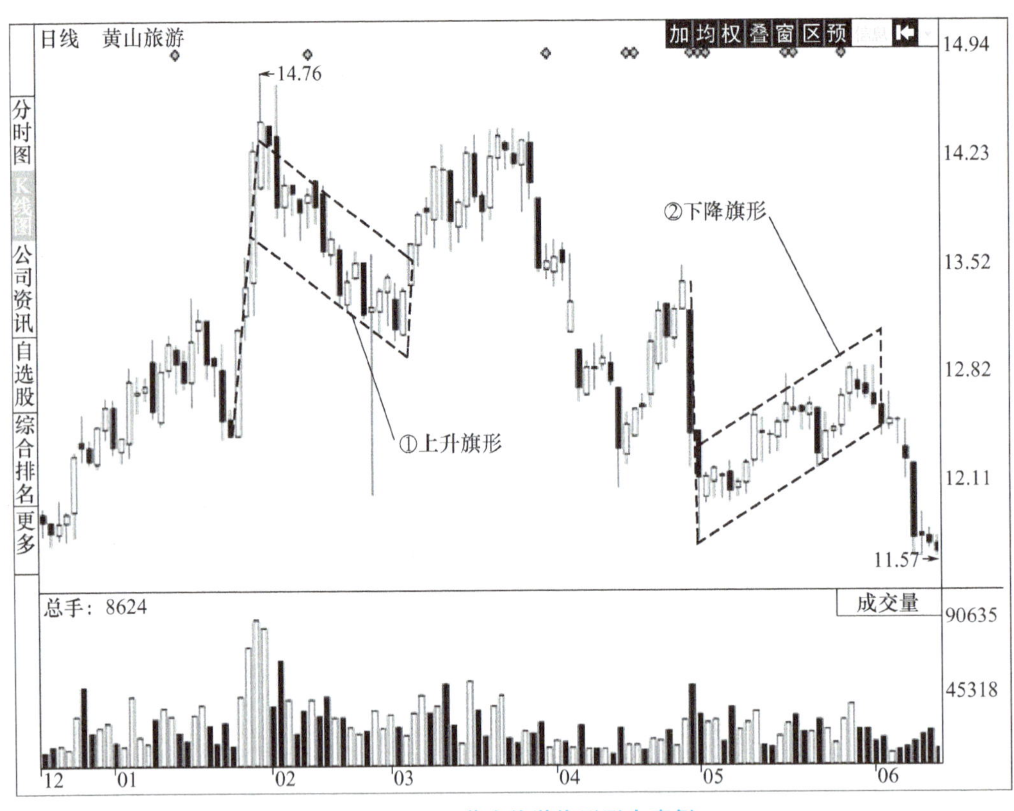

图 4－4－7 黄山旅游旗形形态案例

2. 下降旗形

下降旗形形态与上升旗形形态刚好相反，股价在急速（直线）下降过程中达到一个低点，然后开始反弹。不过反弹的幅度不大，成交量减少，股价小幅上升，经过一段时间的整理，到达旗形形态末端，股价突然再次下跌，最终形成下降旗形形态，见图 4－4－7－②。

（三）形态确认

旗形形态的完成，一般要求股价最小的上升（下跌）幅度，相当于整根旗杆的长度，即从旗形形态的突破点开始一直到旗形形态的顶点为止，等于旗杆的高度，见图 4－4－7。

（四）需要注意的问题

旗形形态中应有一根旗杆，这是由于股价迅速飙升或骤降做直线运动形成的。

旗形形态持续的时间不能太长，时间一长，股价保持原来趋势的能力将下降。通常情况下，持续时间应该短于三周。

旗形形态形成的过程中，成交量从左向右逐渐减少，这一点在上升旗形形态中尤其明显。

旗形形态形成之前和被突破之后，对于上升旗形形态，成交量一般都会放大；对于下降旗形形态，成交量放大与否均可，见图 4－4－7。

旗形形态的完成，一般暗示趋势进入尾声。

三、楔形

（一）形态特征

直观看来，楔形形态与上升（下降）三角形形态类似且不易区分，见图 4－4－8、图 4－4－9。

楔形形态与上升（下降）三角形形态的区别如下。

上升或下降三角形形态只有一条边向上或向下倾斜，另一条边与横轴平行；而上升或下降楔形形态，两条边同时向上或向下倾斜。

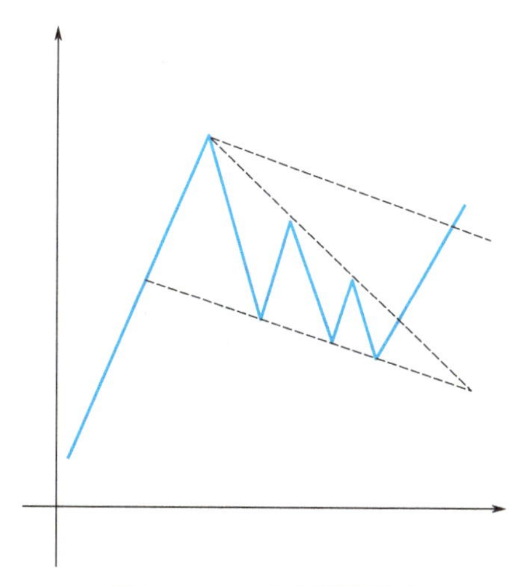

图 4－4－8　上升楔形形态

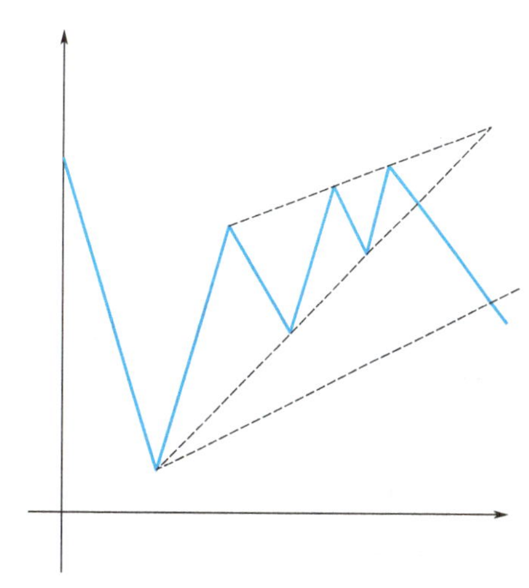

图 4－4－9　下降楔形形态

楔形形态是旗形形态的变形，二者的区别是，楔形形态的两条边逐渐收缩，旗形形态的两条边近似平行。

（二）市场含义

1. 上升楔形

上升楔形形态的市场含义是股价经过急速上涨后的技术性回调，股价升至一定水平后逐渐下跌，每次下跌、回调都比前一次低，形成一峰比一峰低，一谷比一谷低，幅度逐渐变小的上升楔形形态，见图 4－4－8。

上升楔形形态通常是股价在中、长期上升趋势中的回调，表明上升趋势尚未见顶，是上升趋势后的暂时调整。一般来说，上升楔形形态大多是向上突破，当股价突破形态的上边线便是此轮行情最后的买入信号，见图 4－4－10。

图 4－4－10 国金证券上升楔形形态案例

2. 下降楔形

下降楔形形态的市场含义与上升楔形形态恰好相反，股价经过一段时间的急速下跌后，开始反弹。股价虽多次上涨，但能量都不大，当能量消耗殆尽股价便反转下跌，见图 4－4－9。

因此，下降楔形显示股价下跌却未见底，只是跌后的一次技术反弹，当股价跌破形态的下边线便是此轮行情最后的卖出信号，见图 4－4－11。

（三）要点提示

楔形形态具有保持原有趋势的特征。上升楔形形态从股价上涨、回调到继续上涨，下降楔形形态从股价下跌、反弹到继续下跌，也就是说，股价未来的趋势和楔形形态原有的趋势一致，见图 4-4-10、图 4-4-11。

上升楔形形态形成之前和突破之后都是上升趋势，故成交量一般都很大，但调整过程是下降趋势，成交量一般不大；下降楔形形态形成之前和突破之后都是下降趋势，故成交量一般不会很大，但调整过程是上升趋势，成交量有可能增大，见图 4-4-11。

楔形形态的形成花费时间较长，一般需要两周以上。

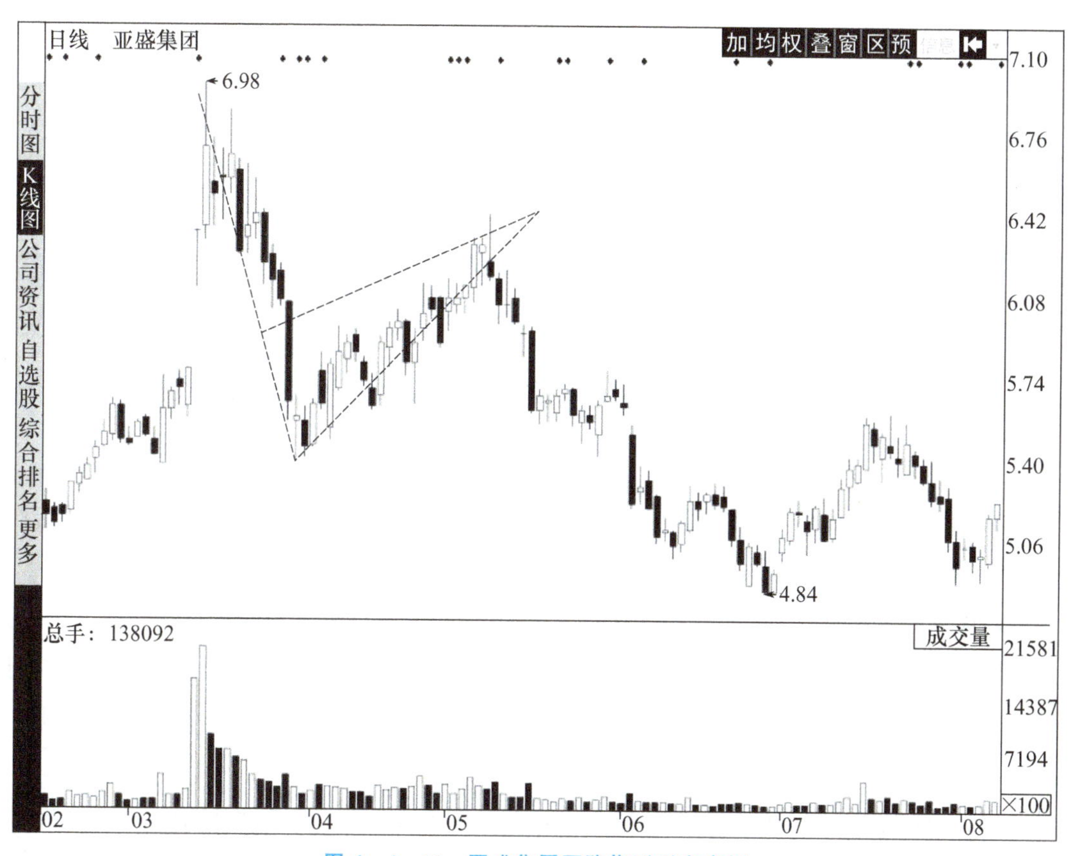

图 4-4-11 亚盛集团下降楔形形态案例

第五节 缺 口

股票价格曲线常常会出现不连续的情况，即两天的价格之间出现了“真空区”，见图 4-5-1。这一形态是否具有普遍性，有哪些规律及特点，对于投资有何实际意义？

1. 缺口的定义

由于突然的原因，连续两个交易日之间的股价暴涨暴跌，出现的大幅空白区，称为跳空或缺口。

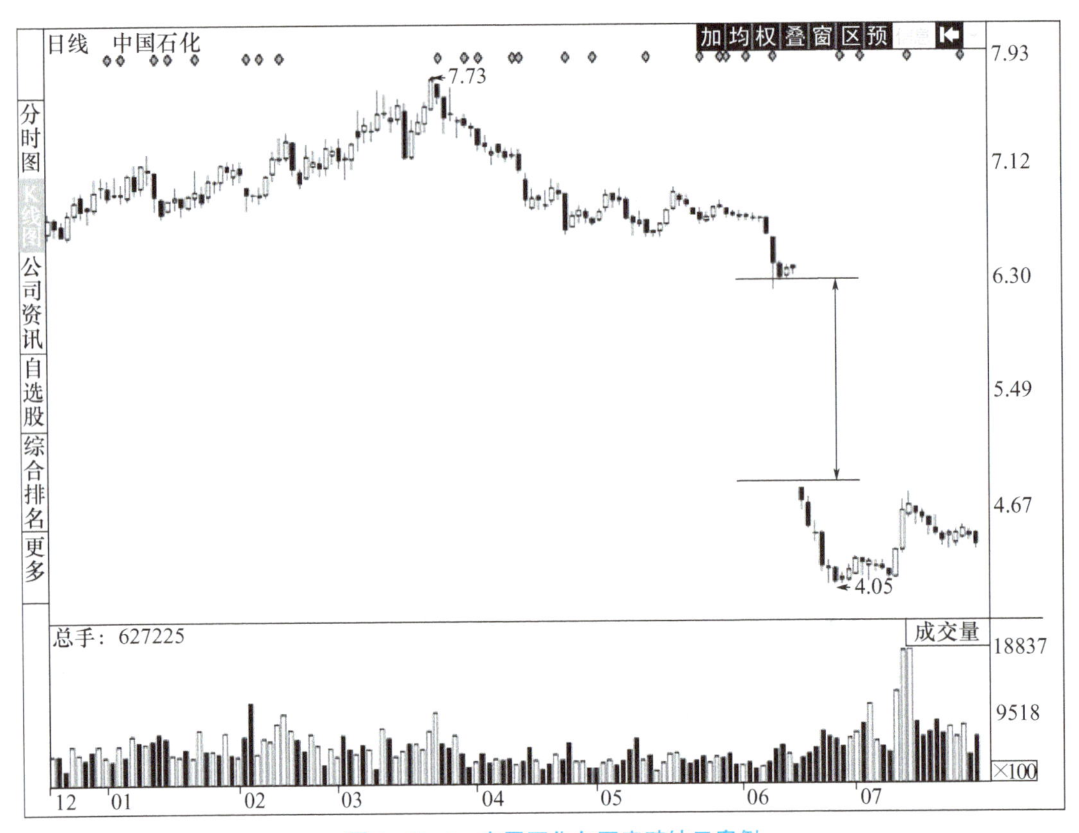

图 4-5-1 中国石化向下突破缺口案例

后一交易日的最低价高于前一个交易日的最高价（前低后高），称为向上突破缺口；后一交易日的最高价低于前一个交易日的最低价（前高后低），称为向下突破缺口，见图 4-5-1。

2. 缺口释放的信息

缺口是由于突然的利好、利空消息导致的，突然出现了一种强劲的推动力，使股价朝某个方向运动。缺口越宽，推动力越大；缺口越窄，推动力越小。

3. 缺口的回补

缺口出现以后，如果随后几天的股价与缺口的运动方向相反，随之将缺口全部关闭或部分关闭，这一现象称为回补。投资实践表明，有的缺口会在短时间内回补，有些部分回补，有些不回补。

缺口分为普通缺口、突破缺口、持续缺口和衰竭缺口 4 种不同的类型。这些缺口都有哪些特征，投资者如何利用这些缺口进行投资决策？

一、普通缺口

1. 形态特征

出现在整理形态中的缺口，称为普通缺口。由于普通缺口位于整理形态当中，因此该形态的一个明显特征是，在三日内必回补，见图 4-5-2。

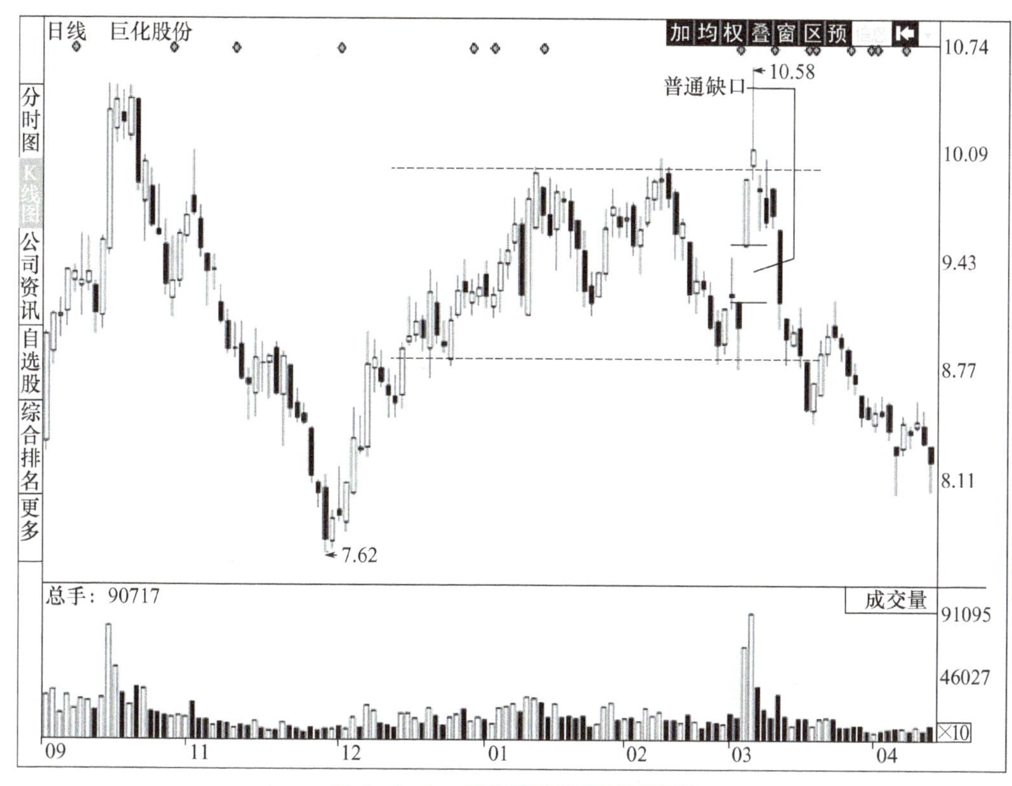

图 4-5-2　巨化股份普通缺口案例

2. 市场含义

由于普通缺口位于盘整阶段的内部，而整理形态的幅度都不是很大，故普通缺口的成交量一般不会很大，主动参与者寥寥无几，并不影响股价短期内的走势，见图 4-5-2。

普通缺口的意义在于识别一个正在形成的持续整理形态，因为缺口是向上或向下的突破。如果在一个时间段内，包含缺口的形态始终保持在一个幅度内，无法突破该幅度，表明这一股票短时间内仍会处于持续整理行情。

3. 投资策略

普通缺口短期内必回补的特征给投资者短线操作带来了一个简便机会，即当向上（前低后高）出现了普通缺口之后，投资者在缺口上方的相对高点卖出股票，待普通缺口封闭之后再买回；而当向下（前高后低）出现了普通缺口之后，在缺口下方的相对低点买入股票，待普通缺口封闭之后再卖出。

这种操作方法的前提是必须判明缺口是否为普通缺口，且股价的涨跌是否达到一定的幅度。

二、突破缺口

1. 形态特征

经过较长时间的整理后，股价向某一方向急速运动，跳出原有整理形态形成的缺口，称为突破缺口，见图 4-5-1、图 4-5-3。

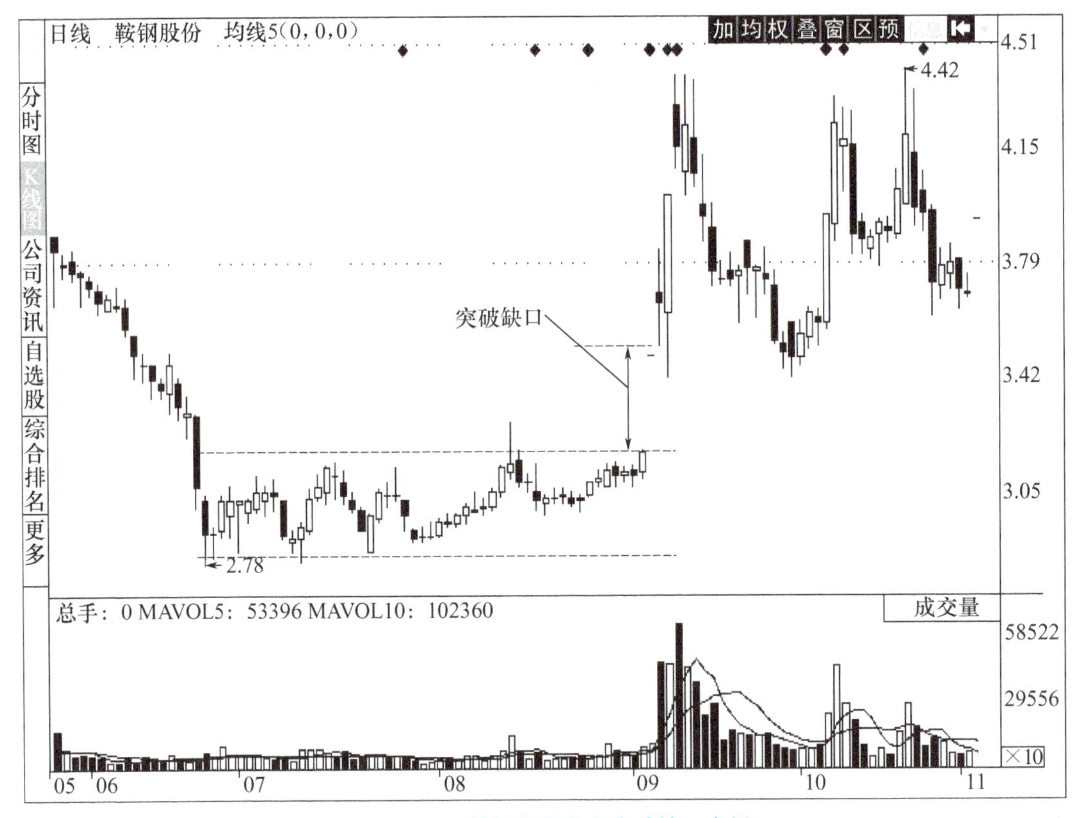

图 4－5－3 鞍钢股份向上突破缺口案例

经过长时间的整理，突破缺口蕴含着强劲的动能，价格变动激烈，短时间内不会封闭，至少不会完全封闭。

2. 市场含义

向下突破缺口不需要将成交量放大作为识别的依据，见图 4－5－1。

向上突破缺口，表明整理阶段所积蓄的能量开始释放，预示着股价上升趋势的到来，会伴随着大幅的成交量变化。

若突破时成交量未明显增大，或成交量虽大，但缺口短期内很快就被封闭，则不是突破缺口，见图 4－5－2。

3. 投资策略

如果突破缺口的幅度很大，表明一个长时间整理形态的终结。这时，向下突破缺口被确认后不宜立刻买入股票，需要了解出现缺口的原因，待导致缺口出现的原因得到解决，出现转机后再适时买入股票，以防股价下跌后一蹶不振、长期低迷而套牢，见图 4－5－1。

向上突破缺口被确认后宜卖出股票，因为向上突破缺口往往是由于突然的利好消息，待形势平稳后股价下跌的可能性很大，见图 4－5－3。

如果缺口的幅度不是很大，突破是否完成并不明朗，再次突破的可能性依然存在。这时，若为向上突破缺口，可分批卖出股票；若为向下突破缺口，宜分批买入股票；或等待局势明朗后再进一步操作。

普通缺口，出现在整理形态的过程当中，且短期内必回补。突破缺口，出现在整理形态之后，短期内不回补。现在的问题是，在股价涨跌过程中存在怎样的缺口？

三、持续缺口

1. 形态特征

经过长期整理阶段的积蓄，在股价连续直线上涨或直线下跌的过程中出现的缺口，称为持续缺口。整理的时间越长，突破幅度越大，可能缺口的幅度越大、个数越多。

2. 市场含义

对于股价上涨阶段产生的持续缺口，常会有成交量的配合，表明多方正在趁机逢高出货，逃离股市，故又称逃逸缺口。

由于持续缺口具有对本次突破幅度进行预测的功能，故又称度量缺口，是技术性分析意义最大的缺口。

3. 涨跌幅度预测

持续缺口的预测方法分为两种情况，见图 4-5-4。

(1) 持续缺口只有一个：从形态突破点到持续缺口终点的垂直距离，就是本次突破股价将会达到的高度。

(2) 持续缺口有多个：分别按照 (1) 的方法计算每个持续缺口的高度，计算多个缺口高度的“中点”，即平均值。

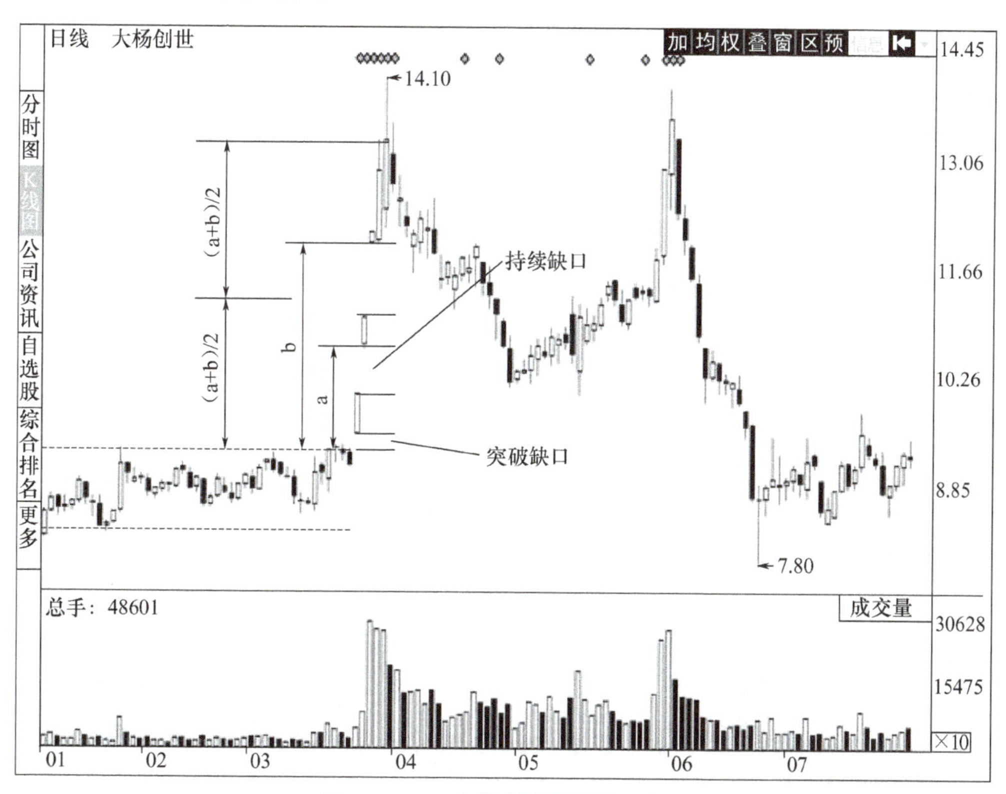

图 4-5-4 大杨创世持续缺口案例

本次突破将会达到的高度，等于从突破点到“中点”的高度开始，与“中点”的高度等高，见图 4-5-4。

4. 投资策略

持续缺口一般不会在短期内封闭，因此可以根据整理形态期限的大小，估计本次突破的规模。

在出现向上运动的持续缺口后买入或出现向下运动的持续缺口后卖出时，不必担心是否会套牢或者踏空。

四、衰竭缺口

1. 形态特征

衰竭缺口出现在股价大幅度波动的末端，是最后一次向上（或向下）跳跃产生的缺口，随后的短期内便反转下跌（或上涨）。

当股价低于最后的缺口后，表明能量已经消耗殆尽，衰竭缺口形成，所以衰竭缺口又称消耗缺口。若一轮行情中已出现突破缺口与持续缺口，那么随后出现的缺口一般是衰竭缺口。

2. 识别方法

衰竭缺口容易与持续缺口混淆。

衰竭缺口的特点是：出现在趋势的末端，而且伴随着大成交量，缺口在短期内完全封闭或部分封闭，见图 4-5-5。而持续缺口在股价大幅变动的中途产生，且不会在短期内封闭。

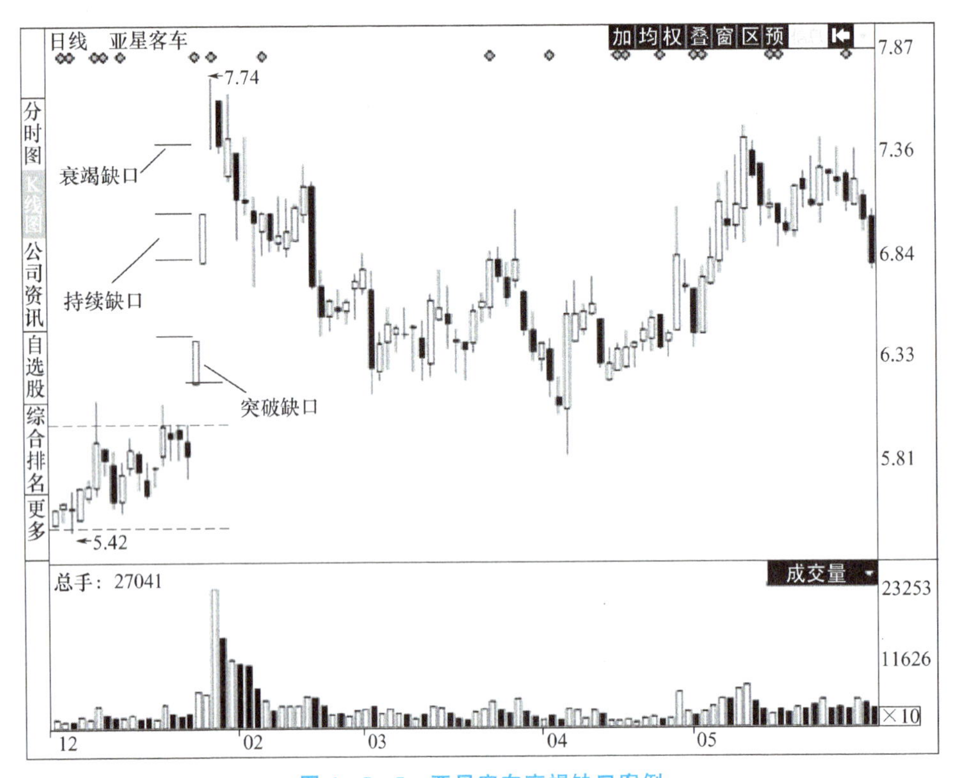

图 4-5-5 亚星客车衰竭缺口案例

3. 投资策略

由于衰竭缺口表明行情走势已接近尾声。因此，在上涨行情出现衰竭缺口后，投资者应及时卖出股票；而在下跌行情出现衰竭缺口后，投资者应适时买入股票。

五、岛形反转

在股价剧烈波动趋势的末端，同一价位附近出现了方向相反的两个缺口，将趋势末端分离出一个孤岛，岛形的左右趋势相反，这一形态称为岛形反转形态，见图 4-5-6。

岛形反转形态，既可以出现在趋势的顶部，也可以出现在趋势的底部。

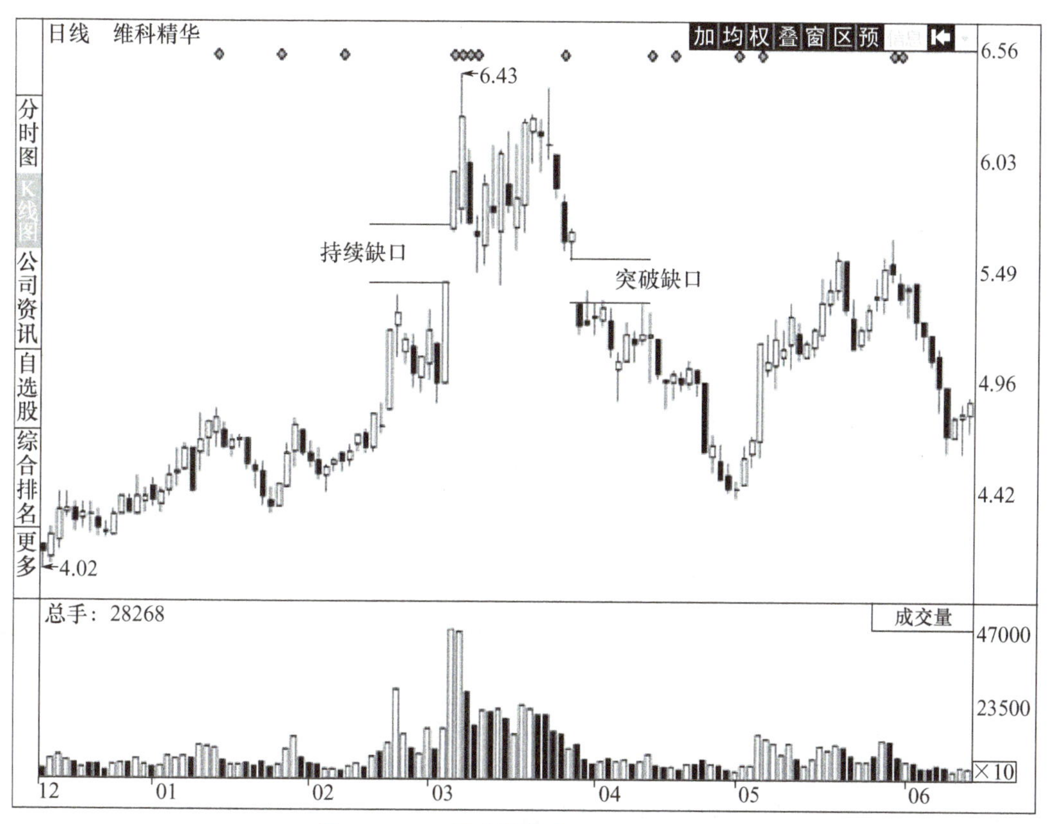

图 4-5-6 维科精华岛形反转形态案例

通过图形分析可以看出，岛形反转形态左边为持续缺口，右边为突破缺口。由于岛形反转形态出现在趋势的末端，故右边的缺口将使股价很快恢复到持续缺口的出发点，且不会很快封闭。

这里强调的是反转，并不在意小岛的形状属于前边讨论反转形态的哪一种，这一形态并不多见。

六、应用形态理论应注意的问题

形态理论分析是站在不同的角度，对同一形态有时可能产生不同的解释。例如，头肩顶（底）形态是反转形态，但有时从更大的范围去观察，则有可能成为中途持续整理形态。

进行实际操作时，如果等形态完全明朗后再行动，往往为时已晚，错过最佳时机。

此外，同其他技术方法一样，不能把形态理论分析当成万能的工具，更不应将其当作金科玉律，其得出的结论仅是一种参考。

本章小结

本章详细地讨论了反转突破形态、持续整理形态及缺口的种类、特征、识别及相应的投资策略，结合大量的案例给出了相应的应用方法。

综合练习

一、名称解释

1. 反转突破形态　2. 持续整理形态　3. 形态的突破　4. 缺口及岛形反转形态

5. 回调、反弹　6. 踏空、套牢

二、单项选择题（以下各小题所给出的选项中，只有一项符合题目要求，请将正确选项填入括号内）

1. 对称三角形形态情况出现之后，表示原有的趋势暂时处于休整阶段，之后最大的可能会（　　）。

A. 出现与原趋势反方向的走势　B. 随着原趋势的方向继续行动

C. 继续盘整格局　D. 不能做出任何判断

2. 如果股价原有的趋势是向上，进入整理状态时形成上升三角形形态，那么可以初步判断今后的趋势会（　　）。

A. 继续整理　B. 向下突破　C. 向上突破　D. 不能判断

3. 旗形形态和楔形形态是两个最为著名的持续整理形态，休整之后的走势往往是（　　）。

A. 与原有趋势相反　B. 与原有趋势相同

C. 寻找突破方向　D. 不能判断

4.（　　）是最著名和最可靠的反转突破形态。

A. 头肩顶（底）形态　B. 双重顶（底）形态

C. 圆弧顶（底）形态　D. 喇叭形态

5. 头肩顶形态的形态高度是指（　　）。

A. 头的高度　B. 左、右肩连线的高度

C. 头到颈线的距离　D. 颈线的高度

6. 在双重顶形态中，颈线是（　　）。

A. 上升趋势线　B. 下降趋势线　C. 支撑线　D. 压力线

7. 出现在顶部的看跌形态是（　　）。

A. 头肩顶形态　B. 旗形形态　C. 楔形形态　D. 三角形整理形态

8. 关于圆弧底形态理论说法正确的是（　　）。

A. 圆弧底形态是一种持续整理形态

B. 一般来说圆弧底形态形成的时间越短，反转的力度越强

C. 圆弧底形态成交量一般中间多，两头少

D. 圆弧底形态成交量一般中间少，两头多

9. 一个标准的喇叭形态应该有（　　）个高点，（　　）个低点。

A. 2、2　　B. 3、2　　C. 2、3　　D. 3、3

10. 比起头肩顶（底）形态来说，三重顶（底）形态更容易演变成（　　）。

A. 反转突破形态　　B. 圆弧顶形态　　C. 持续形态　　D. 下降三角形形态

11. （　　）一般会在 3 日内回补，成交量很小，很少有主动的参与者。

A. 普通缺口　　B. 突破缺口　　C. 持续缺口　　D. 衰竭缺口

12. （　　）的形成在很大程度上取决于成交量的变化情况。

A. 普通缺口　　B. 突破缺口　　C. 持续缺口　　D. 衰竭缺口

13. 判断衰竭缺口最简单的方法是考察（　　）。

A. 股价的变动情况　　B. 缺口是否会在短期内封闭

C. 成交量是否大　　D. 行情走势是否被突破

14. 在（　　）产生的时候，交易量可能不会增加，但如果增加的话，则通常表明一个强烈的趋势。

A. 普通缺口　　B. 突破缺口　　C. 持续缺口　　D. 衰竭缺口

三、不定项选择题（以下各小题所给出的选项中，至少有一项符合题目要求，请将正确选项填入括号内）

1. 三角形整理形态不包括（　　）。

A. 对称三角形形态　B. 等边三角形形态　　C. 上升三角形形态　D. 下降三角形形态

2. 根据股价的曲线分析，股价的形态分为（　　）。

A. 三角形整理形态　B. 持续整理形态　　C. 反转突破形态　　D. 头肩顶（底）形态

3. 大多出现在顶部，而且都是看跌的两个形态是（　　）。

A. 旗形形态　　B. 头肩顶形态　　C. W 形形态　　D. 喇叭形态

4. 以下不属于反转突破形态的有（　　）。

A. 楔形形态　　B. 头肩顶（底）形态　C. 喇叭形态　　D. 三重顶（底）形态

5. 在圆弧顶（底）形态形成的过程中，表现出的特征有（　　）。

A. 成交量是两头多，中间少　　B. 成交量是两头少，中间多

C. 突破后一段时间内有相当大的成交量　　D. 突破时成交量一般不会增大

6. 下列不属于圆弧形态特性的是（　　）。

A. 圆弧顶（底）形态又称为蝶形

B. 圆弧顶（底）形态更容易发展成持续整理形态

C. 圆弧顶（底）形态的成交量一般是中间少，两头多

D. 圆弧顶（底）形态形成的时间越短，反转的力度越强

7. 喇叭形态具有的特征有（　　）。

A. 一般是上涨形态

B. 在成交量方面，整个喇叭形态形成期间都会保持不规则的大成交量

C. 喇叭形态的跌势是不可度量的

D. 喇叭形态源于投资者的非理性

8. 缺口的类型有很多种，包括（　　）。

A. 突破缺口　　B. 持续缺口　　C. 普通缺口　　D. 衰竭缺口

9. 缺口的宽度表明股价波动动力的强弱，一般来说（　　）。

A. 缺口越宽，运动的动力越大　　B. 缺口越宽，运动的动力越小

C. 缺口越窄，运动的动力越大　　D. 缺口越窄，运动的动力越小

10. 若突破时（　　），则这种突破形成的缺口是真突破缺口。

A. 成交量明显增大　　B. 成交量未明显增大

C. 缺口未被封闭　　D. 成交量虽大，但缺口很快被封闭

四、判断题（判断以下各题的对错，对的用 A 表示，错的用 B 表示，将结果填在括号内）

1. 证券市场里的人被分为多头和空头两种。（　　）

2. 平衡的概念是相对的，股价只要在一个范围内变动，都属于保持了平衡。（　　）

3. 股价移动的规律是按照多空双方力量对比的大小而行动的。（　　）

4. 三角形形态、矩形形态、喇叭形态和楔形形态都是整理形态。（　　）

5. 对称三角形形态一般应有六个转折点，才能确认。（　　）

6. 根据经验，突破的位置一般应在三角形整理形态的横向宽度的 1/4～3/4 的某个地点。（　　）

7. 对称三角形形态大多是发生在一个大趋势进行的途中，它表示原有的趋势暂时处于休整阶段，之后还要随着原趋势的方向继续行动。（　　）

8. 突破三角形形态上下两条直线的包围，继续原有趋势的时间要尽量晚，越靠近三角形整理形态的顶点，三角形整理形态的各种功能越明显。（　　）

9. 突破三角形形态上下两条直线的包围，继续原有趋势的时间要尽量早，越靠近三角形整理形态的顶点，三角形整理形态的各种功能就越不明显。（　　）

10. 上升三角形形态比起对称三角形形态来，具有更强烈的上升意识，多方比空方更为积极。通常以三角形整理形态的向上突破作为这个持续过程终止的标志。（　　）

11. 与旗形形态一样，楔形形态偶尔也可能出现在顶部或底部而作为反转形态。（　　）

12. 旗形形态和楔形形态都有明确的形态方向，并且和原有的趋势相反。（　　）

13. 上升三角形形态在突破顶部的阻力线时，必须有大成交量的配合，否则为假突破。（　　）

14. 头肩顶（底）形态适用的方法三重顶（底）形态都适用，这是因为三重顶（底）形态从本质上说就是头肩形形态。（　　）

15. M 头形成，股价只要打破颈线，即可认为反转形态确立。（　　）

16. 无论是圆弧顶形态还是圆弧底形态，在它们的形成过程中，成交量的过程都是两头小、中间大。（　　）

17. 圆弧顶（底）形态形成所花的时间越长，今后反转的力度就越强，越值得投资者

去相信这个圆弧形形态。（　　）

18. V形底形态走势的一个重要特征，是在转势点必须有大成交量的配合。（　　）

19. 持续缺口是在股价向某一方向有效突破之后，由于急速运动而在途中出现的缺口。（　　）

20. 缺口又称跳空，是指股价在快速大幅度波动中没有留下任何交易的一段真空区域。（　　）

21. 缺口的出现往往伴随着向某个方向运动的一种较弱的动力。（　　）

22. 缺口分析是技术分析的重要手段之一，可以根据不同的缺口预测行情走势的变化方向和变化力度。（　　）

五、简答题

1. 矩形形态、旗形形态和楔形形态的区别是什么？
2. 三角形整理形态与楔形形态的区别是什么？
3. 三种三角形整理形态各自有何特点？各有什么功能？
4. 双重顶形态和双重底形态在成交量方面有何区别？
5. 怎样处理圆弧底形态？
6. 几种三角形整理形态的出现该如何操作？
7. 如何理解同一种形态可能同时属于反转形态和持续形态？
8. 如何理解颈线和反扑的功能？
9. 如何理解V形底形态“不合常规”的波动？

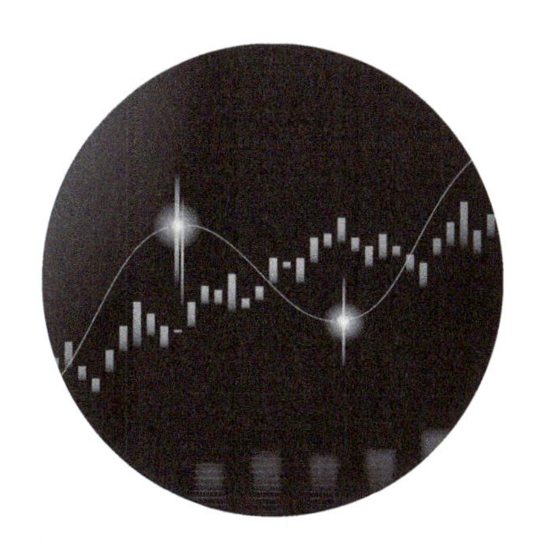

第五章

波浪理论

学习目标

- 斐波那契数列与黄金数字
- 波浪理论的八浪结构
- 波浪的合并和细分
- 主浪、调整浪的特征及变形
- 波浪高低的比例关系

思维导图

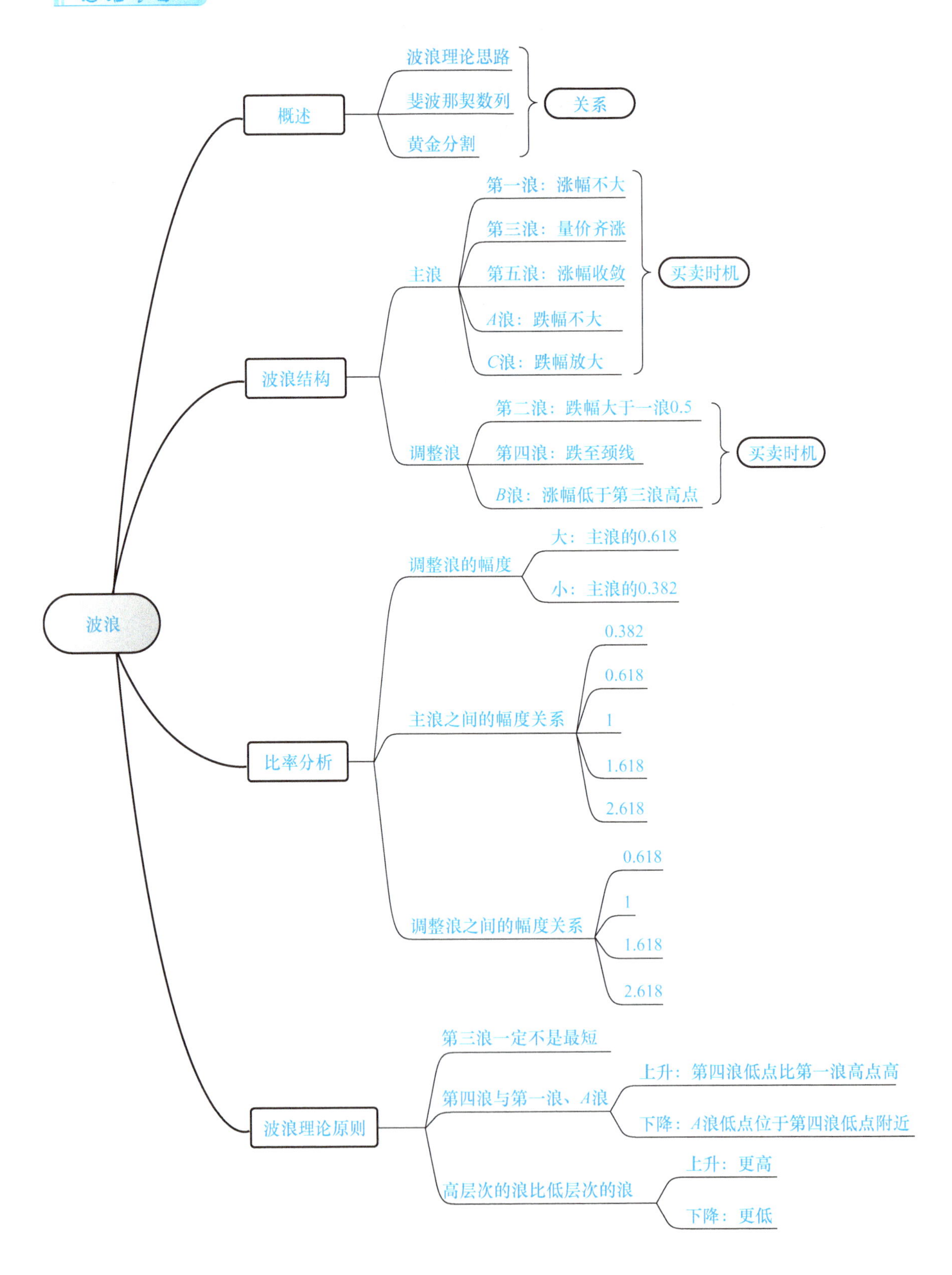

波浪
概述
波浪理论思路
斐波那契数列
黄金分割
关系
波浪结构
主浪
第一浪：涨幅不大
第三浪：量价齐涨
第五浪：涨幅收敛
A浪：跌幅不大
C浪：跌幅放大
买卖时机
调整浪
第二浪：跌幅大于一浪0.5
第四浪：跌至颈线
B浪：涨幅低于第三浪高点
买卖时机
比率分析
调整浪的幅度
大：主浪的0.618
小：主浪的0.382
主浪之间的幅度关系
0.382
0.618
1
1.618
2.618
调整浪之间的幅度关系
0.618
1
1.618
2.618
波浪理论原则
第三浪一定不是最短
第四浪与第一浪、A浪
上升：第四浪低点比第一浪高点高
下降：A浪低点位于第四浪低点附近
高层次的浪比低层次的浪
上升：更高
下降：更低

众所周知，炒股要低买高卖。但说起来容易做起来难。K 线图，跌宕起伏，谁知道股价最高能涨到多少，最低又跌到多少呢？无法预知最高点和最低点，又何谈低买高卖呢？

如果 K 线图具有周期性，虽然股价涨跌幅度有高有低，但是每个周期涨跌次数是固定的，那将给投资者判断买卖时机提供有益的参照，有这样的规律吗？

第一节 波浪理论概述

一、波浪理论产生

波浪理论是以美国人 R. N. 艾略特的名字命名的一种技术分析方法，全称艾略特波浪理论。

1891 年，20 岁的艾略特开始任职于铁路公司，之后从事会计工作多年，后来他大病一场，于是退休。在家休养的艾略特通过对股市的长期观察发现，股价的跌宕起伏看起来形态各异、千变万化，但实际上存在着自身的运动规律，蕴含着自然和谐之美。

1938—1939 年，艾略特在《金融世界》连续发表了多篇关于波浪理论的论文，之后对这些论文进行了系统整理，于 1946 年完成了关于波浪理论的巨著 *Nature's Law: The Secret of the Universe*。

遗憾的是，当时这些研究成果还没有形成完整的理论体系，也没有得到广泛的认可与应用。直到 20 世纪 70 年代，柯林斯的专著 *Wave Theory* 出版后，波浪理论才正式确立。

二、波浪理论的基本思路

艾略特在对股票市场的长期观察中发现，股价不断重复着上涨和下跌。因此，艾略特产生了极大的兴趣，并对其进行了充分的研究，力图找出股价波动的规律。他认为，股票市场是经济的晴雨表，而经济发展具有周期性，因而股价的上涨和下跌也应该具有周期性。而且，股价的波动周期分为多个层次，即在一个大的周期中还应存在一些小的周期，而小的周期又可以再细分成更小的周期。

现在不禁要问，波浪理论的基础是什么，如何确定出这些周期，这些不同层次的周期之间的关系是什么？

三、斐波那契数列和黄金分割数字

波浪理论中所用到的数字，均来自数学上非常著名、非常神奇的一个数列——斐波那契数列。

该数列有很多奇特的性质，许多自然现象所涉及的数字，都符合这一数列，应用广泛。

（一）斐波那契数列

1. 定义

斐波那契数列的定义，由意大利数学家 L. 斐波那契于 1202 年撰写的 *Book of*

Calculation 一书给出。

定义 5-1-1： 如果 $A_1=A_2=1$，且满足如下递推关系的数列：

$$A_{n+2}=A_{n+1}+A_n \qquad (n=1,2,3,4,\cdots)$$

称为斐波那契数列。

100 以内的斐波那契数列排在前边的数字为：

1，1，2，3，5，8，13，21，34，55，89，…

斐波那契数列是常见的数列，如杨辉三角形系数相加即为斐波那契数列。自然界中的生物，满足斐波那契数列的比比皆是，如蜜蜂的蜂巢，向日葵的葵花籽的排列，松树种子构成的松塔，菠萝外形的花纹等等。

2. 斐波那契数列的通项

知道了斐波那契数列的构造方法，很容易构造出任意有限项的斐波那契数列。现在的问题是，在不知道前边项的情况下，如何迅速地给出某一项的具体数值呢？

可以证明，斐波那契数列通项的计算公式为：

$$A_n=\frac{1}{\sqrt{5}}\left[\left(\frac{1+\sqrt{5}}{2}\right)^n-\left(\frac{1-\sqrt{5}}{2}\right)^n\right] \quad (n=1,2,3,\cdots)$$

例如 $n=2$ 时，代入上式，有：

$$A_2=\frac{1}{\sqrt{5}}\left(\frac{1+\sqrt{5}+1-\sqrt{5}}{2}\right)\left(\frac{1+\sqrt{5}-1+\sqrt{5}}{2}\right)=\frac{1}{\sqrt{5}}\times1\times\sqrt{5}=1$$

这个公式很有意思，它用无理数表示了自然数的子序列。

(二) 斐波那契数列与黄金分割

1. 黄金分割的定义

定义 5-1-2： 把一条线段分割为两部分，第一部分与全长之比等于第二部分与第一部分之比时的分割，称为黄金分割。

设第一部分长为 x，第二部分长为 y，整个线段长为 $x+y=1$，见图 5-1-1。

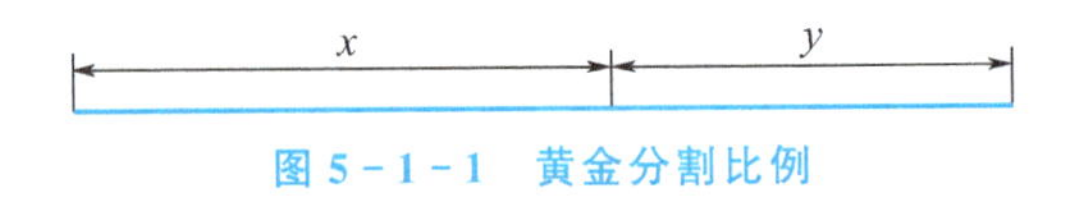

图 5-1-1 黄金分割比例

黄金分割就是满足如下等式的 x，y：

$$x:(x+y)=y:x \quad \rightarrow \quad x:1=(1-x):x \quad \rightarrow \quad x^2+x-1=0$$

由根与系数的关系公式：

$$x=\frac{-b\pm\sqrt{b^2-4ac}}{2a}=\frac{-1\pm\sqrt{1^2+4\times1\times1}}{2\times1}=\frac{-1\pm\sqrt{5}}{2}$$

由于 x 为正数，故解得 $x=0.618$，$y=0.382$。

2. 黄金分割可以用斐波那契数列产生

命题 5-1-1： 用斐波那契数列的前项比后项得到数列 1/1,1/2,2/3,3/5,5/8,8/13,…

的极限：

$$\lim_{n\to\infty}\frac{A_n}{A_{n+1}}=\frac{\sqrt{5}-1}{2}\approx 0.618$$

类似的，还有如下结论：

$$\lim_{n\to\infty}\frac{A_n}{A_{n+2}}=\frac{3-\sqrt{5}}{2}\approx 0.382$$

$$\lim_{n\to\infty}\frac{A_{n+1}}{A_n}=\frac{\sqrt{5}+1}{2}\approx 1.618$$

$$\lim_{n\to\infty}\frac{A_{n+2}}{A_n}=\frac{\sqrt{5}+3}{2}\approx 2.618$$

斐波那契数列的不同组合得到的结论，都是在波浪理论中要用到的。

第二节　波浪理论的原理

一、波浪的基本形态结构

1. 八浪结构

艾略特认为股票的价格波动不是盲目的、杂乱无章的，而是按照一定的规律变化。每一个周期由一个上升过程和一个下降过程构成，而上升过程与下降过程又由八个小过程构成，见图5-2-1。

这些过程统称为浪，八浪结构的结束宣告一个周期完成，下一个周期开启，循环往复。

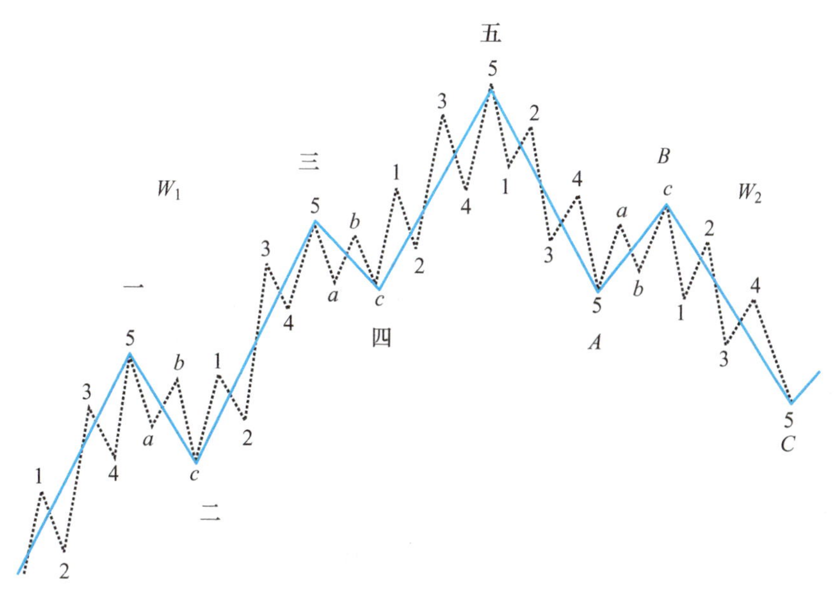

图5-2-1　八浪结构的基本形态

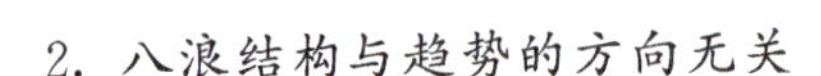

2. 八浪结构与趋势的方向无关

如果总体趋势为上升（牛市），每个周期由上升的五个过程和下降的三个过程组成。如果总体趋势为下降（熊市），每个周期由下降的五个过程和上升的三个过程组成。

无论趋势如何，八浪结构的基本形态是不会变化的。

3. 主浪、调整浪

定义 5-2-1： 如果一个波浪的方向与比它高一层次波浪的方向相同，则该波浪称为主浪，如果不相同则称为调整浪。

由于主浪的方向与趋势相同，从而主浪起到了推动趋势向前发展的作用，故主浪又称推动浪。调整浪的方向与比它高一层次波浪的方向不一致，其作用是对股价的暂时调整。

例如，在图 5-2-1 中，在 W_1 的五浪结构中，一浪、三浪、五浪为主浪，二浪、四浪为调整浪；在 W_2 的三浪结构中，A 浪、C 浪为主浪，B 浪为调整浪。

二、波浪的层次

1. 大浪套小浪

通过图 5-2-1 可以看出，趋势分成了不同的层次结构。处于低层次的小浪可以合并成一个高层次的大浪，处于高层次的大浪又可以细分成几个低层次的小浪，而层次的高低、大浪和小浪的地位都是相对的。

从图 5-2-1 可以看出，对于某一个层次而言，一个周期包含共八个大浪和三十四个小浪。

2. 合并与细分的原则

浪在细分时会遇到这样的问题，对于某一浪，是分成五个较小的浪，还是分成三个较小的浪？

大浪细分成小浪，既要看大浪是上升趋势还是下降趋势，还要看高一个层次的大浪是上升趋势还是下降趋势，具体遵循如下原则。

（1）大浪上升，高一层次大浪上升，则本浪分成五个小浪。

（2）大浪上升，高一层次大浪下降，则本浪分成三个小浪。

（3）大浪下降，高一层次大浪上升，则本浪分成三个小浪。

（4）大浪下降，高一层次大浪下降，则本浪分成五个小浪。

总结：大浪与高一层次大浪趋势相同，则大浪细分成五个小浪；如果不同，则大浪细分成三个小浪。

三、斐波那契数列与波浪的数目

波浪理论中的波浪数目，符合斐波那契数列。

由图 5-2-1 可以看出，一个周期由二个大浪 W_1、W_2 组成。W_2 由三个较大的浪组成，W_1 由五个较大的浪组成，总共由八个大浪组成。而 W_2 由十三个较小的浪组成，W_1 由二十一个较小的浪组成，总共由三十四个小浪组成。

可以看出，这些数据构成了一个完整的斐波那契数列。这一现象不是偶然的，这正是波浪理论以斐波那契数列作为基础的原因。

四、应用波浪理论预测价格走势

在知道了一个大的周期运行全过程之后，运用波浪理论就可以很方便地对未来趋势进行预测了。

1. 确定当前位置

若为上升趋势，则波浪将遵循着五浪上升、三浪下降的基本结构。确定当前位置，也就是确定当前是处于三浪结构还是处于五浪结构。

这两种结构的预测作用完全不同。一旦确定了当前所处位置的波浪结构，也就知道了下一步该做什么。

2. 处于上升趋势的五浪结构中

如果当前处于上升趋势的五浪结构的开始，那么投资者将有两次买入股票和三次卖出股票的机会。

如果当前处于上升趋势的五浪结构的末尾，那么，三个调整浪即将出现，这时投资者宜及时卖出股票，等待三浪结构结束时再行补仓，见图 5-2-2。

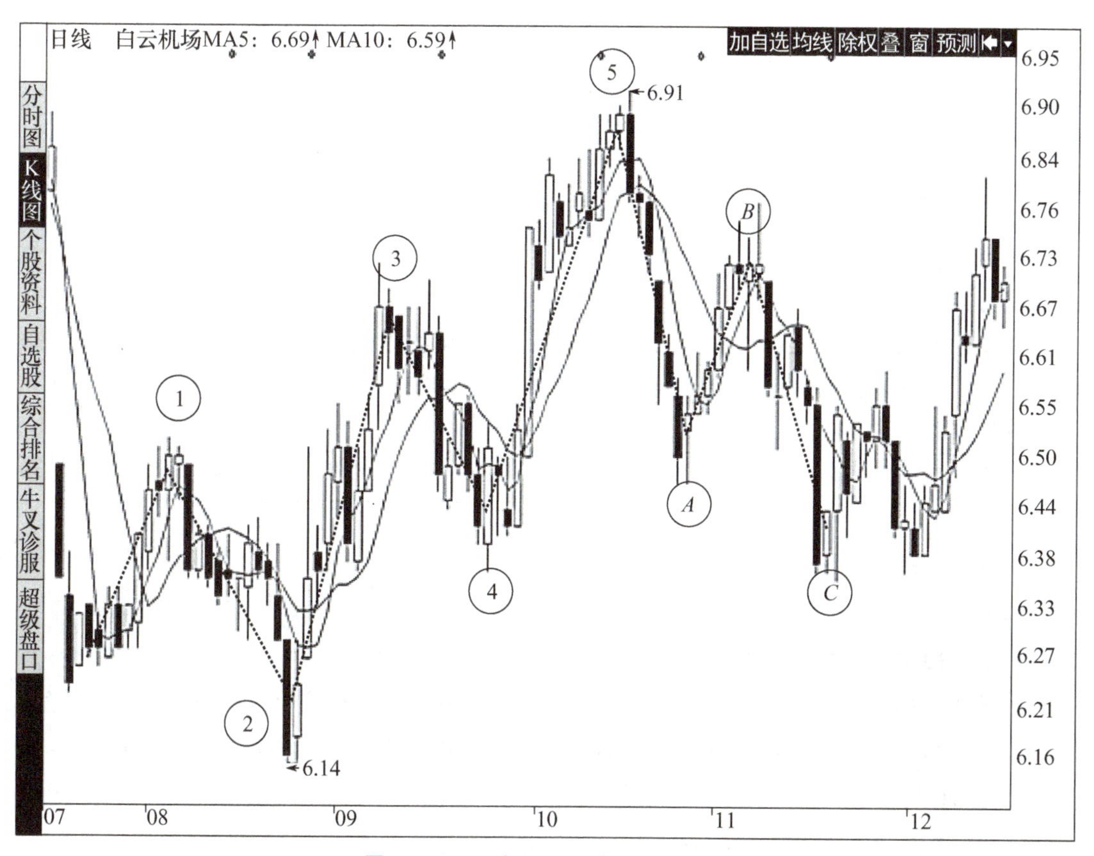

图 5-2-2 白云机场波浪理论案例

3. 处于上升趋势的三浪结构中

如果当前处于上升趋势的三浪结构中，这时表明股票市场现在正处于一个短暂的下跌调整行情。如果是多头，依然有一次卖出的机会；如果是空头，要等待三个调整浪走完再补仓，见图 5-2-2。

一个周期由八个浪构成，细分成主浪及调整浪，同是主浪、调整浪，它们之间又有什么区别呢？

第三节　主浪及其变化

一、主浪的特征

在 W_1 的五浪结构中，第一浪、第三浪、第五浪为主浪；在 W_2 的三浪结构中，A 浪和 C 浪为主浪，见图 5-2-1。同是主浪，由于所处的位置不同，其特性也不同。下面以股价上升趋势为例进行讨论。

1. 第一浪

第一浪是整个股价上升趋势的开始，大多处于区域的底部，从趋势的下降或整理开始反弹，一般会遭到空方的打压。

第一浪持续的时间一般不会长，上升的幅度也不会大，成交量不会多。不过如果底部已经完全形成，这时股价上涨的幅度会大一些.

2. 第三浪

通过第一浪的铺垫和第二浪的调整，这时市场积蓄了充分的能量，股价上升趋势的筑底过程已经完成。

因此，第三浪将是股价上涨最为猛烈的浪，且持续的时间长，上涨幅度大，牛市到来的信号已经显现。投资者纷纷涌进股市，搭乘股价上涨的顺风车，疯狂地进行交易，导致成交量持续放大。

因此，判断是否为第三浪的标准是：股价持续攀升，成交量持续放大，否则将不是第三浪。

3. 第五浪

经历了前四浪的上升与调整，股价上升的能量大部分已经释放。此时第五浪姗姗来迟，与第三浪相比，气势要收敛很多。

多方能量的提前释放，此轮股价的上涨已经力不从心，预示着顶部的形成，反转时刻即将到来。与第一浪不同，第五浪持续的时间可长可短，因为高位整理也是常见的。

4. A 浪

A 浪的开始，意味着本轮股价上升趋势结束，反转时刻到来。

没有及时出货的多方，不会错过此轮股价上涨行情。虽然股价下跌已经开始，但是多方还是会亡羊补牢，进行最后一搏，将股票抛出。

因此，*A* 浪下落的深度有可能是很大的，也有可能同时伴随着较大的成交量，形成价跌量增的局面。

5. *C* 浪

A 浪的下跌，*B* 浪的反弹，*C* 浪的到来，预示着本轮行情的股价已经完全没有可能再次上涨，多方已经绝望！*C* 浪是破坏力极强的下跌浪，股价的跌幅大，持续的时间长。*C* 浪结束，预示着一个周期的结束，下一个周期的到来。

前边给出的是主浪的一般特征，实际的股价形态往往不是那么标准。主浪的形态有没有变形呢？

二、主浪的延伸

（一）主浪延伸产生的九浪结构

1. 主浪延伸的原理

主浪若上涨幅度很大，将由五个小浪构成，这个现象称为主浪延伸。

因为第三浪是涨幅最大的浪，故三个主浪中，延伸最容易在这一浪中出现。

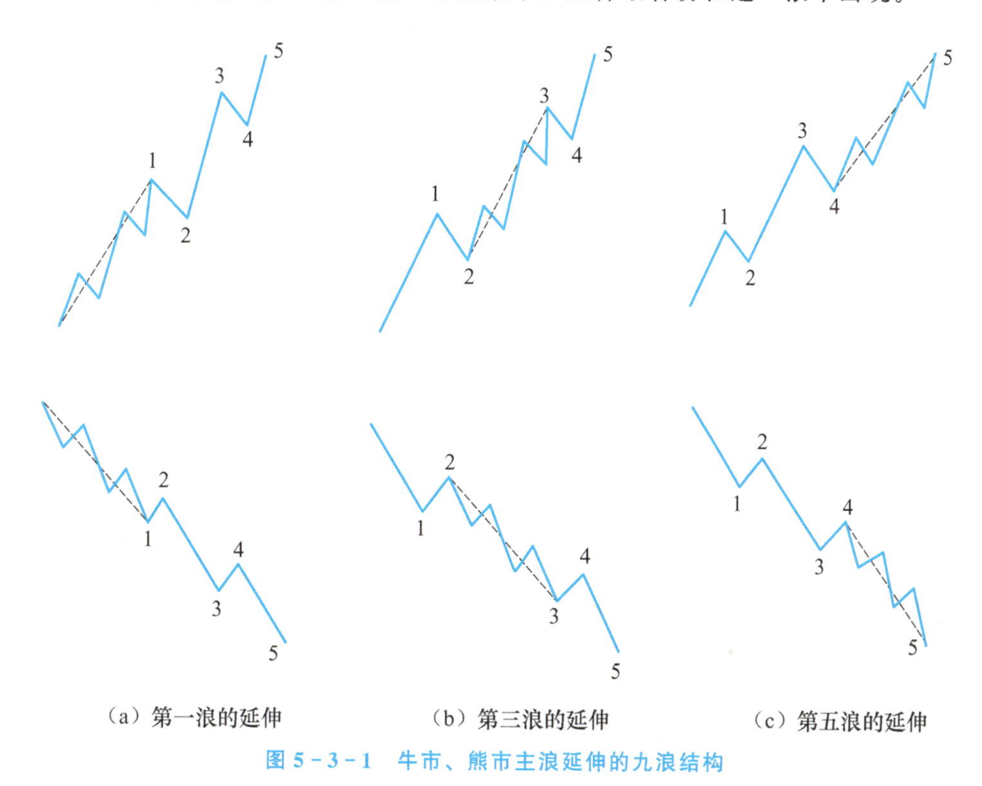

图 5-3-1 牛市、熊市主浪延伸的九浪结构

在图 5-3-1 中，上边三个图是牛市五浪结构的主浪出现延伸的情形，下边三个图是熊市五浪结构的主浪出现延伸的情形。

2. 延伸的规律

一个周期中的某一过程之所以出现延伸，是因为出现了突发的利空或利好消息。在没有利空或利好消息的其他主浪，不会出现延伸。由于主浪与趋势一致，因此延伸出的结构一定还是五浪结构。这样，主浪原来的五浪结构，延伸后就变成了九浪结构。

(二) 五浪结构中主浪的延伸

1. 第一浪或第三浪的延伸

由于第一浪或第三浪出现在五浪结构的开始和中间位置，延伸后仍要将上升趋势的五浪结构走完，故这两浪延伸过后，仍将延续上升的趋势，见图 5-3-2。

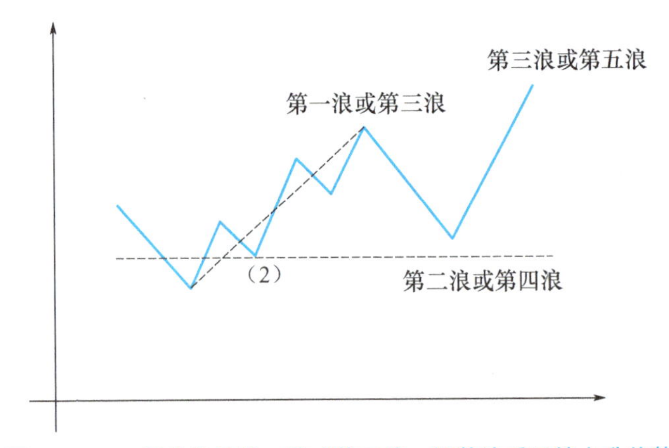

图 5-3-2　延伸的是第一浪或第三浪，调整浪后延续上升趋势

2. 第五浪的延伸

而第五浪的延伸过后，整个上升趋势的五浪结构完成，出现三浪调整结构，形态改变为反转向下，见图 5-3-3。

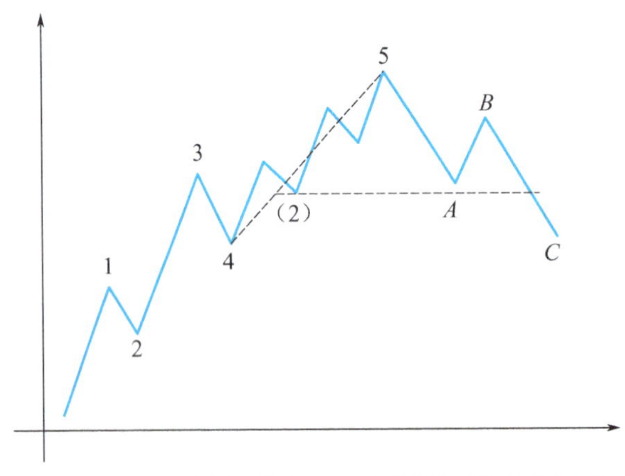

图 5-3-3　延伸浪为第五浪，延伸过后为下跌趋势

3. 延伸浪过后的调整幅度

五浪结构中的三个主浪，延伸过后紧接着的是调整浪，如第五浪延伸过后是 A 浪，见图 5－3－3。

前两种情况股价向下回落的幅度，至少要达到延伸浪的起点附近，也就是延伸浪中第一个调整浪的终点，见图 5－3－3（2）；第五浪延伸的情形，见图 5－3－3、图 5－3－4。

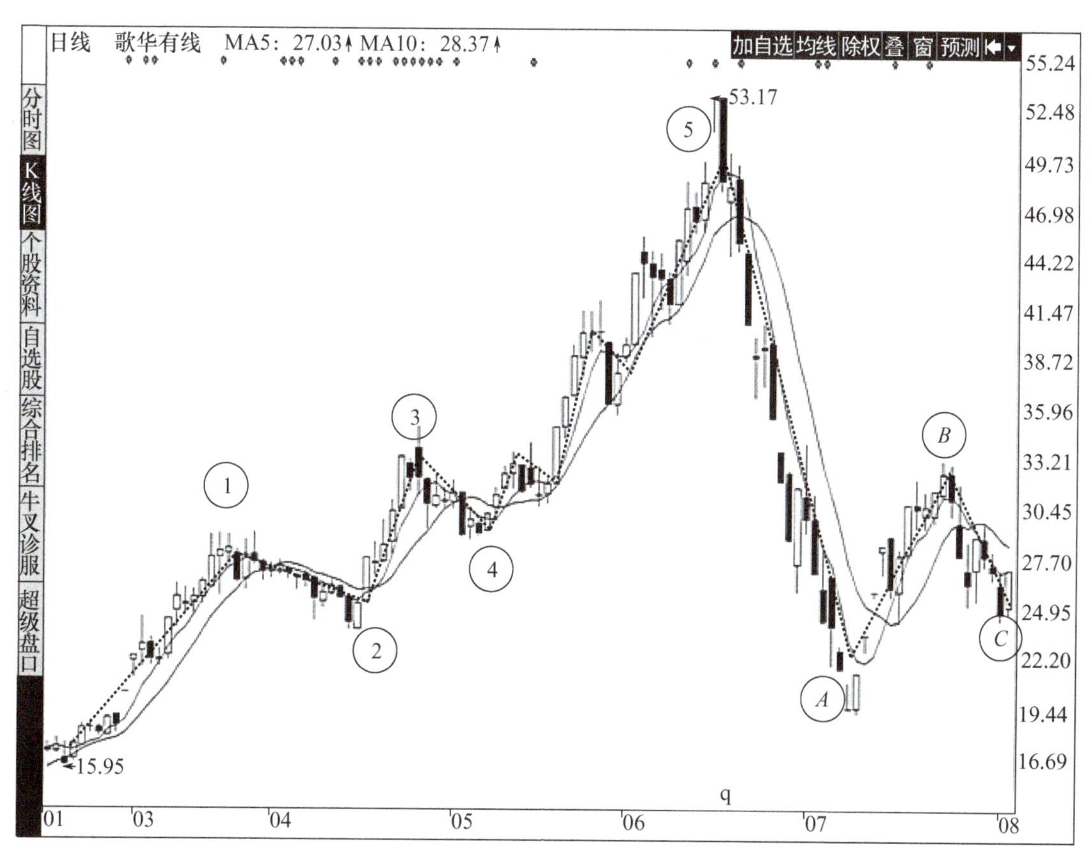

图 5－3－4 歌华有线第五浪延伸案例

三、主浪延伸的楔形形态

五浪结构除延伸成九浪结构外，还有可能演化成楔形形态，见图 5－3－5。

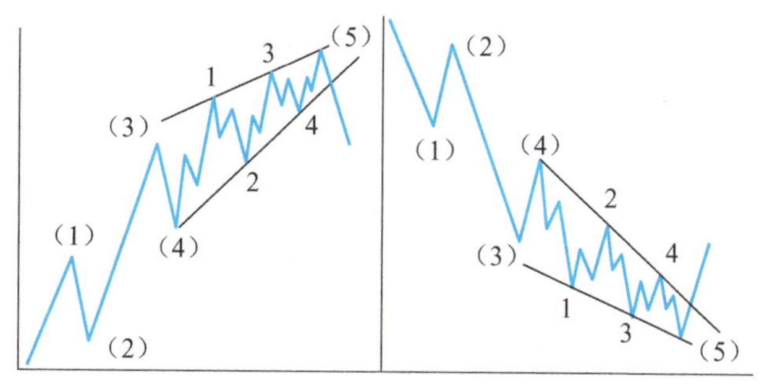

图 5－3－5 主浪的楔形结构

这种结构多发生在第五浪，分为上升楔形形态和下降楔形形态。上升楔形形态看跌，下降楔形形态看涨。而且，上升结构的第五浪若延伸成楔形，延伸部分同样是五浪结构。

延伸之后将有一个较大的回落，与波浪理论第五浪后有三浪的回落吻合，见图5-3-6。

图5-3-6 福建高速第五浪楔形延伸案例

四、主浪的失败形态

通常的波浪理论遵循八浪结构，由于随机性的存在，不符合八浪结构的情景也会经常发生。

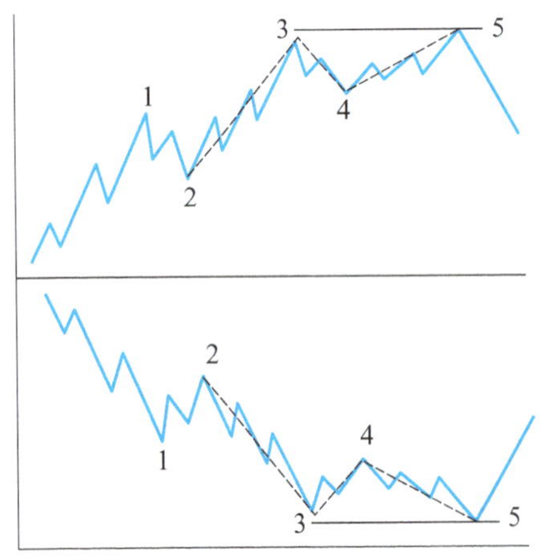

图5-3-7 主浪的失败形态

股价在上升趋势中走过四浪之后，如果多方力量释放殆尽，已成强弩之末，无力向上突破第三浪形成的高点，将形成双重顶形态，向下反转将是必然，见图5-3-7。股价在下降趋势中走过四浪之后，空方力量大量释放，已精疲力竭，无力向下突破第三浪形成的低点，将形成双重底形态，向上反转已无悬念，见图5-3-7。

与趋势一致的五浪结构，三个主浪应是一个比一个高（或低），但主浪突破失败也很常见。

第四节 调整浪及其变化

主浪与更高层次的浪方向相同，调整浪与更高层次的浪方向相反，是主浪的暂时调整。图 5-4-1 中，第二浪、第四浪及 *B* 浪都是调整浪，这些浪有什么特点与形式，以上升趋势为例讨论。

一、调整浪的特征

1. 第二浪

第二浪是第一浪的回调，其回调幅度一般大于第一浪上涨幅度的一半以上，但不会创出新低，其作用是夯实底部，为本轮上涨行情的第三浪的到来做好准备，见图 5-4-1。

2. 第四浪

经过了第三浪的猛烈上升后，迎来了再一次调整的到来。

通常第四浪的低点不会低于第一浪的顶点，经过该浪的调整，为第五浪再次上扬奠定了基础，见图 5-4-1。

第四浪的低点位于 *A* 浪的低点附近，从头肩形态来看，这两点的连线正是颈线，为三浪调整结构的支撑位，可预测出未来 *A* 浪的下跌的大致位置。

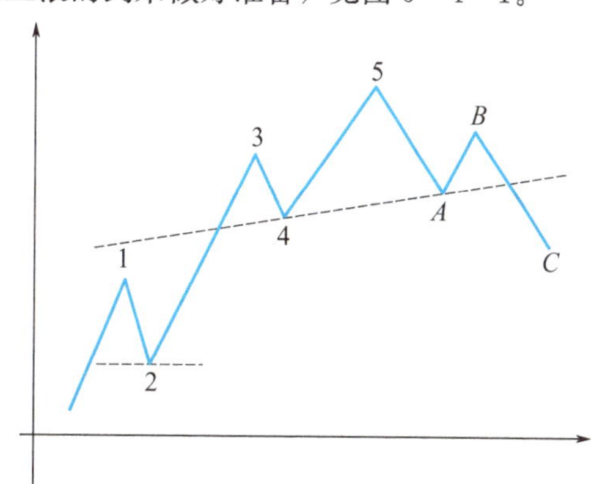

图 5-4-1 调整浪的涨跌位置

3. *B* 浪

B 浪是熊市的反弹，它试图将股价再次拉起，但多方的力量已经释放殆尽，再次上升已经有心无力。

B 浪的高点位于第三浪的高点附近，然后便掉头向下，*C* 浪开始了继续下跌的旅程。

二、调整浪的类型

调整浪是对主浪涨跌的调整与修正。主浪的上涨与下跌有可能过于激烈，调整浪在某种程度上可以缓和这种过于火爆的过程，以便进行适当的休整，重新凝聚力量，以利于趋势的延续。

调整的形态有很多，针对三浪结构的调整浪介绍以下三种。

（一）锯齿型

锯齿形调整浪是最简单的调整浪，它的三浪结构的形状像大写的英文字母“N”或倒着的“Z”。

若将大浪细分成小浪，*A* 浪、*C* 浪与趋势一致，分解成五浪结构；*B* 浪的方向与趋势不一致，分解成三浪结构，这就形成了 5×2×5 结构，见图 5-4-2。

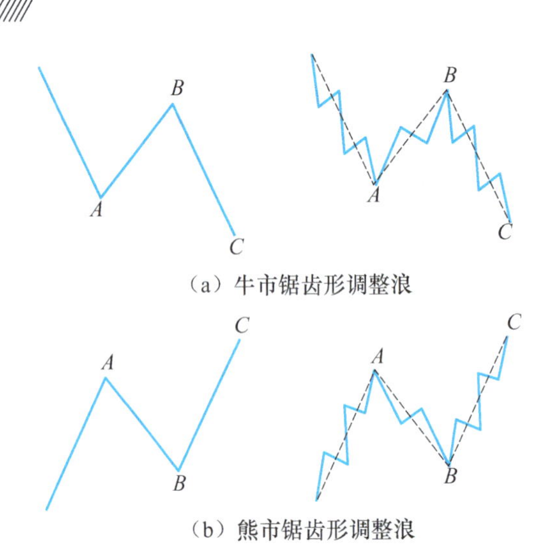

（a）牛市锯齿形调整浪

（b）熊市锯齿形调整浪

图 5－4－2　锯齿形调整浪

以牛市锯齿形调整浪为例，*B* 浪的高点远低于 *A* 浪的起点，*C* 浪的低点远低于 *A* 浪的低点，保证了锯齿形态的形成，见图 5－4－2。

（二）平台形

平台形调整浪是横向波动的调整浪，涨跌幅度较小，没有明显的向上或向下的趋势，类似于整理形态，分为如下三种情况。

1. 常规平台形

这一形态的特点是 *A* 浪、*B* 浪、*C* 浪的高点与低点的位置基本相同，因此，其形态类似于一个矩形，见图 5－4－3。

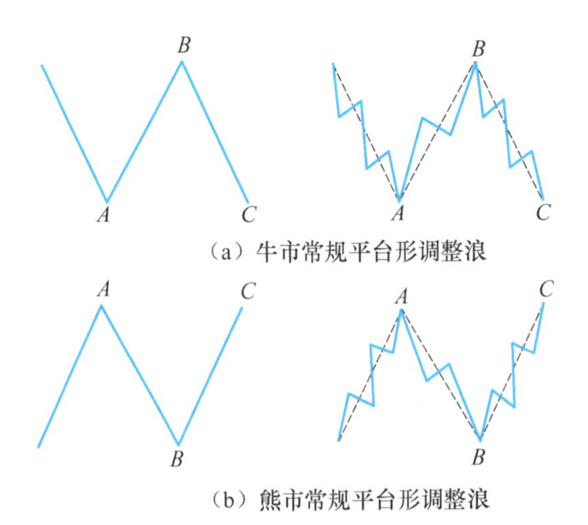

（a）牛市常规平台形调整浪

（b）熊市常规平台形调整浪

图 5－4－3　常规平台形调整浪

这时的三浪调整结构，属于矩形整理形态。故当整理形态结束，股价将延续原有的趋势。也就是说，常规平台形调整浪结束后，原来若为牛市，股价将延续上涨；原来若为熊市，股价将延续下跌。

2. 扩散平台形

这一形态的特点是，牛市时，A 浪的高点不及 B 浪的高点高，低点不及 C 浪的低点低；熊市时，A 浪的高点不及 C 浪的高点高，低点不及 B 浪的低点低。此形态形似一个喇叭，故称为扩散平台形调整浪，见图 5-4-4。

3. 收缩平台形

这一形态的特点是，牛市时，B 浪的高点未达到 A 浪的高点，C 浪的低点未达到 A 浪的低点；熊市时，B 浪的低点未达到 A 浪的低点，C 浪的高点未达到 A 浪的高点，为 5×3×3 结构，见图 5-4-5。

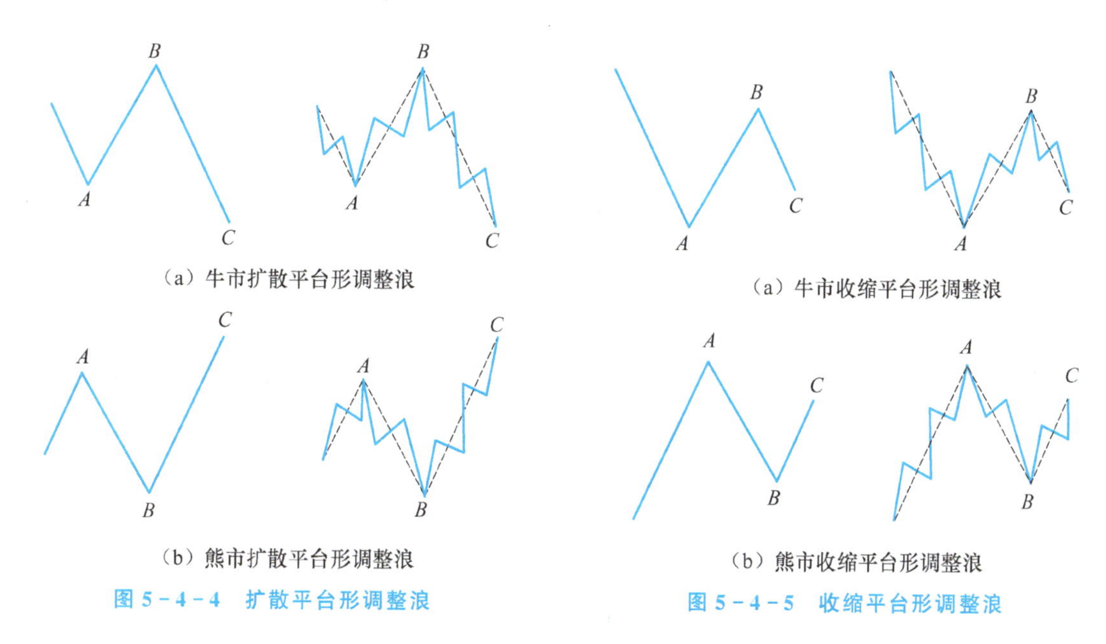

（a）牛市扩散平台形调整浪

（b）熊市扩散平台形调整浪

图 5-4-4　扩散平台形调整浪

（a）牛市收缩平台形调整浪

（b）熊市收缩平台形调整浪

图 5-4-5　收缩平台形调整浪

从图形上看，价格曲线的波动幅度正在变小，故称为收缩平台形调整浪。从形态上看，属于对称三角形形态。

三、调整浪的延伸

调整浪同样会出现延伸的现象，第四浪出现的较多，B 浪出现的较少。调整浪的延伸主要包括三角形或矩形两种形态。

（一）三角形

调整浪由于与高一层次的浪方向不一致，根据浪的分解原则，调整浪的延伸应遵循三浪结构。

1. 第二浪、B 浪的延伸

若调整浪延伸后属于三角形整理形态，整理形态一般会延续原趋势，第二浪、B 浪均离趋势的初始位置较近，故延伸过后将延续原趋势，见图 5-4-6。

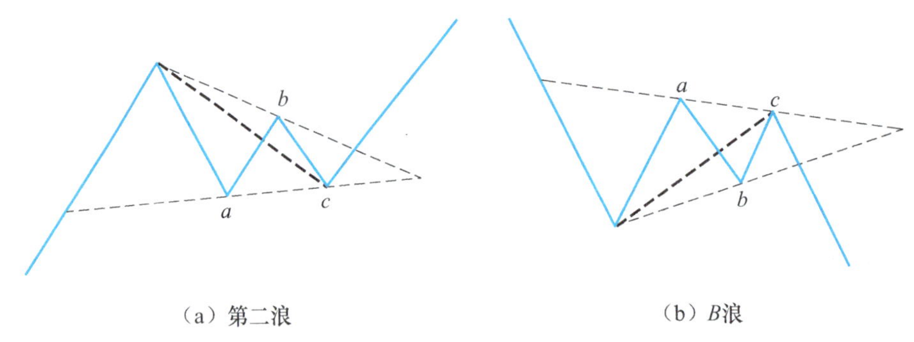

（a）第二浪　　（b）B浪

图 5-4-6　调整浪为第二浪或 B 浪延伸成三角形整理形态

2. 第四浪的延伸

第四浪延伸出现了三角形整理形态，其结果又有两种可能，以牛市为例，说明如下。

（1）第五浪失败：这是因为股价已经经过了第三浪的大涨，股票价格曲线已经接近上升趋势的顶部。第四浪延伸的三角形整理形态完成以后，股价已无上涨空间，出现了第五浪失败的情形，见图 5-4-7。

（2）上涨：如果第三浪股价的涨幅不是很大，第四浪只是位于上升趋势的中部，经过延伸的三角形整理形态将延续原上升趋势走完第五浪。股价上涨、下跌幅度的测算方法和三角形整理形态的测算方法相同，见图 5-4-7，也可以用第六节要讲到的比例分析的方法

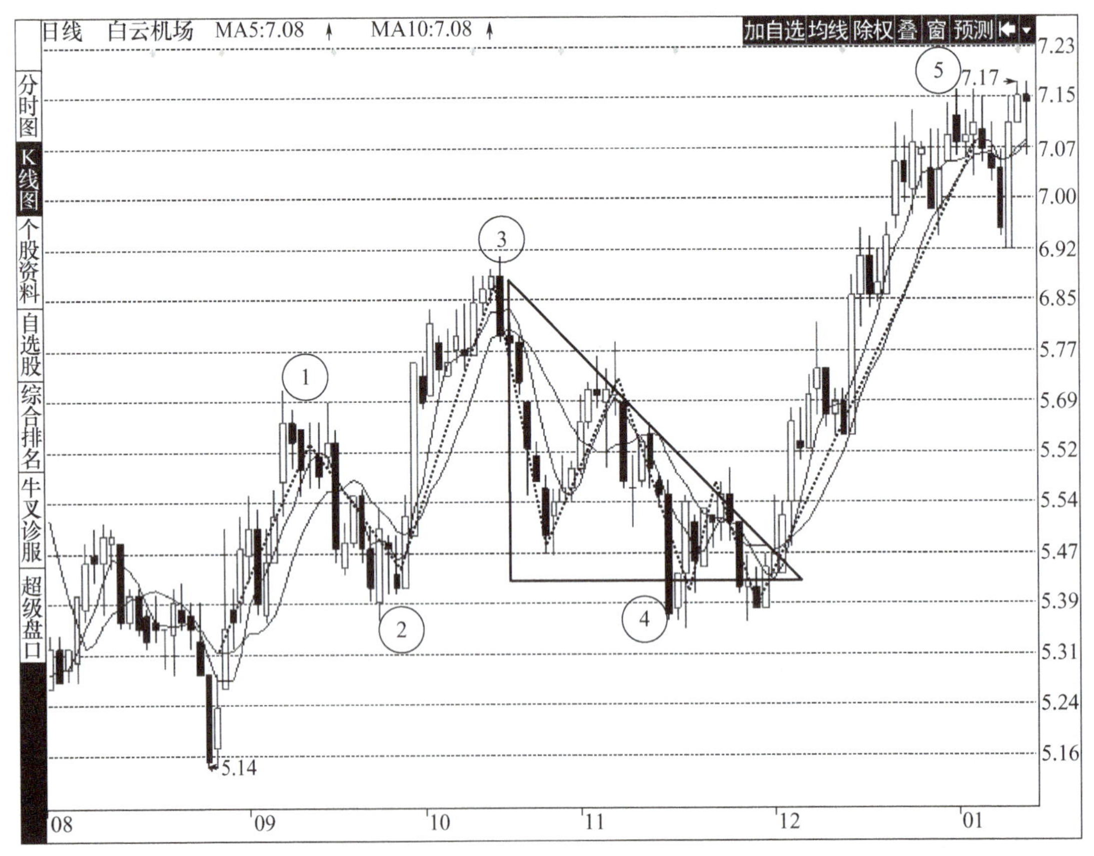

图 5-4-7　白云机场第四浪的延伸案例

进行测算。

（二）矩形（双三型和三三型）

调整浪的第四浪和 B 浪，有可能延伸成矩形整理形态，可以是两个三浪，共七个浪的双三结构，见图 5-4-8、图 5-4-9；也可以是三个三浪，共十一个浪的三三结构，其中每三个浪夹着一个未能突破的主浪。

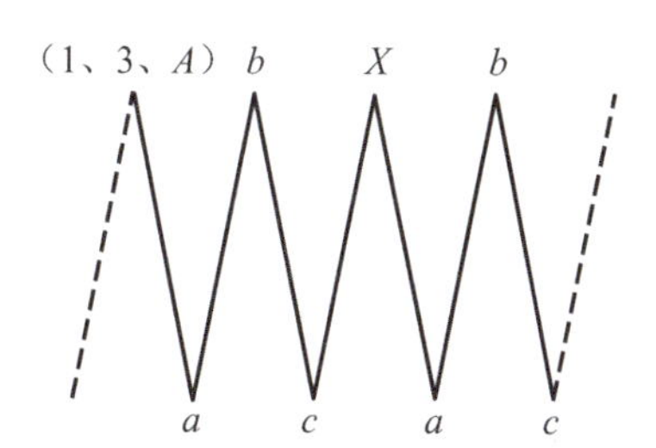

图 5-4-8　调整浪延伸的矩形整理形态

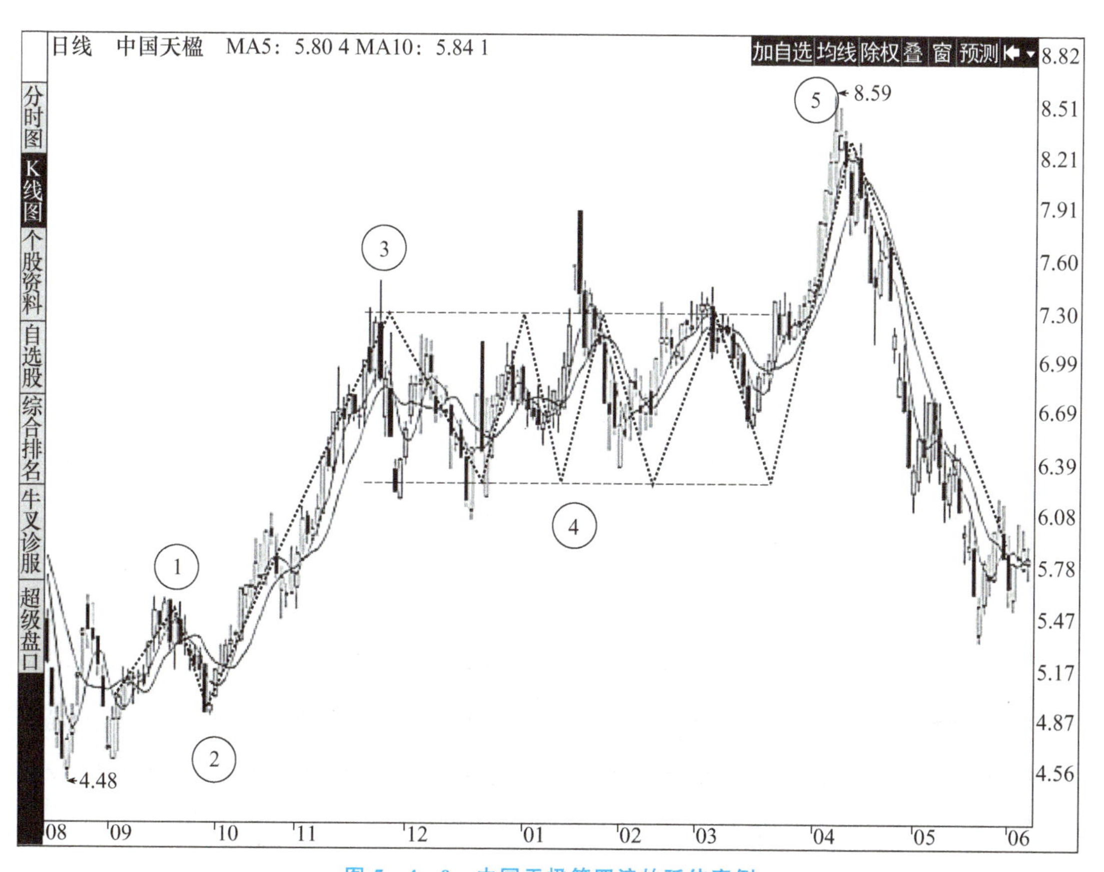

图 5-4-9　中国天楹第四浪的延伸案例

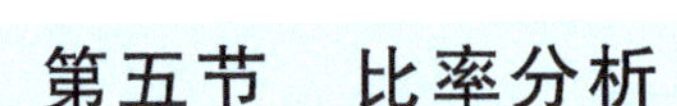

第五节 比率分析

波浪理论考虑的三要素：价格形态、比率和时间。前边用大量的篇幅讨论了价格形态，下面讨论比率和时间。

一、比率的概念

波浪理论认为，股价每一浪的变化幅度，都可以用斐波那契数列中的数字及黄金分割率的某一数值来表示。因此在波浪理论中，一浪与另一浪在价格幅度上的比例关系，称为浪与浪之间的比率。如果浪与浪之间真的存在这样的比率关系，一浪变化结束后，就可以预测出下一浪涨跌的大致位置。

掌握了这一规律，相当于找到了证券投资的金钥匙，股票投资将减少许多不确定性。下面讨论调整浪与主浪、主浪与主浪之间，价格涨跌幅度之间的关系。

二、调整浪与主浪的关系

主浪不同时，调整浪回落或反弹的位置不同。通常，一个调整浪的回落幅度，符合黄金分割的相关比例。

剧烈的调整浪一般回落幅度是前一浪的 0.618 倍左右，达到前面波浪的 0.382 倍以下的位置，如第二浪，见图 5－5－1（a）。

不剧烈的调整浪一般回落幅度是前一浪的 0.382 倍左右，达到前面波浪的 0.618 倍以下的位置，如第四浪，见图 5－5－1（b）。

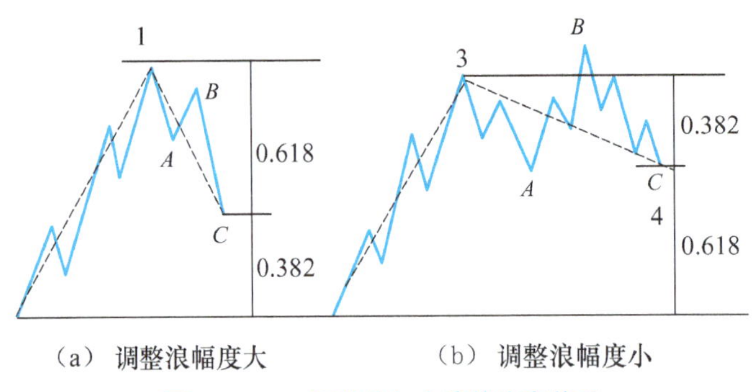

（a） 调整浪幅度大　　（b） 调整浪幅度小

图 5－5－1　调整浪与主浪的比率关系

一般情况下，第二浪位于趋势底部，此时空方实力更强，调整幅度会更大；第四浪位于趋势顶部，此时空方实力较弱，调整幅度会小一些。当然，相反的情形也是存在的。

三、主浪涨跌幅度之间的倍数关系

主浪之间的涨跌幅度，可能的倍数同样为 0.382、0.618、1、1.618、2.618 等等，都与黄金分割有关。

1. 第三浪为延伸浪，第一浪与第五浪的幅度之间的关系

如果第三浪是延伸浪，第五浪的幅度是第一浪的幅度的 1 倍或 0.618 倍，即二者相等或前者稍短，见图 5-5-2。

2. 第五浪与其他浪的幅度之间的关系

如果第五浪是延伸浪，第五浪的幅度是前三浪总上涨幅度的 1.618 倍，见图 5-5-3。

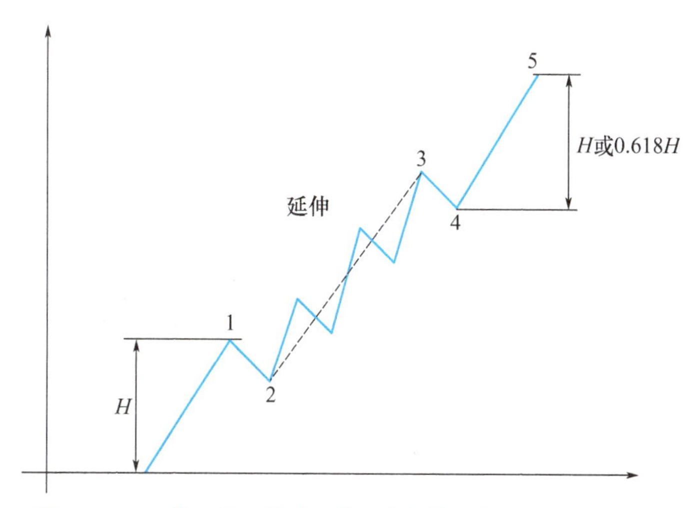

图 5-5-2　第三浪延伸时，第一浪与第五浪幅度之间的关系

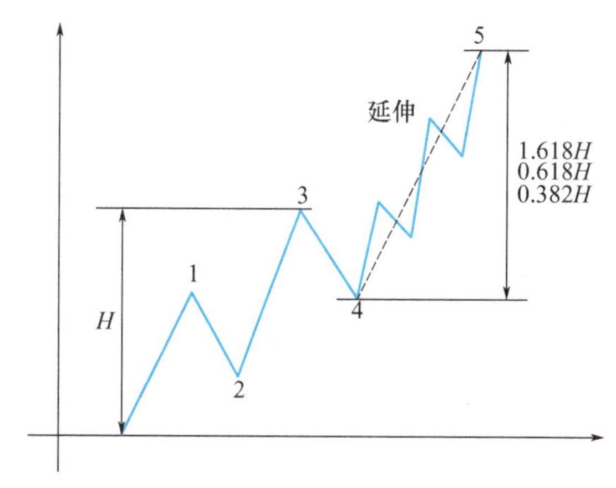

图 5-5-3　第五浪延伸时与其他浪幅度之间的关系

如果第五浪不是延伸浪，第五浪的幅度是前三浪总上涨幅度的 0.382 倍或 0.618 倍。

3. 第五浪的幅度与整体幅度之间的关系

如果第五浪不是延伸浪，第五浪的幅度是整体幅度的 0.382 倍，见图 5-5-4 (a)。如果第五浪是延伸浪，第五浪的幅度是整体幅度的 0.618 倍，见图 5-5-4 (b)。

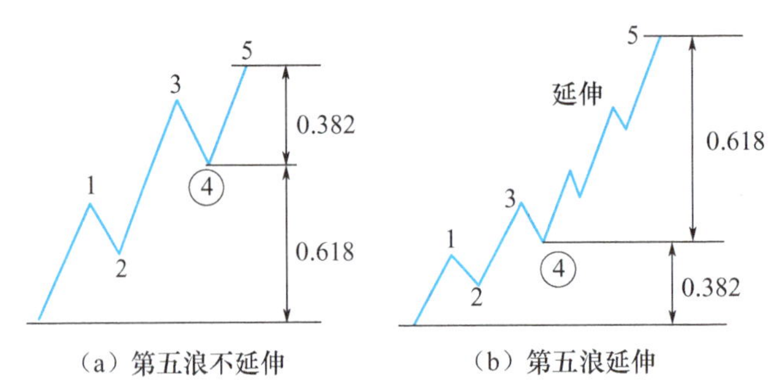

图 5-5-4 第五浪的幅度在五浪结构中的比率图示

四、调整浪幅度之间的关系

锯齿形调整浪，*C* 浪的幅度与 *A* 浪的幅度之间存在三种倍数关系（0.618，1，1.618），见图 5-5-5。

规则的平台形调整浪，*A* 浪与 *C* 浪的幅度相当；扩散平台形调整浪，*C* 浪的幅度是 *A* 浪的幅度的 1.618 倍，少数出现 2.618 倍的情况，见图 5-5-6。

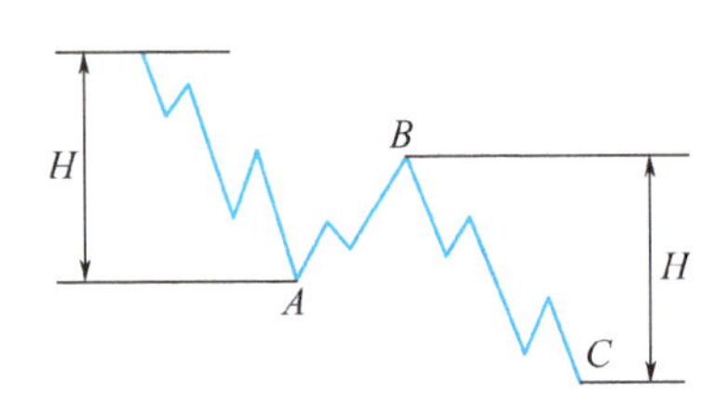

图 5-5-5 锯齿形调整浪之间的比率图示

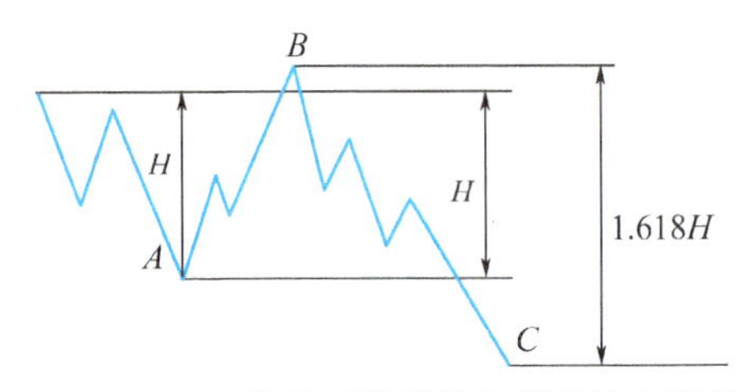

图 5-5-6 平台形调整浪之间的比率图示

三角形调整浪，三角形最宽处的第一次调整的高度是 H，那么其后相反方向的第二次调整的高度为 $0.618H$，见图 5-5-7。

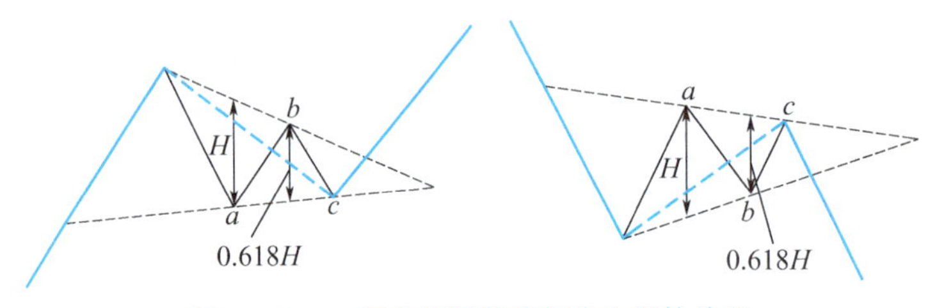

图 5-5-7 三角形调整浪幅度之间的关系

第四浪与第二浪的价格波动范围相等或成黄金比例关系。

五、波浪理论的时间分析

在波浪理论中的时间因素，主要体现在每个浪运行时间的长短，即一浪的完成需要多少交易日？

初步的结论是：完成一浪的时间，一般是斐波那契数列的某个数值。

对于我国情况的结论是：完成局部低点与局部高点所花费的时间以十三周、二十一周居多。

第六节 波浪理论不变的原则与不足

一、不变的原则

第二浪与第四浪的价格波动范围相等或成黄金比例关系。

波浪理论重点讨论了八浪结构，图文并茂，简单明了。但八浪结构变化无穷，可以衍生出多种形态，也给辨识过程带来很多困难。下面给出几个波浪理论的规则，根据这些规则进行判断与识别，将使问题大大简化。

1. 第三浪一定不是最短

五浪结构中的第三浪，如果没有延伸浪的情况下，长度通常是最长的，而且肯定不是最短的。

2. 第四浪与第一浪、A 浪的位置关系

在股价上涨的情况中，第四浪的低点比第一浪的高点高；在股价下跌的情况中，A 浪的低点位于第四浪的低点附近。

3. 形态不可能有完全相同

波浪的形态几乎是交替出现，很少有相同形态连续出现。这是因为影响股价的因素很多，很多因素是随机发生，不可能完全复制已经发生的历史。

4. 高层次的浪比低层次的浪高（或低）

以牛市五浪结构中第三浪为延伸浪为例，这时 4 浪的低点要比 3 浪延伸浪中的（4）浪的低点要高，见图 5-6-1。

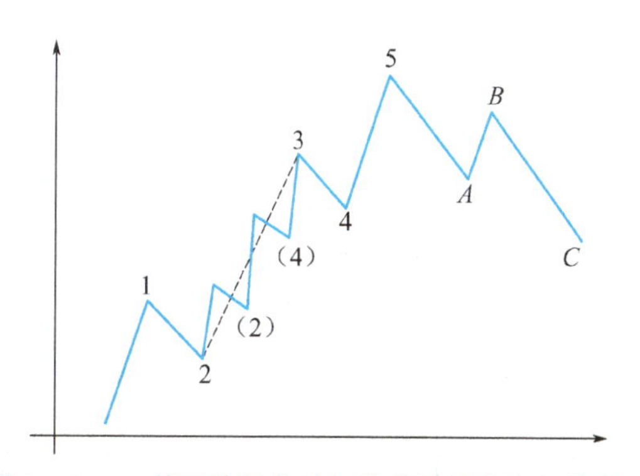

图 5-6-1 第五浪延伸时与其他浪幅度之间的关系

同样的，2 浪的低点要比 3 浪延伸浪中的（2）浪的低点要低，熊市情况正好相反。这个规则为投资者提供了牛市行情回落的支撑位，熊市行情上涨的压力位。也就是说，在本例中，3 浪延伸浪中的（4）浪的低点，就是 4 浪下跌的支撑位，见图 5-6-1。

以上原则，只是出现的概率很大，但不是绝对的，若出现突然的利好或利空消息，将不再遵循这些原则。

二、波浪理论的不足

从表面看，波浪理论会给投资者带来收益，事实上，这一理论的应用并不普遍，原因是什么？

（一）学习掌握难度大

波浪理论由八浪结构构成，八浪结构虽然简单，但主浪和调整浪的变形和延伸，大浪套小浪，浪中有浪的层次结构，产生了复杂的形态，这些都会导致波浪理论使用者在数浪时发生偏差。同时，波浪层次的确定和每个波浪起始位置的确认也是应用波浪理论的两大难点。

（二）结论的多样性和易变性

对于同一个价格图形，不同的分析有时会得出不同的结论。

1. 波浪的认定不唯一

例如一个下跌的浪，既可以看成第二浪，也可以看成第四浪或 A 浪。

如果是第二浪，接下来将是上升幅度最大的第三浪；如果是第四浪，接下来将是上升幅度较小的第五浪；如果是 A 浪，紧随其后的将是下跌幅度很大的 C 浪。

不同的结论，投资者会采取截然不同的操作策略，其中必有一种操作策略是不正确的。

2. 波浪的延伸标准不统一

不是标准的八浪结构，长长的多个浪，认定哪些浪是主浪，哪些浪是延伸浪，并没有统一的标准；其次，主观性很强，也会因人而异。

而且不同的结论，确定下一浪上涨的比率会有很大的不同，投资策略将存在很大差异。

（三）忽视成交量

波浪理论只考虑了价格的形态因素，忽视了成交量的影响。事实上，尤其是上升形态，没有成交量的配合，有可能是假突破，是庄家的陷阱。

（四）更适合于事后验证

诗云："不识庐山真面目，只缘身在此山中。"这正是波浪理论的真实写照。当形态走完了之后，可以很明确的勾勒出八浪结构形态。但在形态的进行当中，却很难预测出将是怎样的结构。

（五）结论

波浪理论已经存在了近一个世纪，既然没有被淘汰，说明该方法与其他方法相比存在不可替代的功能与优势。投资者只要不懈的钻研与实践，总结规律与经验，从中获益是毋庸置疑的。

投资分析有多种方法，每种方法都存在优势与不足。波浪理论同样可以作为一种辅助的分析工具，与其他分析方法配合使用，相互印证，减少失误。

第七节 波浪理论案例

一、问题的提出

运用波浪理论对1994—1999年的上证指数的历史数据进行分析，预测未来大盘的走势，预计2000年以后将有一次较大的上涨行情，利用波浪理论对于未来的趋势及涨跌幅度进行预测。

二、形态分析

1. 经过两轮的上涨

从上证综合指数的月线图可以看出，1994—1999年，股价经过了两次大幅度的上涨，分别为第一浪和第三浪，见图5-7-1。

2. 经过两轮的整理

通过图5-7-1可以看出，1994—1999年，股价通过两次横向整理积蓄了足够的能量，第一次大约十六个月，第二次二十六个月。

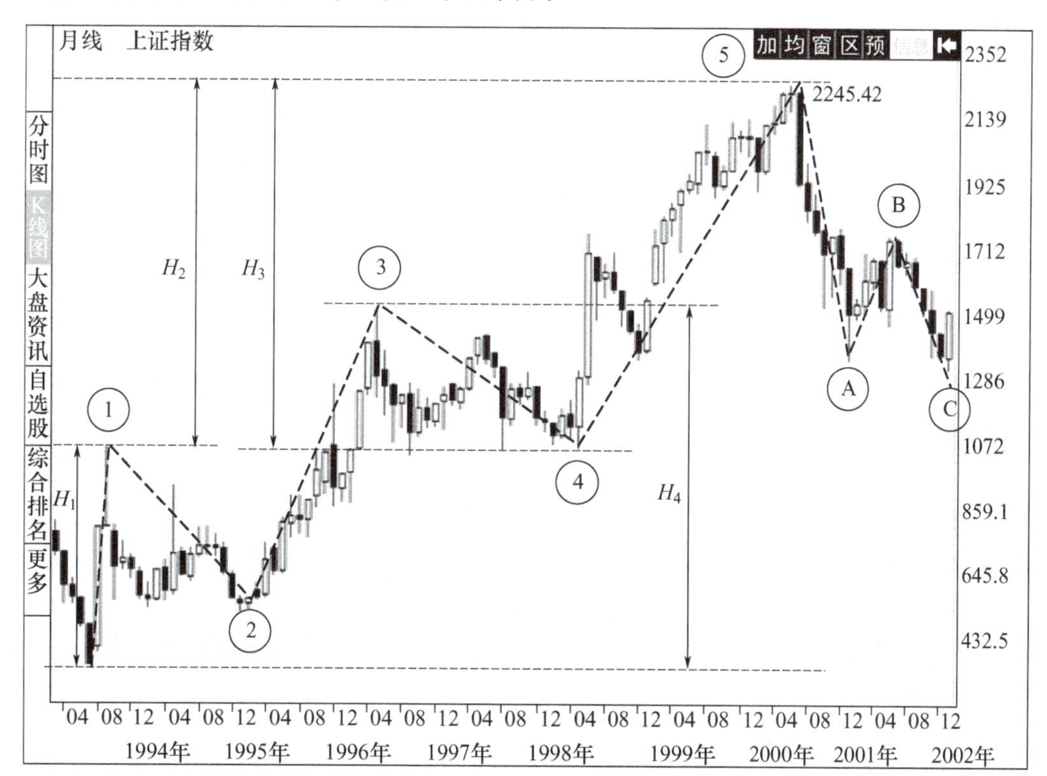

图5-7-1 上证指数波浪理论案例

三、未来趋势幅度预测

从波浪理论的观点看，目前的第四浪是否接近走完，未来肯定出现上升的第五浪。下面用两种方法对第五浪可能达到的点数进行预测。

1. 用第一浪的幅度预测第五浪

由比率分析可知，第一浪与第五浪幅度之间的倍数关系可能为 0.382、0.618、1、1.618、2.618 等等。

已知第一浪的低点为 325.89，高点为 1052.94，故：

$$第一浪实际幅度\ H_1=1052.94-325.89=727.05$$

由于预计未来第五浪会上涨，故幅度之间的倍数关系为 1.618 可能性最大，则：

$$第五浪预测幅度\ H_2=727.05\times1.618=1176.37$$

事后检验，第四浪的低点为 1047.83，第五浪最高点为 2245.42，故：

$$第五浪实际幅度\ H_3=2245.42-1047.83=1197.59$$

$$误差=1197.59-1176.37=21.22$$

2. 用前三浪的幅度预测第五浪

由比率分析可知，前三浪总上涨的幅度与第五浪的幅度之间存在倍数关系，无论第五浪是否延伸，都满足 0.382、0.618、1、1.618、2.618 的倍数关系。

由于第三浪上涨幅度很大，故未来第五浪的幅度与前三浪总上涨的幅度最可能的倍数关系为 0.618、1、1.618 三种情况。已知第一浪的低点为 325.89，第三浪的高点为 1510.18，故：

$$前三浪实际幅度为\ H_4=1510.18-325.89=1184.29$$

前边已经计算得知第五浪实际幅度 H_3 为 1176.37，故第五浪与前三浪的幅度成 1 倍关系。

$$误差=1184.29-1176.37=7.92$$

说明：数值选取，高点选最高价，低点选最低价。

本章小结

本章首先介绍了斐波那契数列及黄金分割数字的计算方法，讨论了波浪理论的八浪结构、波浪合并与细分的识别、波浪高度的比例关系及相应的投资策略。

综合练习

一、名称解释

1. 波浪理论　　2. 主浪　　3. 调整浪　　4. 黄金分割数字

二、单项选择题（以下各小题所给出的选项中，只有一项符合题目要求，请将正确选项填入括号内）

1. 波浪理论的数学基础来自（　　）。

A. 周期理论　　B. 黄金分割数字　　C. 时间数列　　D. 斐波那契数列

2. 波浪理论认为一个完整的上升阶段的八个浪，分为（　　）。

A. 上升五浪、调整三浪　　B. 上升六浪、调整二浪
C. 上升三浪、调整五浪　　D. 上升四浪、调整四浪

3. 下面不属于波浪理论主要考虑因素的是（　　）。
A. 时间　　B. 比例　　C. 成交量　　D. 形态

4. 波浪理论考虑的最为重要的因素是（　　）。
A. 比例　　B. 形态　　C. 时间　　D. 规模

5. 波浪理论最核心的内容是（　　）。
A. K线　　B. 指标　　C. 切线　　D. 周期

6. 以下（　　）是斐波那契数列。
A. 1,3,5,7,9,11,13…　　B. 2,3,5,7,12,19,31…
C. 2,3,5,8,13,21,34…　　D. 2,3,6,8,14,23,37…

三、不定项选择题（以下各小题所给出的选项中，至少有一项符合题目要求，请将正确选项填入括号内）

1. 波浪理论考虑的因素主要是（　　）。
A. 股价走势所形成的形态
B. 股价走势图中各个高点和低点所处的相对位置
C. 波浪移动的级别
D. 完成某个形态所经历的时间长短

2. 与波浪理论密切相关的理论是（　　）。
A. 经济周期理论　　B. 道氏理论　　C. 斐波那契数列　　D. K线理论

3. 波浪理论比道氏理论更有优势的地方是找到（　　）。
A. 股价移动的规律　　B. 股价移动发生的时间
C. 股价移动发生的位置　　D. 股价移动的趋势

4. 应用波浪理论难点在于确定（　　）。
A. 浪的趋势　　B. 浪的转折点　　C. 浪的层次　　D. 浪的起始点

四、判断题（判断以下各题的对错，对的用A表示，错的用B表示，将结果填在括号内）

1. 根据波浪理论，完整的波动周期上升是八浪结构，下降是三浪结构。（　　）
2. 波浪理论以周期为基础。（　　）
3. 波浪理论必须等到新的趋势确定以后才能发出行动信号。（　　）
4. 波浪理论的不足之处是结论的多样性。（　　）

五、简答题

1. 波浪的合并和细分遵循什么原则？
2. 斐波那契数列在波浪理论中起何种作用？
3. 第三浪有哪些特点？
4. 第五浪有哪些“变异”的形式？
5. 波浪理论的八浪结构如何体现从兴旺到衰落的全过程？具体说明每个浪体现的是的哪个阶段。
6. 调整浪有哪些类型，与形态理论中的持续形态有何区别？

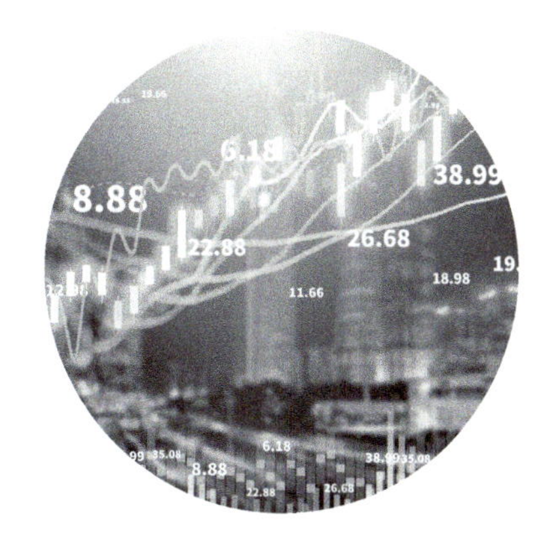

第六章

量价关系

学习目标

- 成交量及其三种表现形式
- 成交量与价格的互动
- 葛兰碧法则
- 涨跌停板与量价关系
- 庄家利用涨跌停板设置陷阱的识别与应对

思维导图

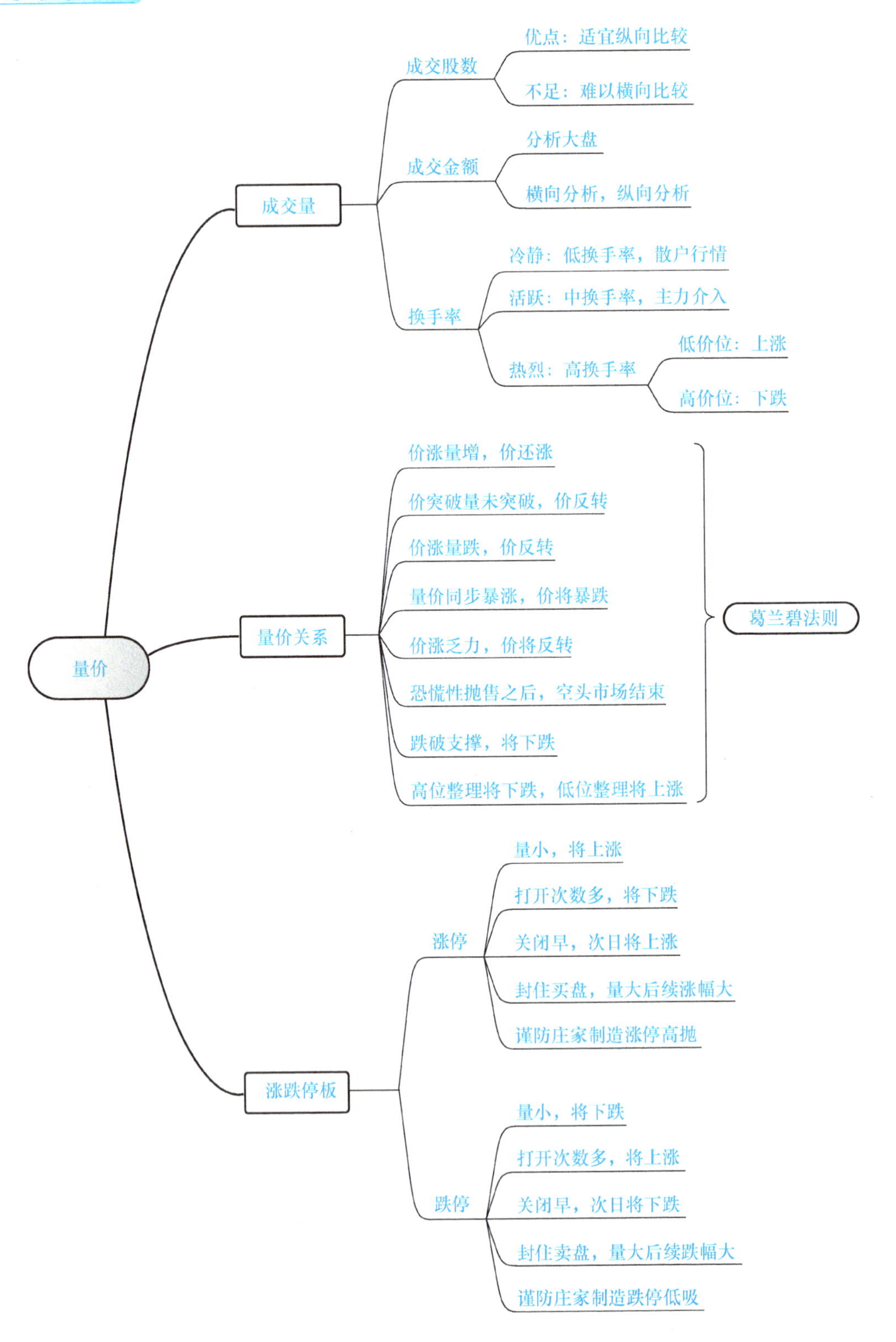

量价
成交量
成交股数
优点：适宜纵向比较
不足：难以横向比较
成交金额
分析大盘
横向分析，纵向分析
换手率
冷静：低换手率，散户行情
活跃：中换手率，主力介入
热烈：高换手率
低价位：上涨
高价位：下跌
量价关系
价涨量增，价还涨
价突破量未突破，价反转
价涨量跌，价反转
量价同步暴涨，价将暴跌
价涨乏力，价将反转
恐慌性抛售之后，空头市场结束
跌破支撑，将下跌
高位整理将下跌，低位整理将上涨
葛兰碧法则
涨跌停板
涨停
量小，将上涨
打开次数多，将下跌
关闭早，次日将上涨
封住买盘，量大后续涨幅大
谨防庄家制造涨停高抛
跌停
量小，将下跌
打开次数多，将上涨
关闭早，次日将下跌
封住卖盘，量大后续跌幅大
谨防庄家制造跌停低吸

我们经常听到的一个词——有价无市，其大意是，某商品的卖方给出了价格，但买方不认可这个价格，并没有多少人按这一价格购买。卖方给出的价格没有得到买方的认可，也就是没有成交量，这样的价格将失去意义。量价关系理论，是通过分析成交量与价格之间的关系来研判后市价格趋势的一种分析方法。

股价与成交量存在怎样的关系？对于投资有何指导意义呢？

第一节 成 交 量

一、成交量的概念

顾名思义，成交量是指单位时间内整个股票交易市场或某只股票买卖的交易总量。某一只股票在某一价位成交，表明买卖双方均认可此价格。双方都认为此价格合理，才能达成交易。

成交量的大小，直接表明了市场上多空双方对市场某一时刻股价的认同程度。如果一方在某一股价无法买入股票，这一价位的成交量自然会少；当买方提高价格后买入股票，价格上涨，成交量增加。反之，如果一方在某一股价无法卖出股票，这一价位的成交量自然会少，当卖方降低价格后卖出股票，股价下跌，成交量增加。股价的涨跌就由此产生。

二、成交量的意义

1. 价格与成交量密切相关

成交量是推动股价上涨的原动力，股价的有效变动必须要有成交量的配合。成交量是一种人气指标，成交量的大小可以反映该种股票受投资者关注的程度。常有市场人士说“股市中什么都可以骗人，唯有成交量是真实的”，市场上有“量是价的先行，先见天量后见天价，地量之后有地价”之说。

2. 正确认识成交量

由于股票市场庄家存在对敲行为，成交量在某种程度上也能骗人，因此还要结合实际情况具体分析，不能把成交量的作用简单化、绝对化。

三、成交量的表达方式

广义的成交量包括成交股数、成交金额、换手率；狭义的成交量，也是最常用的成交量仅指成交股数。

（一）成交股数

某只股票单位时间内的成交股数称为股票成交量，以手为单位，每一手等于一百股；所有股票成交量之和称为大盘成交量。用成交股数分析股市，有如下的优点与缺点。

优点：成交股数非常适合于对个股成交量做纵向比较，即观察个股历史上放量缩量的相对情况。

缺点：成交股数忽略了各个股票间流通量大小的差别，难以精确表示股票成交活跃的

程度，无法反映出股票位于不同价位的差距；不便于对不同股票做横向比较，也不利于掌握主力进出的程度。

（二）成交金额

通常所说的两市大盘多少亿的成交量就是指成交金额。成交金额是成交股数与股票单价之积。成交金额既可以用来分析大盘，也可以用来分析个股。

成交金额用于分析大盘，排除了各种股票价格高低的干扰，使大盘成交量的研判具有纵向可比性。

成交金额用于分析个股，很容易观察出庄家持有或抛售该股票资金的规模。

成交股数和成交金额都是绝对指标，无法反映股票的活跃程度。

（三）换手率

1. 换手率的含义

累计成交股数与流通股数的比率称为换手率（或周转率），这一指标反映了股票转手买卖的频率，是反映股票流通性强弱的指标。

换手率刻画了个股的活跃程度。判断某只股票是否活跃的标准是什么？

2. 换手率度量活跃程度

通常多用日换手率来判断某一股票的活跃程度，可分为如下三个档次。

冷清（低换手率）：当日换手率小于3%时为冷清，一种情况是该股属于散户行情；另一种情况是主力已高度控盘，时机未到，市场上流通的筹码很少。

活跃（中换手率）：当日换手率大于3%或小于7%时为活跃，表示主力已开始活动，伺机将有大动作。

热烈（高换手率）：当日换手率大于7%时为热烈，表明市场上的筹码在急剧换手，如果发生在高位，尤其是在高位缩量横盘之后出现，很可能是主力在高位出货；如果发生在低位，很可能是主力在低位建仓、补仓。

3. 换手率的市场含义

对于换手率的判断，最应该引起投资者重视的是换手率过低或过高的情况。在多数情况下，过低或过高的换手率，都可能是股价变盘的先行指标。

过低换手率：股价出现长时间调整，连续一周多的时间内换手率都保持在极低的水平（如周换手率在2%以下），表明多空双方都处于观望之中。此后即使是一般的利好或利空消息，都可能引发个股较强的回调或反弹。

过高换手率：这时又分为股价位于低位与高位两种情况。

（1）股价位于低位。

如果过高换手率在股价位于低位时出现，且能够维持了几个交易日，则意味着有新增资金介入。例如，华信国际持续出现过高换手率，表明有新增资金介入，见图6-1-1。

由于是底部放量，加之又是换手充分，因此，此类个股的股价未来的上涨空间应相对较大，同时成为强势股的可能性也很大。对于这种情形，投资者应重点关注。

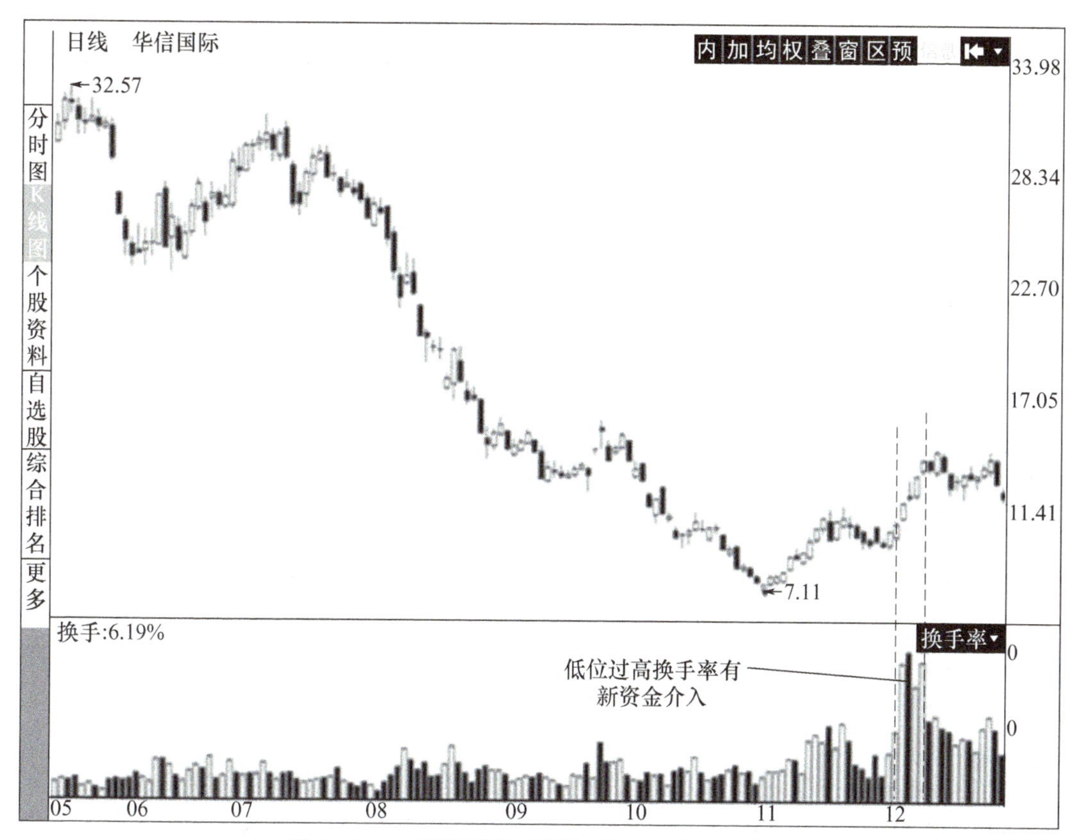

图 6-1-1 华信国际过高换手率出现在低位案例

（2）股价位于高位。

如果个股是在股价位于相对高位突然出现过高换手率而且成交量突然放大，这一般是股价下跌的前兆。

利好消息出台时也会突然出现过高换手率，表明获利盘会借机出局，“利好出尽是利空”的情况就是在这种情形下出现的。对于这种过高换手率，投资者应谨慎对待。例如，中航飞机（000768）在 2009 年 3 月 3 日公告：公司 2008 年分配方案 10 转 12，随后两个交易日放出巨量，形成股价高位出现过高换手率，见图 6-1-2。

通过历史观察来看，当单个交易日的日换手率超过 10%时，个股进入短期调整的概率偏大，尤其是连续数个交易日的日换手率超过 8%，则更要小心。

四、成交量与价格的互动

成交股数和成交金额直接刻画了成交量的程度，换手率间接刻画了成交量的程度。成交量指标与股票价格、投资者意愿、市场人气等诸多因素互相影响。

成交量的变化过程就是投资者购买股票的欲望的变化过程，也是市场人气聚散的过程。当人气聚敛，成交量增大，会吸引更多的投资者介入，必定会刺激股价攀升。股价升至一定高度，投资者望而却步，不再进入，成交量开始徘徊，获利盘纷纷出手，成交量放大，又会导致人气涣散，股价就会下跌。而当市场恐慌，抛盘汹涌，成交量的放大似乎又成为人气进一步涣散的导火索。待到股价继续下跌，成交量萎缩，投资者逃脱唯恐不及，

供大于求，股价又走入低谷……如此循环往复。

图 6-1-2 中航飞机过高换手率出现在高位案例

第二节 成交量与股价趋势——葛兰碧法则

我们知道，股价的有效变动必须有成交量的配合，成交量是推动股价上涨的原动力，是先行指标，是测量股价变化的晴雨表。通过量增或量减的速度，可以推断出未来多空双方争斗规模的大小、股价涨跌的幅度与趋势。

由于股票市场的随机性，人们无法给出量与价之间的准确关系。那么二者之间的关系是怎样的呢？

一、葛兰碧法则的基本思想

美国投资专家葛兰碧是移动平均线、量价关系及葛兰碧法则的创始人。他在《股票市场指标》中指出，在股票市场中，量是价的先行指标，成交量是股市的一面镜子，也是股市的元气和动力。成交量的变动直接表现出股市交易是否活跃、人气是否旺盛，而且体现出市场运作过程中供给与需求的动态实况。没有成交量的发生，股价就不可能变动，也就无股价趋势可言。成交量的增加或萎缩，都能够表现出一定的股价趋势。

二、葛兰碧法则

葛兰碧共给出了九大法则，其中的第一条和第五条类似，故这里只介绍其中的八条。

法则 1：价涨量增，价还涨

股价位于低位逐渐上涨，成交量温和放量，说明价格上涨得到了成交量增加的支持，后市将继续看好。这种价涨量增的关系，是市场行情的正常特性，意味着股价将继续上涨，见图 6-2-1-①。

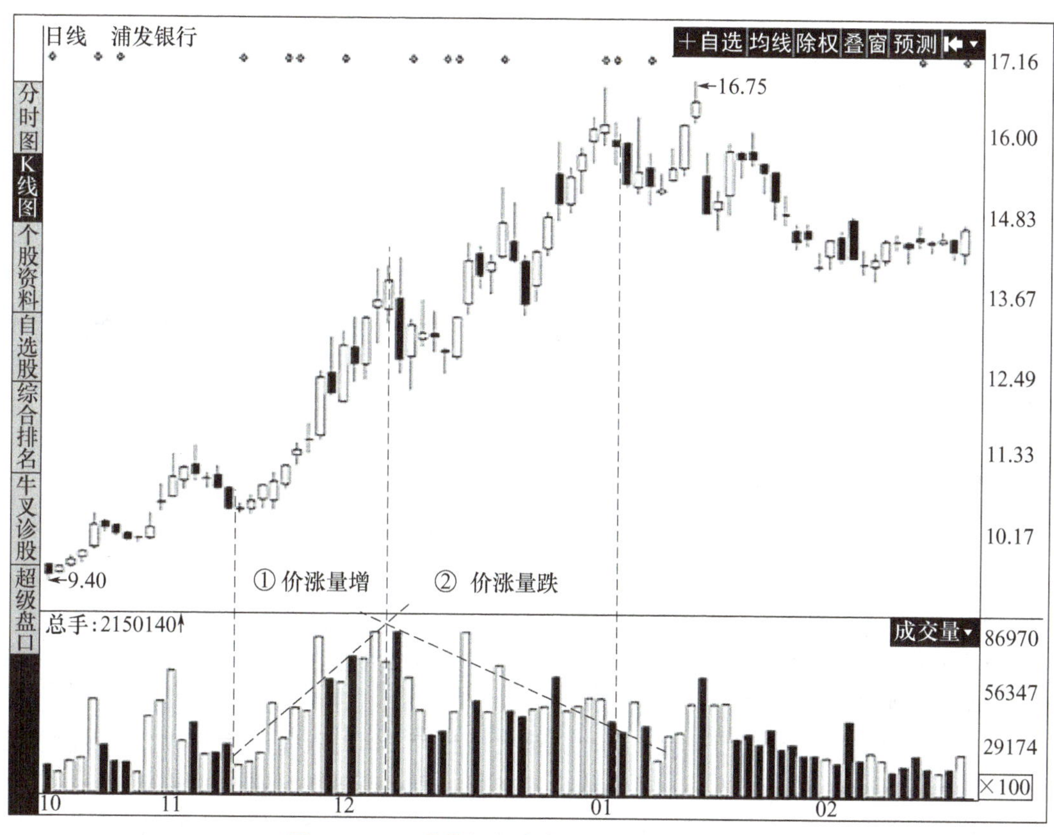

图 6-2-1 浦发银行价涨量增、价涨量跌案例

法则 2：价突破但量未突破，价将反转

股价随着递增的成交量上涨，突破了前一波的高峰，创下新高；自此，股价继续上涨，但成交量水平却未能超越前一段。这是股价趋势潜在的反转信号，但不是明确的反转信号，见图 6-2-2。可使用跌破上升的趋势线、头肩反转形态的颈线等其他辅助手段来判断是否反转。

法则 3：价涨量跌，价将反转

股价随着成交量的递减而上涨，即股价上涨，成交量却逐渐萎缩。成交量是股价上涨的原动力。原动力不足是股价趋势潜在的反转信号，但不是明确的反转信号，见图 6-2-1-②。可使用跌破上升的趋势线、头肩形态颈线等其他辅助手段判断是否反转。

法则 2 强调的是价格突破但量未突破；法则 3 强调的是价涨量跌，量和价的方向相反。

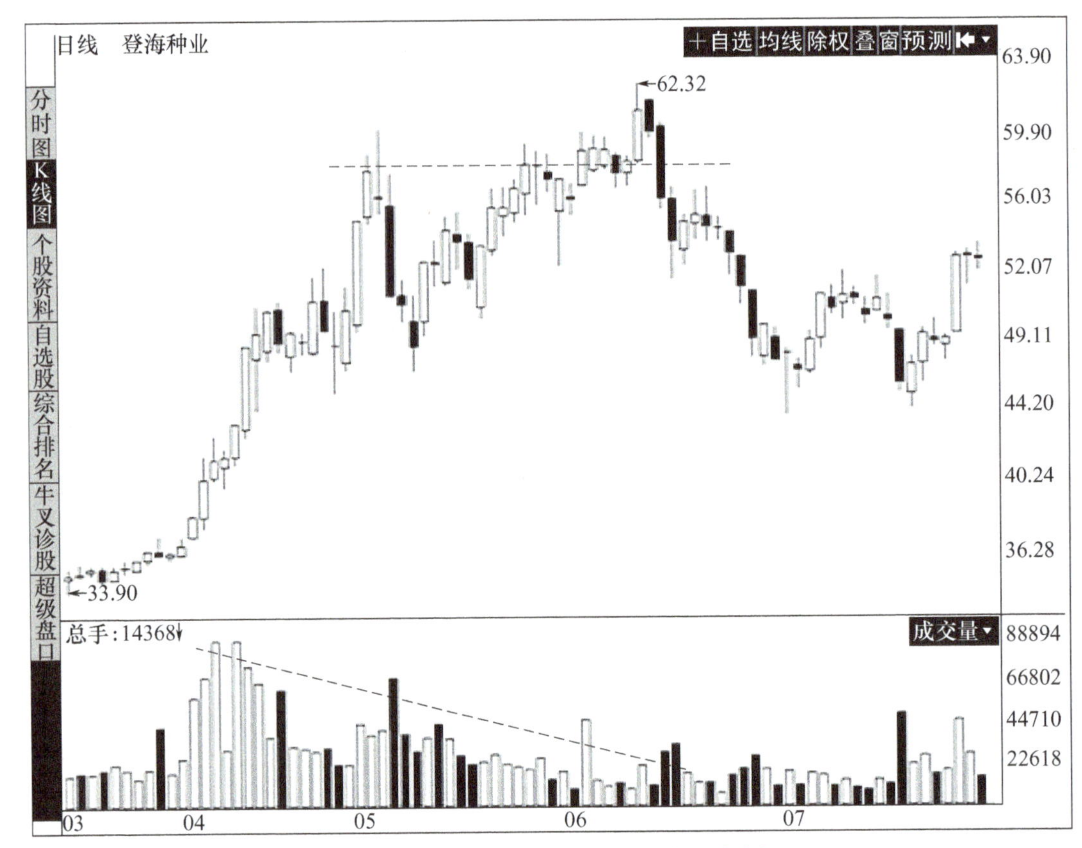

图 6-2-2 登海种业价突破但量未突破案例

法则 4： 量价同步暴涨，价将暴跌

股价随着成交量的缓慢增加而逐渐上涨，走势突然成为垂直上涨的井喷行情，成交量也急剧增加，股价跃升暴涨。

紧随着此波走势，继之而来的将是成交量大幅萎缩，同时股价急速下跌。由于股价大幅度上涨，能量已经充分释放，上升趋势已到末期，预示趋势将反转，见图 6-2-3。

股价反转下跌的程度，将根据前一波上涨幅度的大小及成交量的大小而确定。

法则 5： 价涨乏力，价将反转

股价在一波长期的下跌行情中形成第一谷底后，股价缓慢回升，成交量并没有随股价上涨而递增，股价上涨欲振乏力，再度跌落至原先第一谷底附近或高于第一谷底，形成第二谷底。

若第二谷底的成交量低于第一谷底的成交量，表明抛压不重，是股价将要上涨的信号，见图 6-2-4。

法则 6： 恐慌性抛售之后，空头市场结束

股价长时间处于下降趋势后，突然大幅度下跌导致投资者恐慌性抛售股票，股票成交量随之放大，随后股价可能上涨。同时，因投资者恐慌性抛售股票导致的低价，将不可能在极短的时间内再向下突破。因此，随着市场恐慌性大量卖出之后，往往是空头市场的结束，见图 6-2-5。

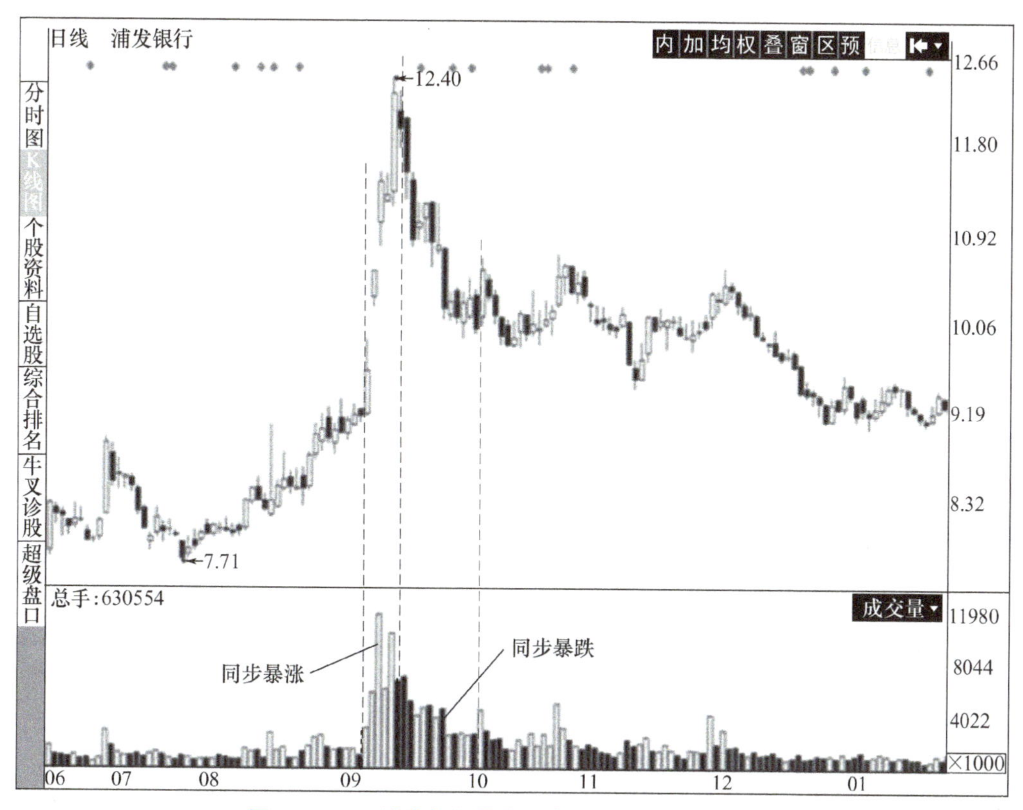

图 6-2-3　浦发银行量价同步暴涨，价将暴跌案例

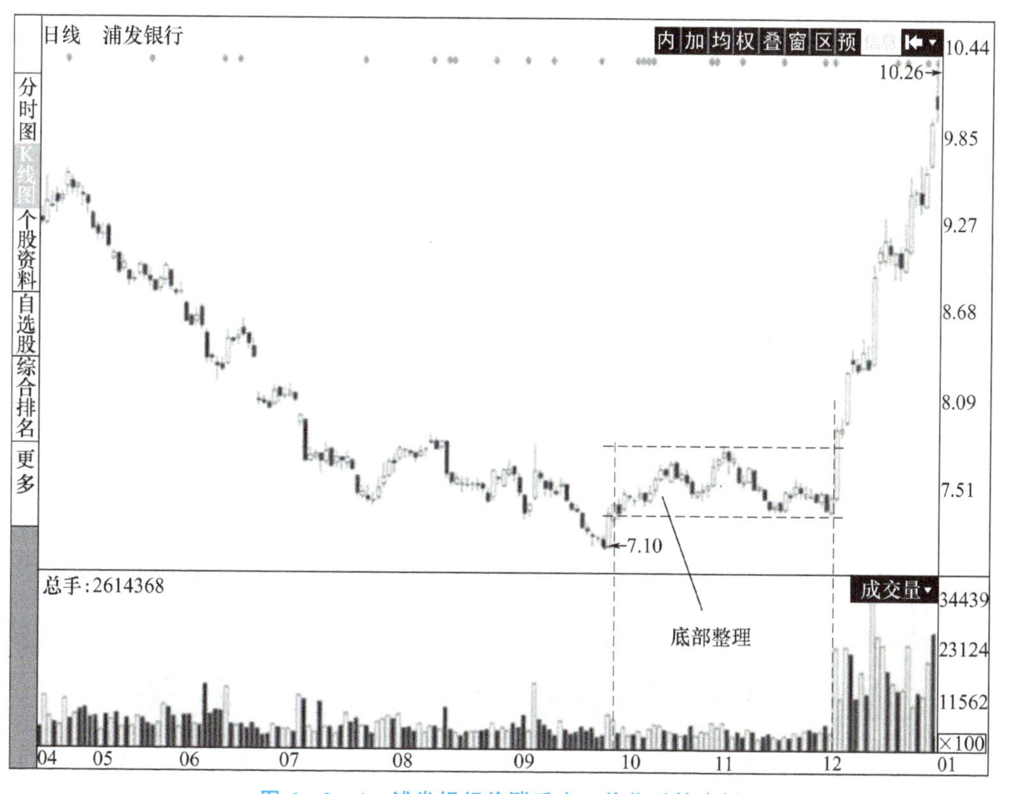

图 6-2-4　浦发银行价涨乏力，价将反转案例

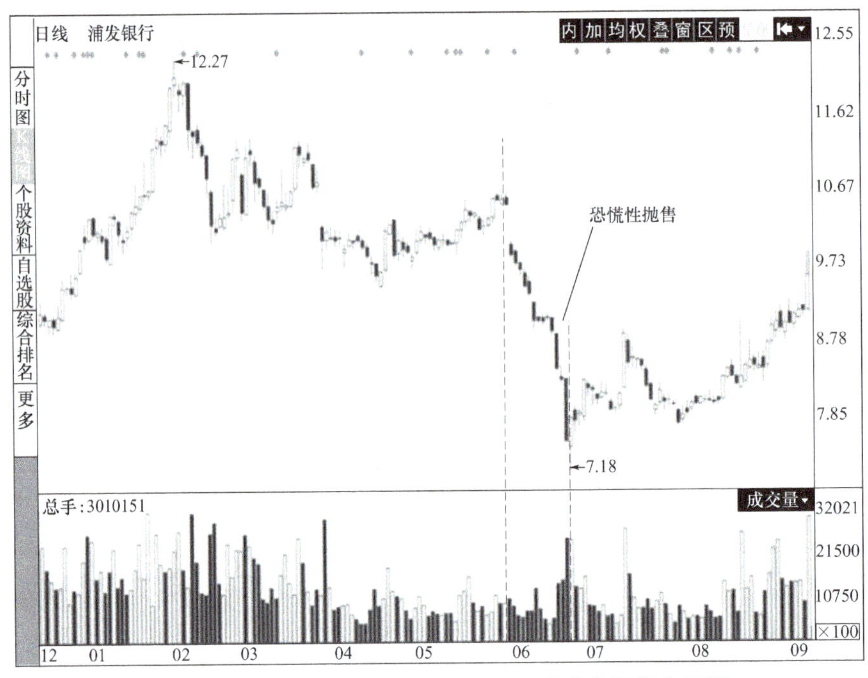

图 6-2-5 浦发银行恐慌性抛售之后空头市场结束案例

法则 7：跌破形态的支撑线，将下跌

股价向下突破重要形态（头肩顶形态）的颈线、趋势线或移动平均线，且伴随着成交量的放大，是股价转折的明确信号，预示着下降趋势到来。

跌破重要形态的颈线的情况已经在第四章讨论过，跌破重要均线的情形，见图 6-2-6。

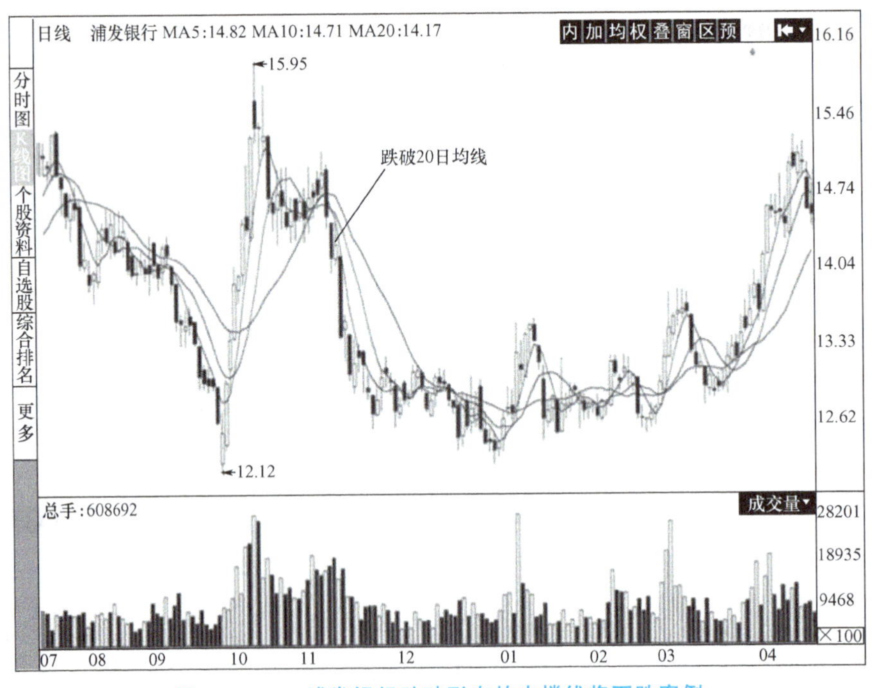

图 6-2-6 浦发银行跌破形态的支撑线将下跌案例

法则 8：高位整理将下跌，低位整理将上涨

股价长时间处于上升趋势，突然出现急剧增加的成交量，而股价却上涨乏力，出现了高位整理的形态。股价无法再大幅上涨，表明向上遇到阻力，大成交量表明抛盘强烈，这些都是股价下跌的先兆，见图 6-2-7。

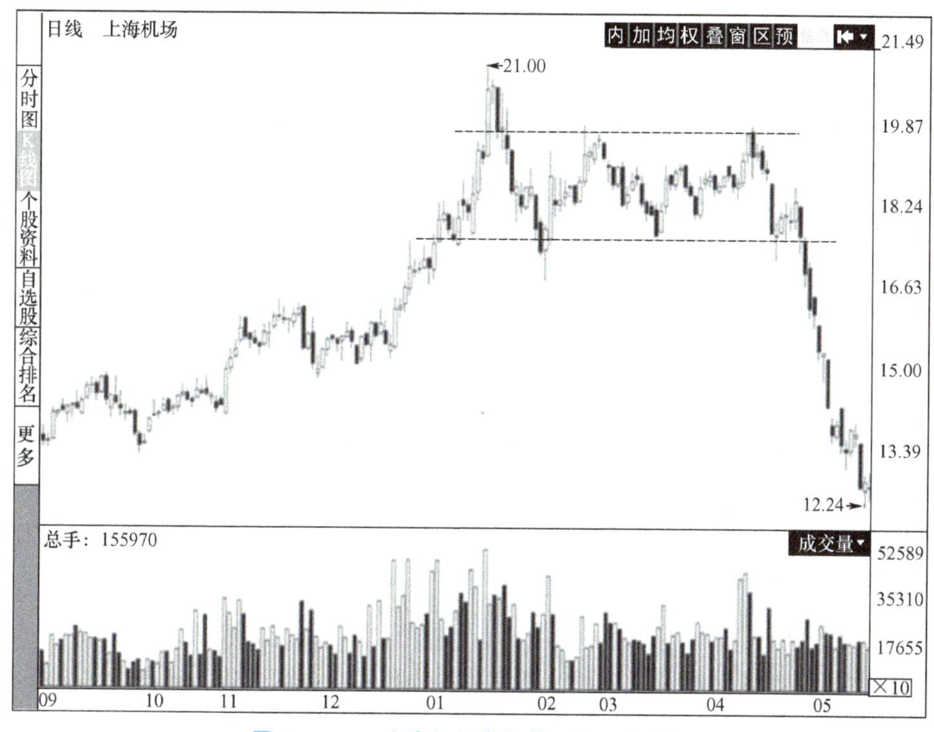

图 6-2-7　上海机场高位整理将下跌案例

股价连续下跌一段时间之后，在低位出现大成交量，而股价却没有进一步下跌，仅出现小幅波动，表示庄家正在进货。这通常是股价上涨的前兆。

第三节　涨跌停板与量价关系

一、涨跌停板制度

涨跌停板制度是对每只股票当天价格涨跌幅度予以适当限制的一种交易制度，源于国外早期股票市场，主要是为了防止股票的交易价格暴涨暴跌，防止过度、恶意炒作。

涨跌停板制度允许的股价最大涨跌幅度，为前一个交易日收盘价上下 5%或 10%，超过后便暂停交易。

涨跌停板制度对股票市场有什么影响呢？

二、涨跌停板对股市的影响

涨跌停板制度的初衷是保护股票市场的正常运行，因而起到了一定的积极作用。但事情都具有两面性，这一制度在保护股票市场正常运行的同时，也有如下不足：由于涨跌停

板制度限制了股价一天的涨跌幅度，使多方与空方的能量得不到充分释放，因此容易形成单边市场；实际操作的过程中，很多投资者存在追涨杀跌的心理，而涨跌停板制度下的最大涨跌幅度是确定的。

在股票接近涨幅或跌幅限制时，很多投资者可能经不起诱惑，继续追涨或杀跌，形成涨时助涨、跌时助跌的局面。而且，涨跌停板的幅度越小，这种现象就越明显。目前，在上海、深圳证券交易所中，ST 板块的涨跌幅度由于被限制在 5%，涨时助涨、跌时助跌的投机现象就更为突出。

对涨停和跌停是人为炒作还是市场行为的认定，是以成交量是否大幅萎缩为前提的。

三、有无停板限制的对比分析

（一）股价上涨的情况

1. 有涨停板制度

在有涨跌停板制度限制的情况下，如果某只股票在涨停板时没有成交量，其原因一般如下。卖方考虑到下一个交易日股价会继续上涨，想推迟交易，以便卖出更好的价格，因而不愿意以涨停价抛出，导致买方想买也不到，成交量不足。第二天，买方会继续追买股票，因而股价会出现续涨。想卖出股票的投资者增加，成交量放大，买卖双方的力量发生变化，股价有望下跌。

2. 无涨停板制度

在无涨停板制度限制的情况下，投资者看到价涨量增会认为价、量配合好，涨势可能继续，表明可以追涨或继续持股。若股价上涨时成交量不能有效配合放大，说明投资者追涨意愿不强，涨势难以维持，表明不适合持有股票，应不买或卖出股票为宜。

可以看出，涨停板使得成交量萎缩，能量延迟释放。

（二）股价下跌的情况

1. 有跌停板制度

在有跌停板制度限制的情况下，股价若跌停，买方寄希望于明天以更低价买入，因而持币观望等待第二天继续下跌，结果在缺少买盘的情况下成交量小。第二天，若股价继续下跌，主动性买盘介入，下降趋势有望止住，成交量放大，股价有望上升。

2. 无跌停板制度

在无跌停板制度限制的情况下，若价跌量缩，则说明多方惜售，抛压较弱，对后市看好，投资者可持股观望，以待反弹；若价跌量增，则表示下降趋势形成或继续，投资者应卖出股票，待更低价时买入。

可以看出，跌停板使得成交量萎缩，能量延迟释放。

四、在涨跌停板制度下的基本判断

（一）涨跌停板量小将延续原趋势

1. 涨停量小，继续上涨

由于涨停板的成交量很小，买方做多的力量还没有得到宣泄，而卖方认为股价仍有上涨空间，产生惜售情绪，抛盘较少。因此，买方的力量大于卖方的力量，推动股价继续上涨。例如，鸿达兴业（002002，原 ST 金材），连续几个涨停板，成交量并不大，到高位后放量，见图 6-3-1。

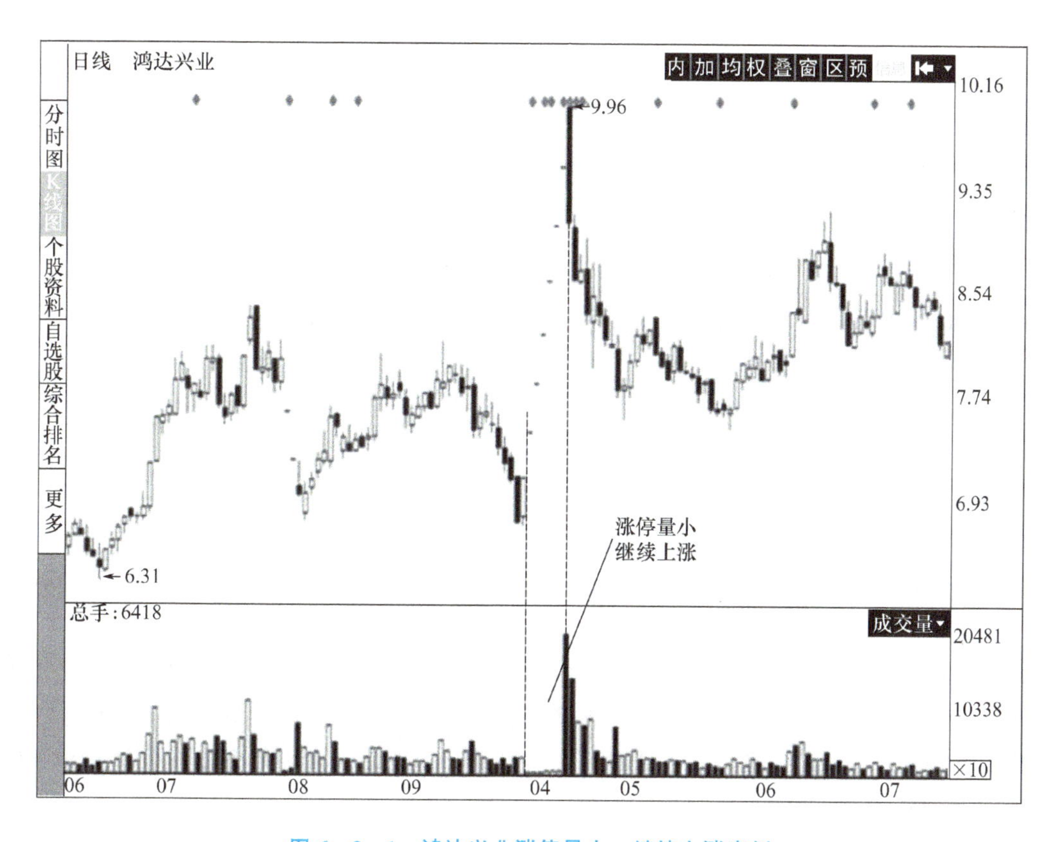

图 6-3-1 鸿达兴业涨停量小，继续上涨案例

2. 跌停量小，继续下跌

由于跌停板的成交量很小，卖方做空的力量还没有得到宣泄，因此卖方的力量大于买方的力量，将推动股价继续下跌。例如，瑞茂通（600180，原 ST 九发）连续跌停量小，见图 6-3-2。

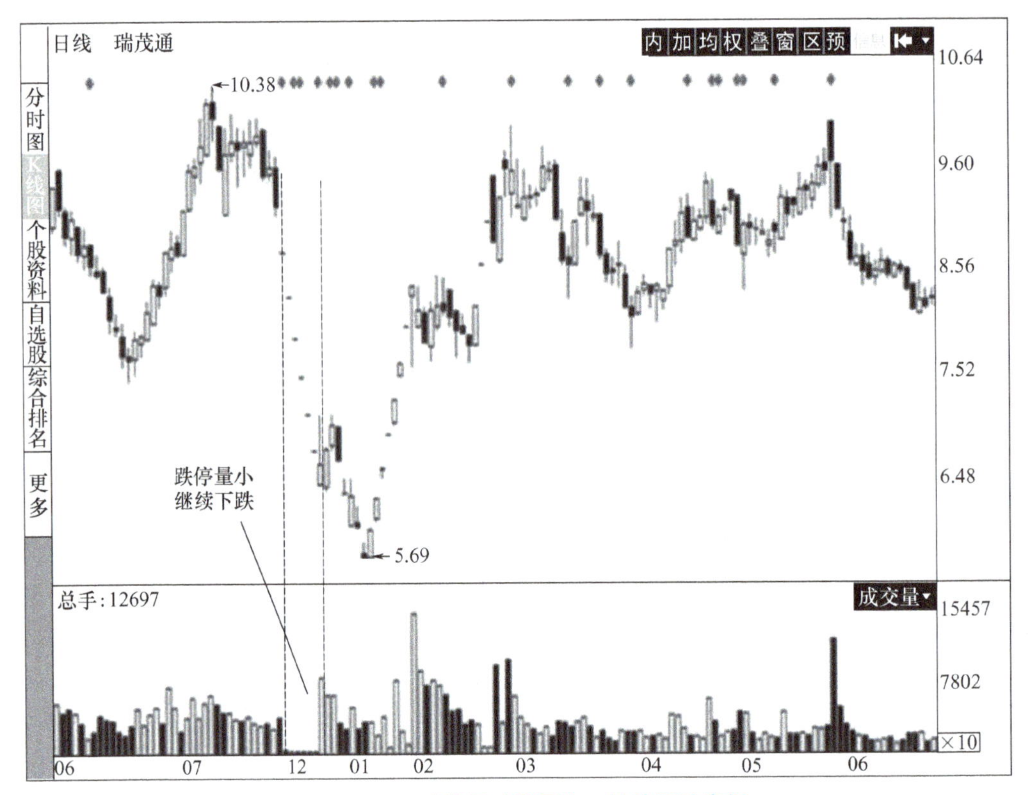

图 6-3-2 瑞茂通跌停量小，继续下跌案例

(二) 涨跌停板打开次数多将反转

1. 涨停板打开次数多，将下跌

股价经过一段时间的上涨后，涨停板中途被打开次数越多、时间越久、成交量越大，则股价反转下跌的可能性越大。

涨停板打开的次数多，表明卖方对于股价再创新高没有信心，涨停板附近已经是卖出股票的理想价位，卖方急于出手，卖盘大于买盘，股价反转下跌的可能性增大。例如，石化机械（000852，原江钻股份）在涨停板多次打开，成交量很大，几天以后股价开始反转下跌，见图 6-3-3。

2. 跌停板打开次数多，将上涨

股价经过一段时间的下跌，跌停板中途被打开的次数越多、时间越久、成交量越大，则反转上升的可能性越大。

跌停板打开的次数多，表明买方对于股价再创新低没有信心，跌停板附近已经是建仓或补仓的理想价位，买方急于买入股票，买盘大于卖盘，股价反转上涨的可能性增大。

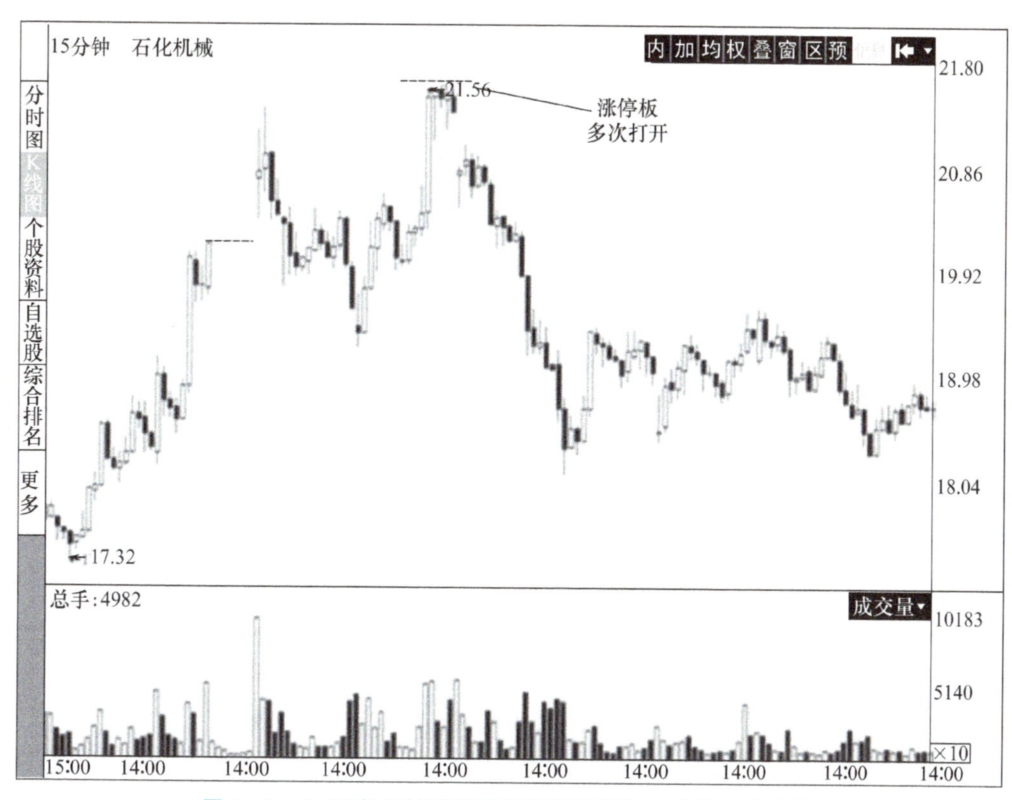

图 6-3-3 石化机械涨停板多次打开反转 15 分钟 K 线案例

(三) 涨跌停板关闭时间早，次日将延续原趋势

1. 涨停板关闭时间早，次日将继续上涨

涨停板关闭时间早，表明卖方对后市看好，持股惜售，股票在涨停板价位附近供不应求，股价在次日继续上涨的可能性很大。例如，沙河股份（000014）在连续 4 天开盘后很快关闭，股价在次日延续了前一日上涨的势头，见图 6-3-4。

2. 跌停板关闭时间早，次日将继续下跌

跌停板关闭时间早，表明买方对后市看空，持币观望，股票在跌停板价位附近供大于求，股价在次日继续下跌的可能性很大。例如，大元股份（600146）在连续几天开盘后很快跌停且不再打开，股价在次日延续了下跌的势头，见图 6-3-5。

(四) 封住涨跌停板的买卖盘，多延续原趋势

封住涨停板的买盘数量越大，股价继续上涨的概率越大，后续涨幅可能也越大。

封住跌停板的卖盘数量越大，股价继续下跌的概率越大，后续跌幅可能也越大。

图 6-3-4　沙河股份涨停板关闭早，次日将延续上涨案例

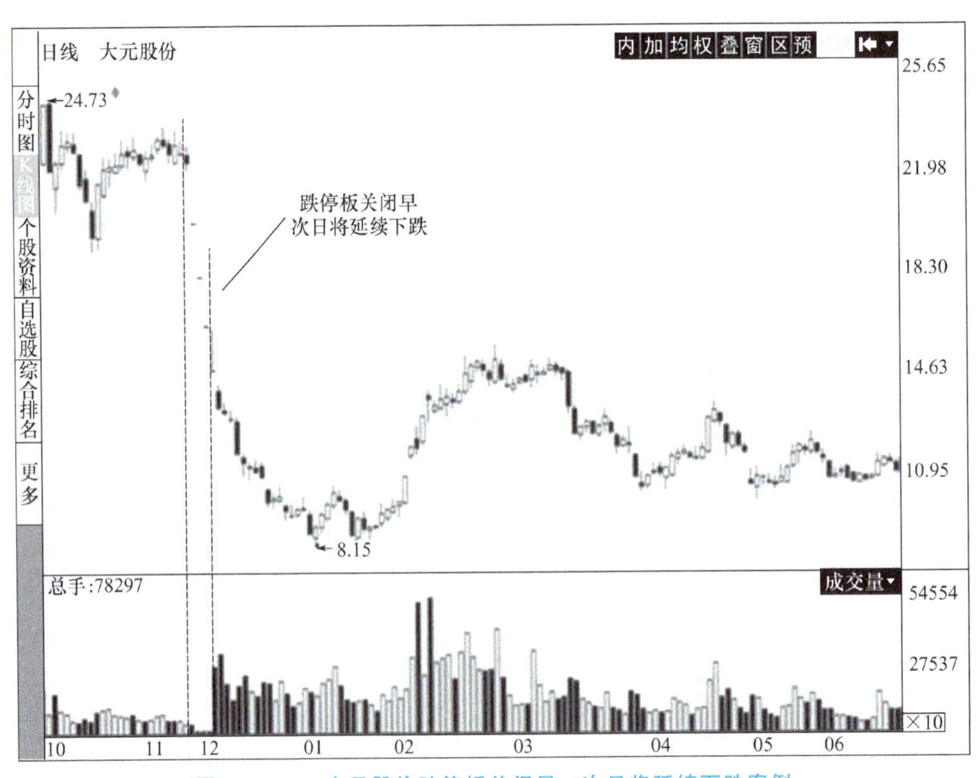

图 6-3-5　大元股价跌停板关闭早，次日将延续下跌案例

五、庄家利用停板的陷阱

需要警惕的是，庄家往往借涨跌停板制度反向操作来制造陷阱。

1. 庄家利用涨停板高抛策略解析

当庄家处于多方急于空仓时，将有可能制造涨停板态势。

庄家先以巨量买单挂在涨停价位，因买盘量大集中，抛盘措手不及而惜售，股价少量成交后涨停。因此，原先想抛股票的投资者就不抛了，而这时有些投资者以涨停价追买股票，此时庄家悄悄撤走买单，填写卖单，这样自然成交。

当买盘消耗得差不多时，庄家又填写买单挂在涨停价位，以进一步诱使买方出手。当投资者又追买股票时，又撤买单再填卖单，如此反复操作，高挂买单，虚张声势，暗中悄悄高位出货。

2. 庄家利用跌停板低吸策略解析

当庄家处于空方准备建仓时，将有可能制造跌停板态势。

庄家先以巨量卖单挂在跌停价位，吓出大量投资者抛盘时，便悄悄撤除原先卖单，填写买单，吸纳投资者的抛盘。

当抛盘吸纳将尽，又抛巨量卖单在跌停板价位处，再恐吓投资者，以便吸纳……如此反复，直至满仓。

3. 庄家利用涨跌停板操作策略总结

庄家利用涨跌停板高抛低吸的骗局，巨额买单及卖单多是虚的，并不能代表买单及卖单的真实数量。

判断虚实的依据：是否存在频繁挂单、撤单行为，涨跌停板是否经常被打开，当日成交量是否很大。

若回答是肯定的，则这些量必为虚；反之，则为实。从而可依照正常涨跌停板的判别标准，做出相应的投资决策。

本章小结

本章介绍了成交量的基本概念、基本的量价关系组合及涨跌停板制度下的量价关系，详细讨论了描述量价关系的葛兰碧法则，并介绍了运用不同的量价关系判别股价未来走势的方法。

综合练习

一、名称解释

1. 成交量　　2. 换手率　　3. 总量　　4. 葛兰碧法则

二、单项选择题（以下各小题所给出的选项中，只有一项符合题目要求，请将正确选项填入括号内）

1. 葛兰碧法则认为，在一个波段股价的上升趋势中，股价突破前一波的高峰，然而此段股价上涨的成交量水准低于前一个波段股价上涨的成交量水准，此时（　　）。

A. 缩量扬升，做好增仓准备

B. 股价趋势有潜在反转的信号，适时做好减仓准备

C. 股价创新高，强力买入

D. 以上都不对

2. 葛兰碧法则认为，股价随着成交量的递减回升，股价上涨，成交量却萎缩，（　　）。

A. 显示出股价趋势潜在的反转信号　　B. 无特别暗示趋势反转信号

C. 显示出趋势有反转的迹象　　D. 以上都不对

3. 葛兰碧法则认为，股价在一个波段的长期下跌形成第一谷底后，股价回升，然后跌落到第一谷底附近或高于第一谷底，当第二谷底的成交量低于第一谷底的成交量时，（　　）。

A. 是股价将要下跌的信号　　B. 是股价将要上涨的信号

C. 是股价不会变化的信号　　D. 无法判断

4. 股价下跌向下突破股价形态、趋势线或移动平均线，同时出现了大成交量，是股价即将（　　）的信号。

A. 继续下跌　　B. 上涨　　C. 趋于平稳　　D. 以上都不对

5. 涨停板中途被打开次数越多、时间越久、成交量越大，股价反转下跌的可能性（　　）；跌停板中途被打开次数越多、时间越久、成交量越大，股价反转上涨的可能性（　　）。

A. 越小，越小　　B. 越大，越大　　C. 越小，越大　　D. 越大，越小

6. 涨停板关闭时间越早，次日涨势可能性（　　）；跌停板关闭时间越早，次日跌势可能性（　　）。

A. 越小，越小　　B. 越大，越大　　C. 越小，越大　　D. 越大，越小

7. 涨跌停板的幅度（　　），涨时助涨、跌时助跌的现象明显。

A. 越小　　B. 越大　　C. 无法判断　　D. 以上都不对

三、不定项选择题（以下各小题所给出的选项中，至少有一项符合题目要求，请将正确选项填入括号内）

1. 下列属于量价关系特点的有（　　）。

A. 量是价的先行指标

B. 量和价的变化方向总是一致的

C. 艾略特对成交量与股价趋势关系研究之后，总结出了八大法则

D. 涨跌停板制度限制了股票一天的涨跌幅度，使多空双方的能量得不到彻底宣泄，容易形成单边市场。

2. 葛兰碧法则认为，反转所具有的意义将视前一波（　　）而言。

A. 股价上升的时间长短　　B. 股价上涨的幅度大小

C. 成交量增加的程度　　D. 成交量减少的程度

3. （　　）是股价趋势潜在反转的信号。

A. 股价下跌，向下突破股价形态、趋势线或移动平均线，同时出现了大成交量

B. 股价在一个波段的涨势中，突破前一高峰，但此段上涨的整个成交量低于前一段上涨的成交量

C. 股价在一个波段的长期下跌形成第一谷底后股价回升，然后再度跌落至第一谷底附近，当第二谷底的成交量低于第一谷底时

D. 股价随着成交量的递减而回升，股价上涨，成交量却逐渐萎缩

4. 以下关于涨跌停板制度下的量价分析基本判断，正确的有（　　）。

A. 涨停量小，将继续上涨

B. 涨停板被打开次数越多，股价反转下跌的可能性越大

C. 涨停中途成交量越大，股价反转下跌的可能性越大

D. 封住涨停板的买盘数量越大，次日继续当前走势的概率越大

5.（　　）数量越大，继续当前走势的概率越大，后续涨跌幅度也越大。

A. 封住涨停板的买盘数量　　B. 封住涨停板的卖盘数量

C. 封住跌停板的买盘数量　　D. 封住跌停板的卖盘数量

6. 判断巨额买单虚实的依据为（　　）。

A. 是否存在频繁挂单、撤单　　B. 当日成交量是否很大

C. 涨跌停是否经常被打开　　D. 以上都不对

四、判断题（判断以下各题的对错，对的用 A 表示，错的用 B 表示，将结果填在括号内）

1. 价、量是技术分析的基本要素，一切技术分析方法都是以价、量关系为研究对象的，目的就是分析、预测未来价格趋势。（　　）

2. 葛兰碧法则认为，股价下跌一段相当长的时间，市场出现恐慌性抛售，此时随着日益放大的成交量，股价大幅度下跌。随着大量恐慌性抛售之后，往往是空头市场的结束。（　　）

3. 葛兰碧法则认为，股价走势因成交量的递增而上升，是不正常的现象，是暗示趋势反转的信号。（　　）

4. 技术分析中，研究量与价的关系占据了极其重要的地位，目前人们已经完全掌握了量价之间的准确关系。（　　）

5. 当行情持续上涨数月后，出现急剧增加的成交量，而股价上涨乏力，股价并不一定会下跌。（　　）

6. 由于涨跌停板制度限制了股票一天的涨跌幅度，使多空双方在一个较小的范围内较量，所以不容易形成单边市。（　　）

7. 在实行涨跌停板制度下，大涨（涨停）和大跌（跌停）的趋势继续下去是以成交量大幅度放大为条件的。（　　）

8. 涨跌停板制度下的涨跌幅度较明显，在股价接近涨幅或跌幅限制时，投资者不会追涨或杀跌。（　　）

9. 在涨跌停板制度下，当出现涨停板后中途打开且成交量放大，说明卖出股票的投资者增加，买卖双方的力量发生变化，股价有望下跌。（　　）

第七章

技术指标分析

学习目标

- 移动平均
- 葛兰碧法则
- 趋势型指标
- 超买超卖指标
- 大势指标
- 指标与价格的背离

思维导图

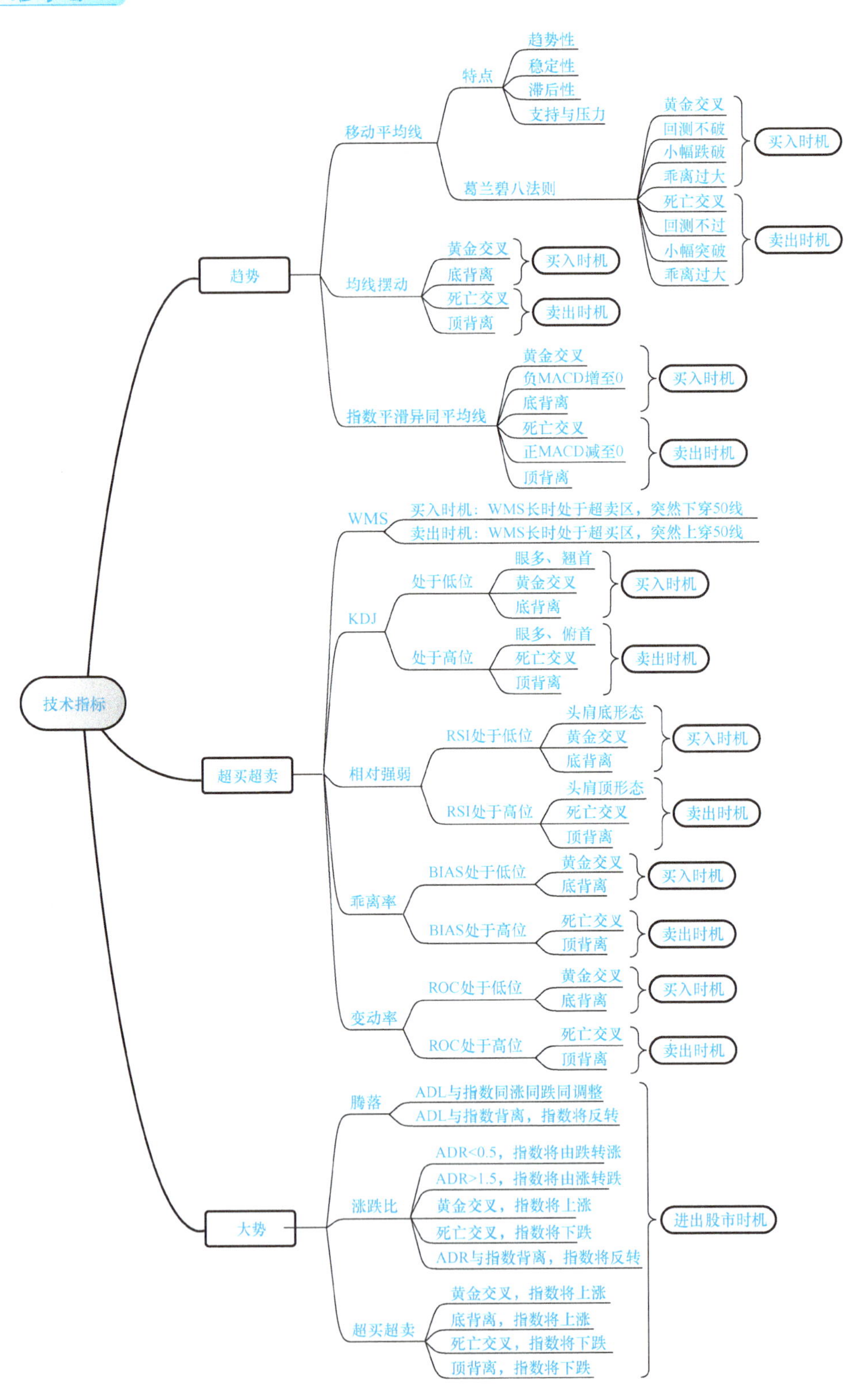

技术指标
趋势
移动平均线
特点
趋势性
稳定性
滞后性
支持与压力
葛兰碧八法则
黄金交叉
回测不破
小幅跌破
乖离过大
买入时机
死亡交叉
回测不过
小幅突破
乖离过大
卖出时机
均线摆动
黄金交叉
底背离
买入时机
死亡交叉
顶背离
卖出时机
指数平滑异同平均线
黄金交叉
负MACD增至0
底背离
买入时机
死亡交叉
正MACD减至0
顶背离
卖出时机
超买超卖
WMS
买入时机：WMS长时处于超卖区，突然下穿50线
卖出时机：WMS长时处于超买区，突然上穿50线
KDJ
处于低位
眼多、翘首
黄金交叉
底背离
买入时机
处于高位
眼多、俯首
死亡交叉
顶背离
卖出时机
相对强弱
RSI处于低位
头肩底形态
黄金交叉
底背离
买入时机
RSI处于高位
头肩顶形态
死亡交叉
顶背离
卖出时机
乖离率
BIAS处于低位
黄金交叉
底背离
买入时机
BIAS处于高位
死亡交叉
顶背离
卖出时机
变动率
ROC处于低位
黄金交叉
底背离
买入时机
ROC处于高位
死亡交叉
顶背离
卖出时机
大势
腾落
ADL与指数同涨同跌同调整
ADL与指数背离，指数将反转
涨跌比
ADR<0.5，指数将由跌转涨
ADR>1.5，指数将由涨转跌
黄金交叉，指数将上涨
死亡交叉，指数将下跌
ADR与指数背离，指数将反转
超买超卖
黄金交叉，指数将上涨
底背离，指数将上涨
死亡交叉，指数将下跌
顶背离，指数将下跌
进出股市时机

计量经济学是根据历史数据建立模型，然后用所建立的模型进行预测的一门经济学学科。

证券市场完善的管理制度，成熟的数据库、网络交易系统，在将交易数据完整保存下来的同时，也将价格的变化规律保存了下来。

能否利用股价的历史数据建立数学模型，对未来股价的趋势进行预测呢？

第一节　技术指标概述

20 世纪 70 年代之后，技术指标逐步开始流行。全世界用于证券投资的技术指标有一千多种，每一种指标都有自己忠实的使用者，为提高证券投资收益发挥了很大作用。

这里只对常用且流行较广的部分指标的原理、模型及应用进行研究。

1. 技术指标的定义

定义 7-1-1： 根据金融理论、数学方法及交易的历史数据建立数学模型，得到反映股票交易的某一变化特征的数据集合，称为技术指标，其中的每个数值称为指标值。

技术指标不是对历史数据的重新计算，而是利用模型及历史数据构造出来的，对历史数据某一特征的反映。

2. 技术指标的相关数据

这里的历史数据指开盘价、收盘价、最低价、最高价、成交量和成交金额共六个数据，简称四价二量。

各种证券投资交易软件完成了技术指标的建立、计算、存储、展现，使用者只要理解其原理，便可以方便地使用。技术指标是一种定量分析方法，它克服了定性分析法的不足，极大地提高了预测的精度。这里主要介绍趋势指标、超买超卖指标及大势指标。

第二节　趋势指标

一、移动平均的随机性及其规避方法

某单位人力资源部门来学校招聘，随机叫起一个学生并询问其英语四级成绩。这时，既有可能叫到一个成绩好的学生，也有可能叫到一个成绩不好的学生。如果用一个学生的成绩代表一个班学生的英语水平，将有失公允，获得的信息将受到随机性干扰。预测时，如何避免这样的干扰呢？

可以用这个班英语四级的平均成绩，作为对这个班学生英语水平的预测，这样的预测方法称为平均法。

证券投资是风险投资，股票价格受众多随机因素影响，如何消除这些随机性干扰呢？

(一) 加权平均

1. 加权平均的定义

定义 7-2-1：设 $P_1, P_2, \cdots, P_n$ 是连续 n 个交易日的某一价格指标，W_i 为 P_i 权重，称

$$P_{n+1}=W_1 \times P_1+W_2 \times P_2+\cdots+W_n \times P_n \quad (7-2-1)$$

为连续 n 个交易日价格 P_i 的加权平均。

其中 W_i 满足如下两条：

(1) $0 \leqslant W_i \leqslant 1 \quad (i=1,2,\cdots,n)$

(2) $W_1+W_2+\cdots+W_n=1$

2. 权的取值

权的取值有多种方法，如果取相等，即

$$W_1=W_2=\cdots=W_n=1/n$$

就是我们熟悉的算数平均，是加权平均的特例。

引子：算术平均是用前边各项的平均值，预测后边一项的值，是最简单的移动平均，但存在如下不足。

(1) 每个权重都相等有时候是不合理的，尤其是数据和时间有关系的时候。例如，十个月前你开始工作，每月工资 5000 元，每个月份的工资对于你今天消费的影响是不同的。可能第一个月的工资已经花光，影响是 0；上个月的工资刚发，当然影响最大。显然，某些数据，时间越久远，对现在的影响越小。

(2) 重复计算增加了工作量。通过对算术平均的计算公式进行分析不难发现，其中的每一个值，参与了 n 次重复计算。而每天的预测值，已经包含了以前所有的价格信息。

如何克服以上不足进行预测呢？

(二) 指数平滑 (Exponentially Weighted Moving Average, EWMA)

1. 指数平滑的定义

定义 7-2-2：设 $P_1, P_2, \cdots, P_n$ 是各个交易日的某一价格指标，$\mathrm{EWMA}_1=P_1$，当 $n>1$ 时，称

$$\mathrm{EWMA}_{n+1}=(1-\alpha)\mathrm{EWMA}_n+\alpha P_n \quad (7-2-2)$$

为指数平滑公式，其中 α 为平滑因子，满足 $0<\alpha<1$，通常小于 0.5。

2. 指数平滑的说明

通过指数平滑公式 (7-2-2) 可以看出，下一个交易日的价格，用上一个交易日的价格 P_n 及相应的预测值 EWMA_n 表示。

上一个交易日的预测值 EWMA_n，由在此之前的所有历史数据计算得到，其中蕴含了上一个交易日以前所有的价格信息。

上一个交易日价格 P_n 的权重所占比重较大，权重之和为 1。

二、移动平均线

（一）移动平均线定义

1. 移动平均数列

定义 7-2-3： 对于时间数列 $\{Y_t\}$，计算最近 n 项的算术平均值得到的数列，即

$$\begin{cases}\hat{Y}_t=\dfrac{Y_{t-1}+Y_{t-2}+\cdots+Y_{t-n}}{n}\\ \hat{Y}_{t+1}=\dfrac{Y_t+Y_{t-1}+\cdots+Y_{t-n+1}}{n}\end{cases}\tag{7-2-3}$$

称为参数为 n 的移动平均数列，由该数列得到的曲线称为移动平均线（Moving Average，MA），简记 MA（n）。

2. 移动平均数列的缺损性

参数为 n 的移动平均序列，是 n 项数列的平均值，计算得到的移动平均数列的个数，比原数列少（$n-1$）项，见表 7-2-1。

表 7-2-1　MA 的计算（收盘价）

日期	MA(1)	MA(2)	M(3)	MA(4)	M(5)
1	2.1	—	—	—	—
2	2.3	2.2	—	—	—
3	2.2	2.25	2.3	—	—
4	2.4	2.3	2.3	2.25	—
5	2.5	2.45	2.36	2.4	2.3

注意：MA（n）的图形是将图画在最后的位置上。

（二）移动平均线的周期

交易日的数目 n 称为移动平均线的周期，这时的均线称为 n 日移动平均线，简称 n 日均线。例如，MA（5）、MA（10）、MA（30）分别表示 5 日均线、10 日均线、30 日均线。

（三）移动平均线的种类

移动平均线按周期划分，可分为短期均线、中期均线、长期均线。

20 日以下的均线称为短期均线，主要有 5 日均线、10 日均线。

20～60 日的均线称为中期均线，主要有 20 日均线（月线）、60 日均线（季线）。

60 日以上的均线称为长期均线，主要有 120 日均线（半年线）、250 日均线（年线）。

MA 并非只以日为单位，还可以是 30 分、60 分、周、月等为单位。投资者可以根据自己的需要在股票交易软件中设置。

（四）移动平均线的特点

股票的价格曲线跌宕起伏，让人眼花缭乱。移动平均线可以过滤掉随机性的干扰与影响，给出股价的真实面貌、变化规律与发展趋势，MA 都有哪些特点呢？

1. 突出趋势

移动平均线与 K 线图的趋势与方向保持一致，长期均线忽略了股价一些微小的跌宕起伏，趋势与方向更加清晰、更加明确，见图 7－2－1。

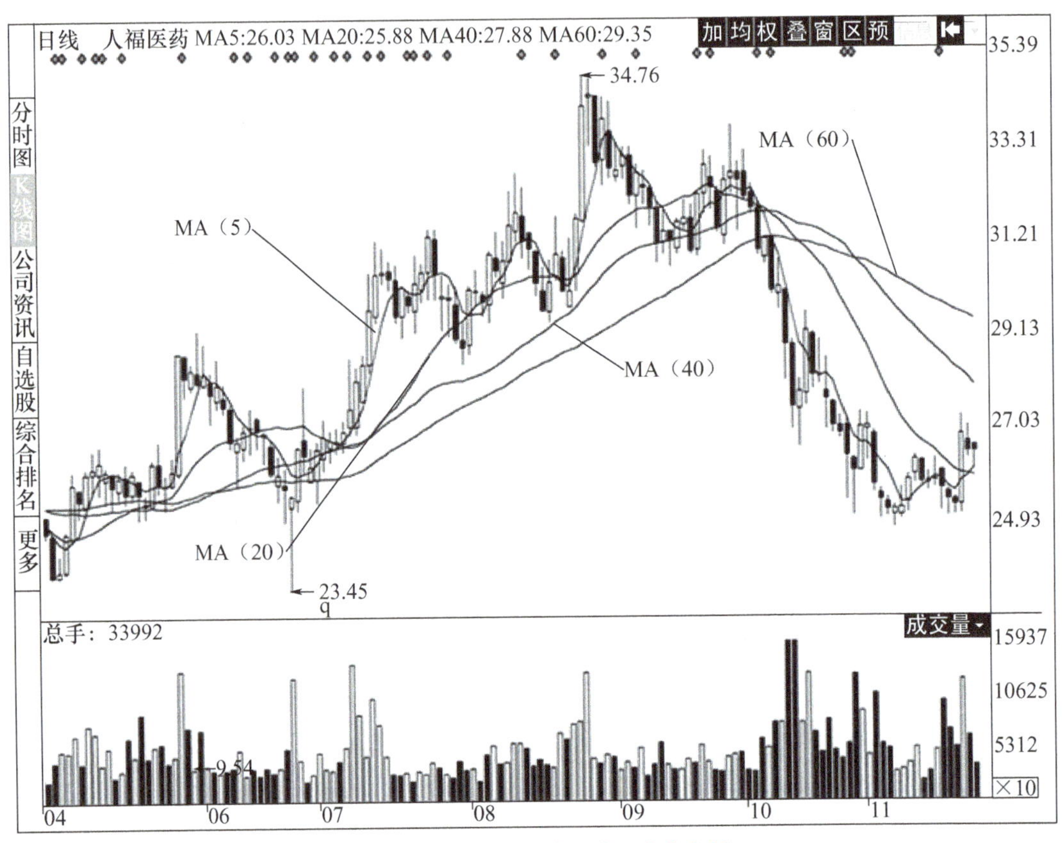

图 7－2－1　人福医药移动平均线案例

2. 稳定性

因为移动平均线是股价几天变动的平均值，故即使某天股价有大的波动，也很难使移动平均线产生大幅变动，达到了削峰、填谷的修匀效果，起到了稳定趋势的作用。

3. 支撑压力

股价上涨时，移动平均线也会同时上升，但总位于股价的下面，起到了支撑的作用；股价下跌时，移动平均线也会同时下降，但总位于股价的上面，起到了压力的作用。

总结：股价上涨时，移动平均线是支撑线，股价下跌时，移动平均线是压力线，即移动平均线具有助涨助跌的作用。

4. 滞后性

股价连续上涨时，移动平均线也会连续上升；股价不涨了，移动平均线还会再涨几日。股价连续下跌时，移动平均线也会连续下降；股价不跌了，移动平均线还会再跌几日。

股价的趋势发生反转时，移动平均线也会发生反转，但反转时刻也会迟滞一段时间。也就是说，与股价相比，移动平均线具有惯性或滞后性。

（五）周期 n 对于移动平均线的影响

不同周期均线位置关系不同，多头市场（上涨行情），周期 n 小的均线大，即：

$$股价>MA(5)>MA(10)>MA(20)>MA(60)>\cdots$$

空头市场（下跌行情），周期 n 小的均线小，即：

$$股价<MA(5)<MA(10)<MA(20)<MA(60)<\cdots$$

参数 n 越大，移动平均线的特征就越强，如稳定性、滞后性、助涨助跌性都会随着周期 n 的增大而显著。

移动平均线是利用股价算出，又和股价不同，如何应用二者确定股价的买卖时机呢？

（六）均线与股价相对位置确定买卖时机（葛兰碧八法则）

在第六章，我们讨论了利用量价关系判断未来趋势的葛兰碧法则。遗憾的是，具体何时买入与卖出股票，我们现在仍无章可循。葛兰碧没有让我们失望，这位天才的投资家利用股票价格与均线价格的相对位置，给出了买入四法和卖出四法的八法则，也就是葛兰碧八法则。

为了区别这两个法则，将本章讨论的法则称为葛兰碧八法则，见图 7-2-2、图 7-2-3。

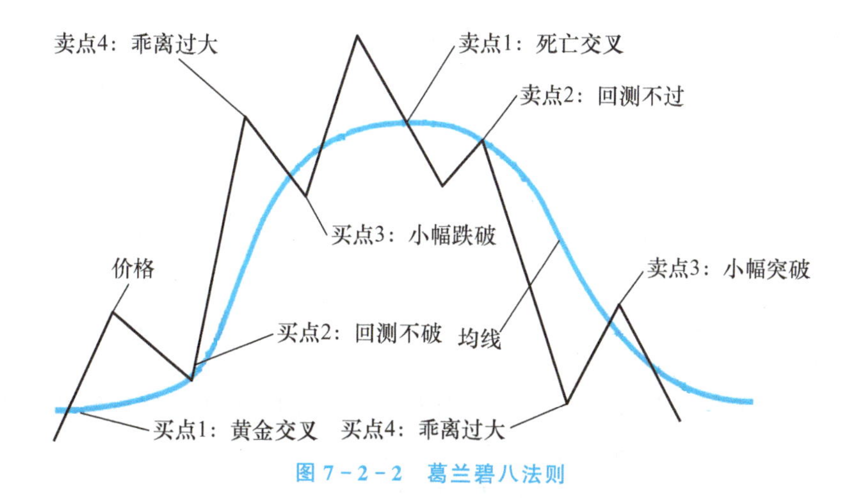

图 7-2-2　葛兰碧八法则

1. 买入信号

价格曲线位于移动平均线下方，移动平均线从下降逐渐转为水平或开始上升，价格曲线向上穿过移动平均线的交叉点，称为黄金交叉。

价格曲线位于移动平均线上方，远离正在上升的移动平均线运动，突然下跌靠近但未跌破移动平均线，而后继续上升远离移动平均线，接触点称为回测不破。

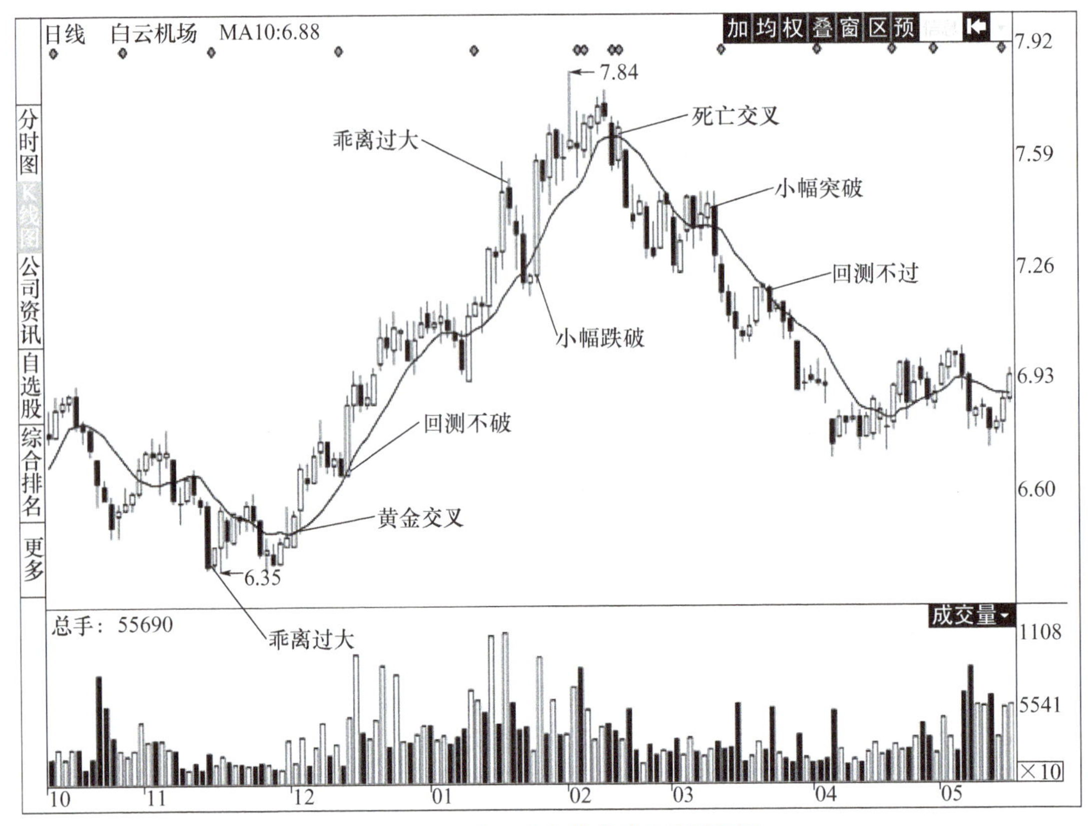

图 7-2-3　白云机场葛兰碧八法则案例

价格曲线位于移动平均线上方上升，突然下降且跌破正在上升的移动平均线，而后掉头上升，再次向上突破移动平均线，两个交叉点之间的部分，称为小幅跌破。

价格曲线位于移动平均线下方下降，远离正在下降的移动平均线运动，在再度上升的转折点称为乖离过大（价格与均线之差，称为乖离）。

2. 卖出信号

价格曲线位于移动平均线上方，移动平均线从上升转为水平，价格曲线向下突破移动平均线的交叉点，称为死亡交叉。

价格曲线位于移动平均线下方，且逐渐靠近正在下跌的移动平均线，未能突破便继续下跌，接触点称为回测不过。

价格曲线位于移动平均线下方，向上突破正在下降的移动平均线后转为盘整或下跌，当向下又跌破移动平均线，两个交叉点之间的部分，称为小幅突破。

价格曲线位于移动平均线上方，且远离正在上升的移动平均线运动，当价格曲线从上升转为盘整或下跌，一般为多方获利回吐的转折点，称为乖离过大。

葛兰碧八法则，是由均线与价格曲线的相对位置关系，决定买入或卖出时机。而均线有多条，能否根据不同周期均线的相对位置，决定买入或卖出的时机呢？

（七）移动平均线的组合应用

与K线与均线相对位置关系的葛兰碧八法则类似，利用小周期移动平均线与大周期移动平均线相对位置关系，同样可以预测股价的发展趋势，判断买入与卖出时机。

利用MA(3)与MA(10)二者之间相对位置，判断买入卖出时机对应的葛兰碧八法则，见图7-2-4。

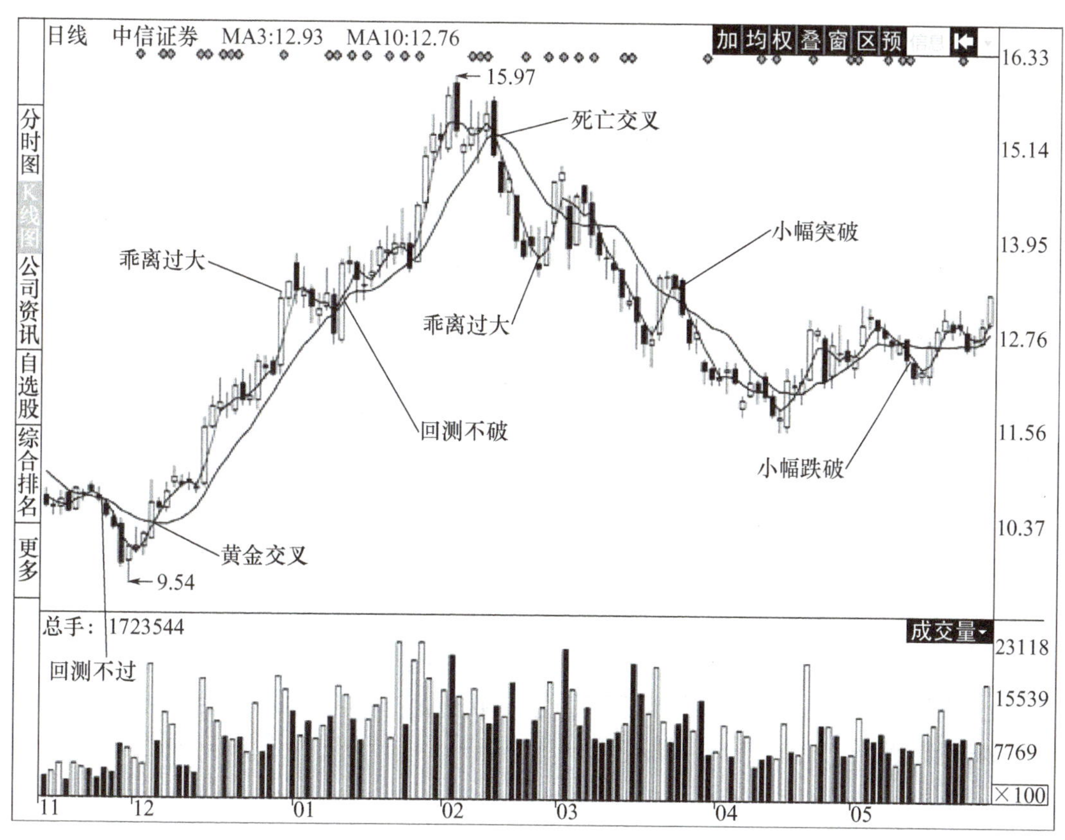

图7-2-4 中信证券葛兰碧八法则案例

（八）移动平均线的盲点与不足

移动平均线是股票投资中经常使用的重要指标，在很多情况下可以给出明确预测信号，但也存在一些不足。

1. 整理状态时失效

当价格处于盘整阶段，这时不同周期的MA之间、MA与K线之间频繁交叉，并无趋势可言，将无法使用葛兰碧八法则进行判断，见图7-2-5。

2. 滞后性、主观性

利用葛兰碧八法则确定股票买卖时机，要考虑均线相对于股票价格曲线的滞后性。特别是中长期均线，涨跌、反转远滞后于股票价格曲线。

葛兰碧八法则使用K线与均线、均线与均线之间的相对位置，是通过直接观察不同周

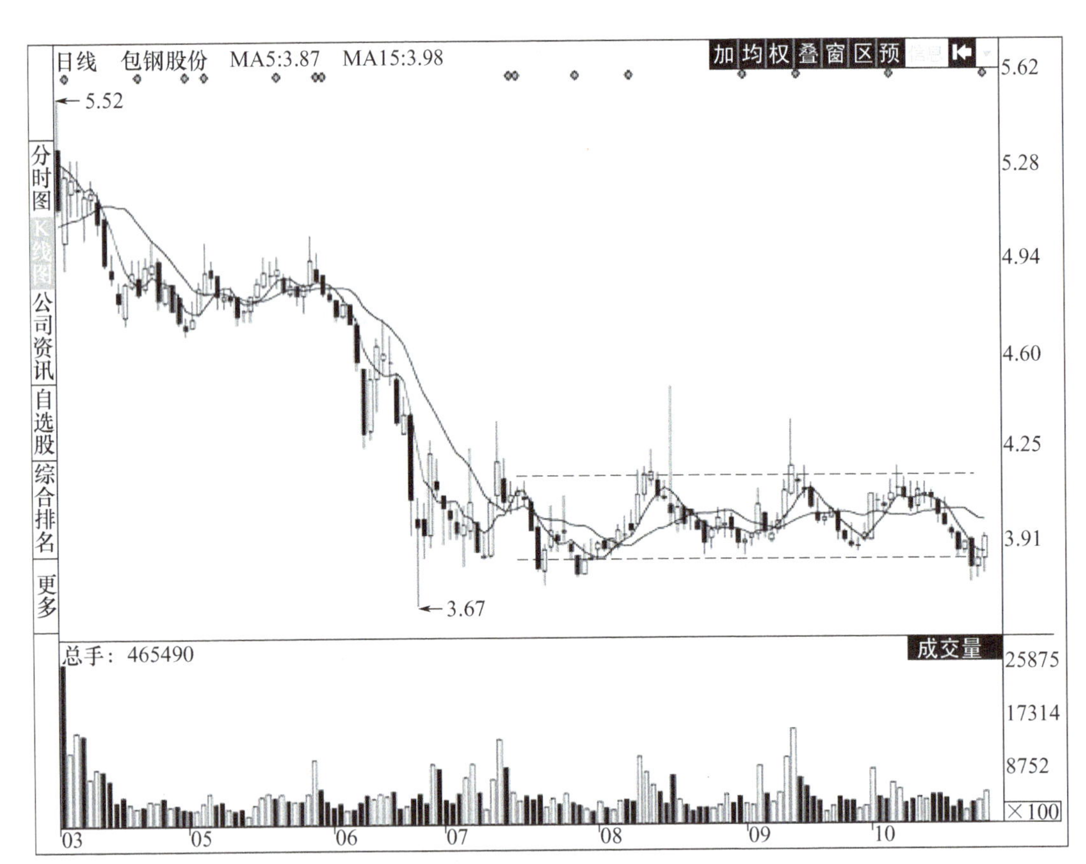

图 7-2-5 包钢股份整理状态时葛兰碧八法则失效案例

期均线的相对位置，判断股票价格曲线的未来走势，确定买卖时机，主观性强。

如果直接计算出两条不同周期均线差，这一数值能否反映股票价格曲线的变化趋势，确定买卖时机呢?

三、均线摆动

平均线差（Difference of Moving Average，DMA），是目前股市分析技术指标中的一种中短期指标，常用于大盘指数和个股的研判。

（一）DMA 的定义

定义 7-2-4： 用小周期均线 MA（n）偏离大周期均线 MA（m）（$n<m$）的程度，即二者之差的大小预测买入、卖出时机，这一指标称为平行线差指标，计算公式如下。

$$\text{DMA}(n,m)=\text{MA}(n)-\text{MA}(m)$$

$$\text{AMA}(k)=\text{DMA 的 } k \text{ 日移动平均}$$

通常取 $n=12$，$m=26$，$k=9$。

投资者可通过股票交易软件给出以上两式的数值及图形，通过二者的相对位置及交叉情况，判断买卖股票的时机。

（二）DMA 的原理

DMA 的原理是小周期与大周期两条均线的差值，反映了前者相对于后者摆动幅度的大小，依据该值判断价格的未来走势及买卖股票的时机。

（三）DMA 的一般研判标准

1. DMA 和 AMA 的取值及运动方向

当 DMA 和 AMA 均从低位向上移动时，表示此时股市处于多头行情，即股价在上涨，投资者可以考虑适时买入股票或持股待涨，见图 7-2-6-①。

当 DMA 和 AMA 均从高位向下移动时，表示此时股市处于空头行情，即股价在下跌，投资者可以考虑适时卖出股票或持币观望，见图 7-2-6-②。

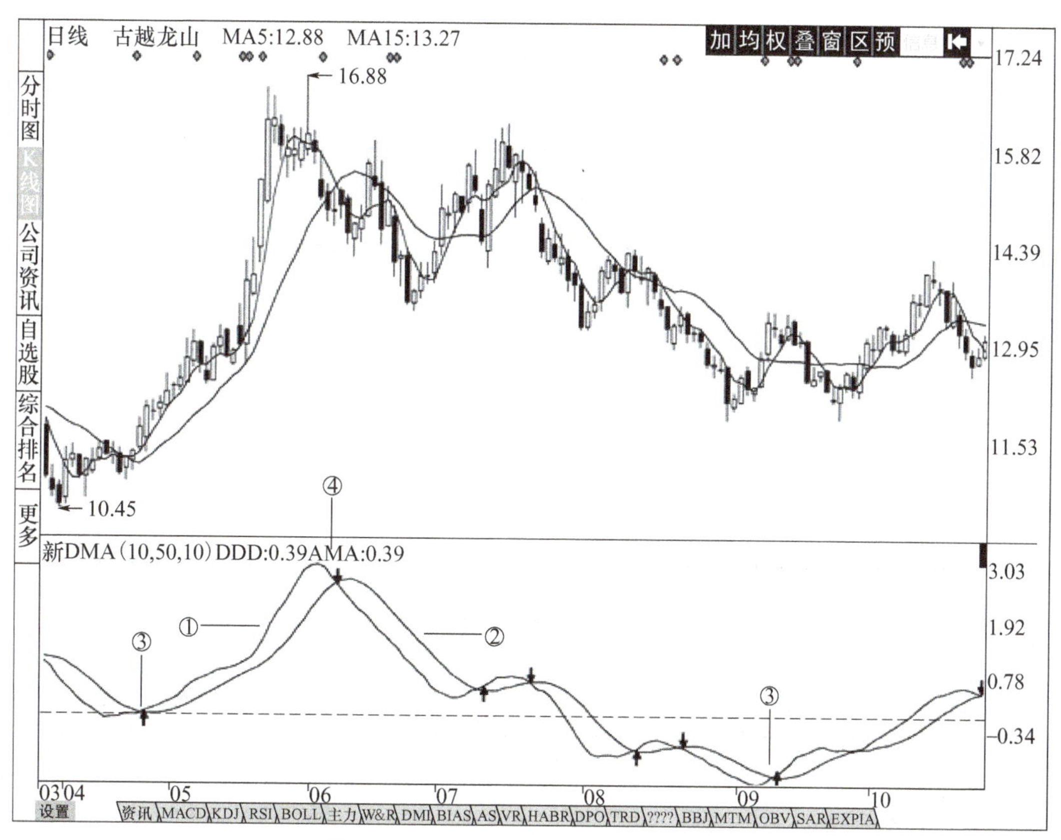

图 7-2-6　古越龙山 DMA、AMA 案例

2. DMA 线和 AMA 线的交叉

DMA 与 AMA 经过长时间的下降已经位于趋势的底部，当 DMA 向上突破 AMA 时为黄金交叉，表明股市将由弱转强，股价下降趋势将结束，会止跌向上，投资者此时应买进股票。当 DMA 和 AMA 均处于零线以下时，离零线越远效果越好，见图 7-2-6-③。

DMA 与 AMA 经过长时间的上升已经位于趋势的顶部，当 DMA 向下突破 AMA 时

为死亡交叉，表明股市将由强转弱，股价上升趋势将结束，此时投资者应卖出股票。当DMA和AMA均处于零线以上，离零线越远效果越好，见图7-2-6-④。

3. DMA与股价的背离

指标曲线的走势与K线的走势相反时称为背离，可分为顶背离和底背离。

（1）顶背离。

当股票价格曲线位于趋势的顶部且一峰比一峰高，即股价在上涨；而DMA和AMA的走势是在高位且一峰比一峰低，称为顶背离。

顶背离现象一般是股价在高位将反转的信号，表明股价中短期内即将下跌，是卖出股票的信号，见图7-2-7。

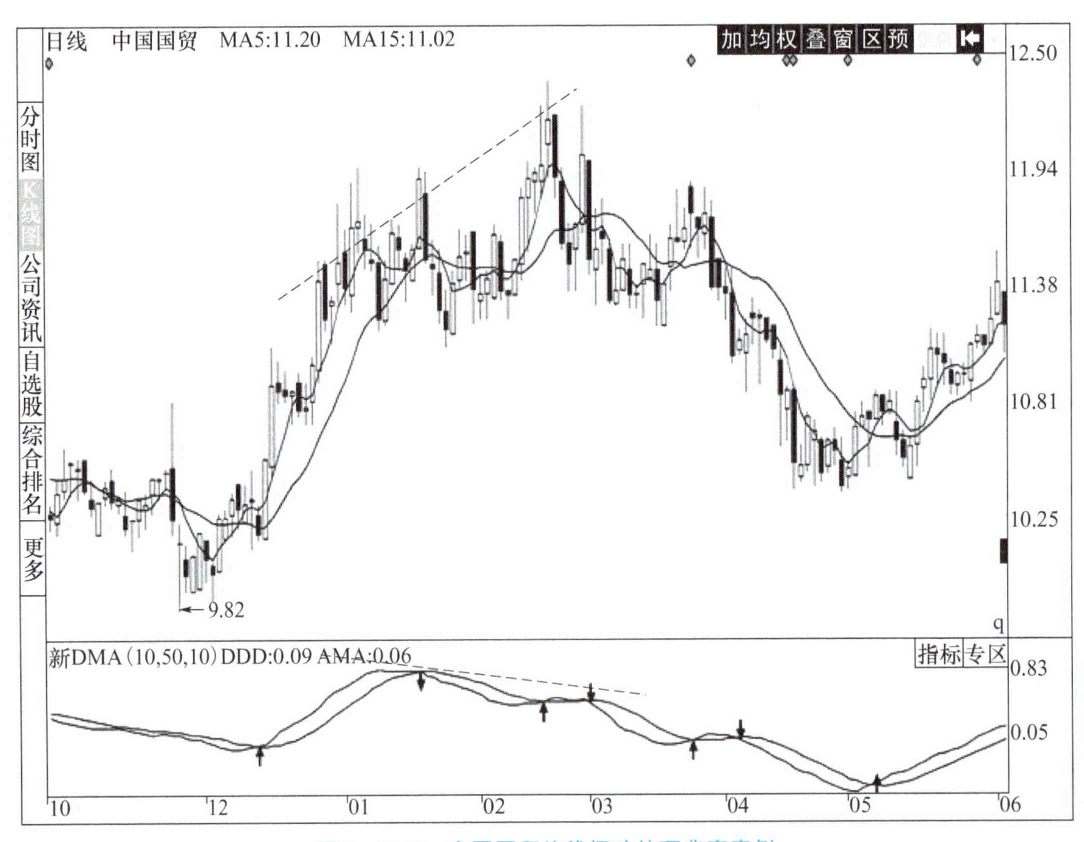

图7-2-7 中国国贸均线摆动的顶背离案例

（2）底背离。

当股票价格曲线位于趋势的底部且走势一峰比一峰低，即股价在向下跌；而DMA和AMA的走势是在低位且一底比一底高，称为底背离。

底背离现象是股价在低位将反转的信号，预示着股价即将上涨，是买入股票的信号。

需要说明的是，背离是股价反转的充分条件，而非必要条件，即技术指标与股价背离时预示着股价将要反转，但每次反转未必股价与技术指标背离。

（3）DMA的高点和低点与股价的高点和低点不对应。

通过图形可以看出，DMA的最高点与最低点不与股价对应，这是由于DMA的最大与最小是由参数所覆盖股价的值计算得到，而股价的最大与最小是和所有历史数据比较。

利用移动平均线的快线与慢线的黄金交叉与死亡交叉进行买卖操作，可以得到很好的投资效果。

利用 DMA 及相应的 AMA 二者的黄金交叉与死亡交叉进行买卖操作，可以得到很好的投资效果。

均线摆动 DMA 是短期移动平均线关于长期移动平均线的摆动，对于短期指数平滑移动平均线关于长期指数平滑移动平均线的摆动，会有怎样的效果呢？

四、指数平滑异同平均线

指数平滑异同平均线（Moving Average Convergence Divergence,MACD），用以判断买卖时机。该指标可预测趋势，比 DMA 更稳定、有效。

（一）MACD 的基本思路

MACD 是利用两条不同速度（短期与中期）的指数平滑移动平均线敏感性不同的特性，计算二者之间的偏差。

当股价上涨，短期均线上升速度快，长期均线上升速度慢；若股价上涨速度加快，两条均线之间的距离会加大；若股价上涨速度放缓，两条均线之间的距离会减小，见图 7－2－8。

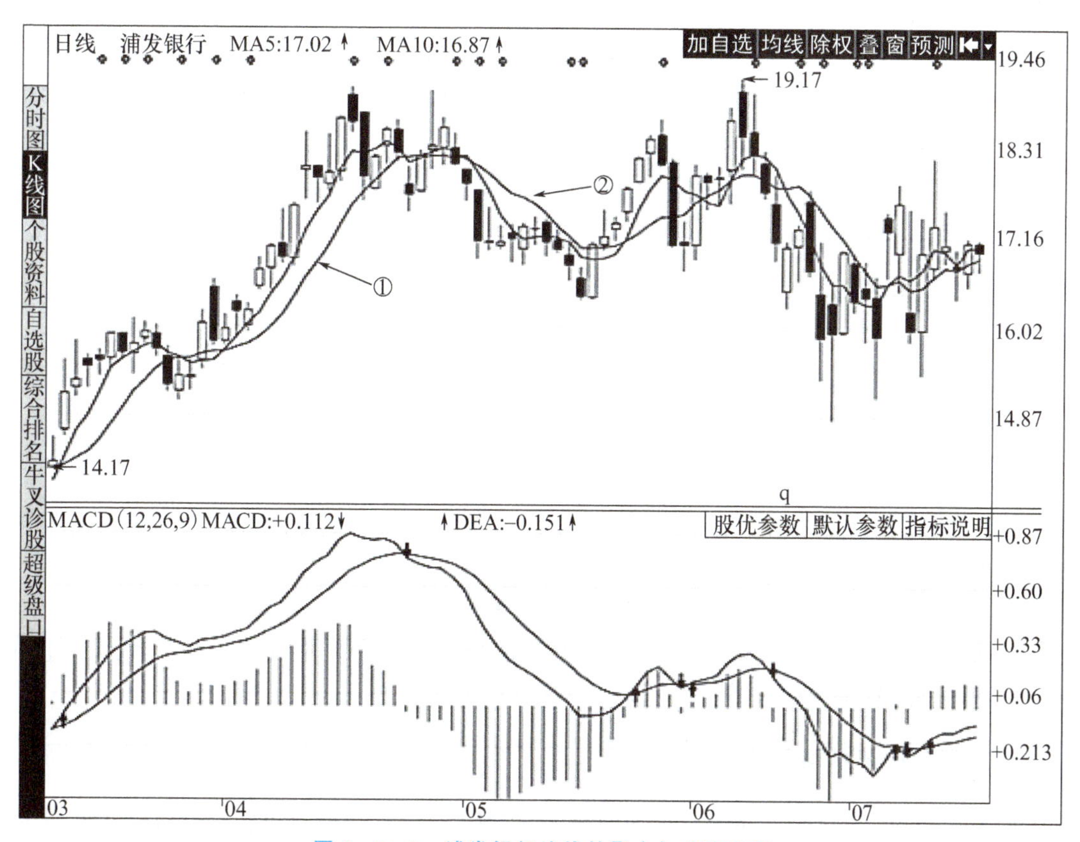

图 7－2－8 浦发银行均线的聚合与分离案例

当股价下跌，短期均线下降速度快，长期均线下降速度慢；若股价下跌速度加快，两条均线之间的距离会加大；若股价下跌速度放缓，两条均线之间的距离会减小。

（二）MACD 的计算公式

MACD 利用不同速度的指数平滑移动平均线的聚合与分离幅度，判断买进与卖出的时机与信号，计算分四步完成。

1. 计算指数平滑移动平均 EMA

第 n 日的收盘价为 P_n，则周期分别为 12 日、26 日的指数平滑移动平均线的计算公式分别为：

$$EMA_{n+1}(12)=+\frac{11}{12+1}\times EMA_n(12)+\frac{2}{12+1}\times P_n$$

$$EMA_{n+1}(26)=+\frac{25}{26+1}\times EMA_n(26)+\frac{2}{26+1}\times P_n$$

上式中的平滑因子 α 分别取值为 2/13、2/27，当然取其他值也可，效果也会出现差异。

2. 计算正负差 DIF

正负差 DIF 是两个指数平滑移动平均之差，则正负差的计算公式为：

$$DIF=EMA(12)-EMA(26)$$

其中 DIF 是 difference 的前 3 个字母，由于上式结果既可能为正又可能为负，故称正负差。

3. 计算正负差的移动平均 DEA

DIF 可直接用于形态的预测，但为了避免随机性，使信号更为稳定可靠，计算连续 10 项的移动平均值：

$$DEA=(DIF_{t+1}+DIF_{t+2}+\cdots+DIF_{t+10})/10$$

数值与平均值之差称为离差，离差刻画了正负差偏离均值的幅度，用于买卖时机的预测，会有怎样的效果呢？

4. 计算离差（柱状线）MACD

DIF 与相应的 DEA 的差值往往很小，故将其放大 2 倍以便于观察，则指数平滑异同平均线的计算公式为：

$$MACD=2\times(DIF-DEA)$$

该指标用 MACD（12,26,10）表示，其中的参数分别为短期均线、长期均线、正负差均线的参数，图形为柱状图。

（三）用 MACD 判断的方法

MACD 主要用于对中长期的趋势进行判断。软件输出 DIF、DEA 两条曲线及 MACD 的柱状图，可根据 DIF、DEA 的相对位置及 MACD 的位置与长短，进行买卖时机的判断。

1. MACD 用于趋势的判别

(1) 判别的原理。

股价处于持续的上升趋势中，DIF 及相应的 DEA 均上升。此时 EMA (12) 在 EMA (26) 之上，MACD 为正值，随股价上涨的速度变化，其形状类似于横轴上方的正弦曲线，见图 7-2-9。

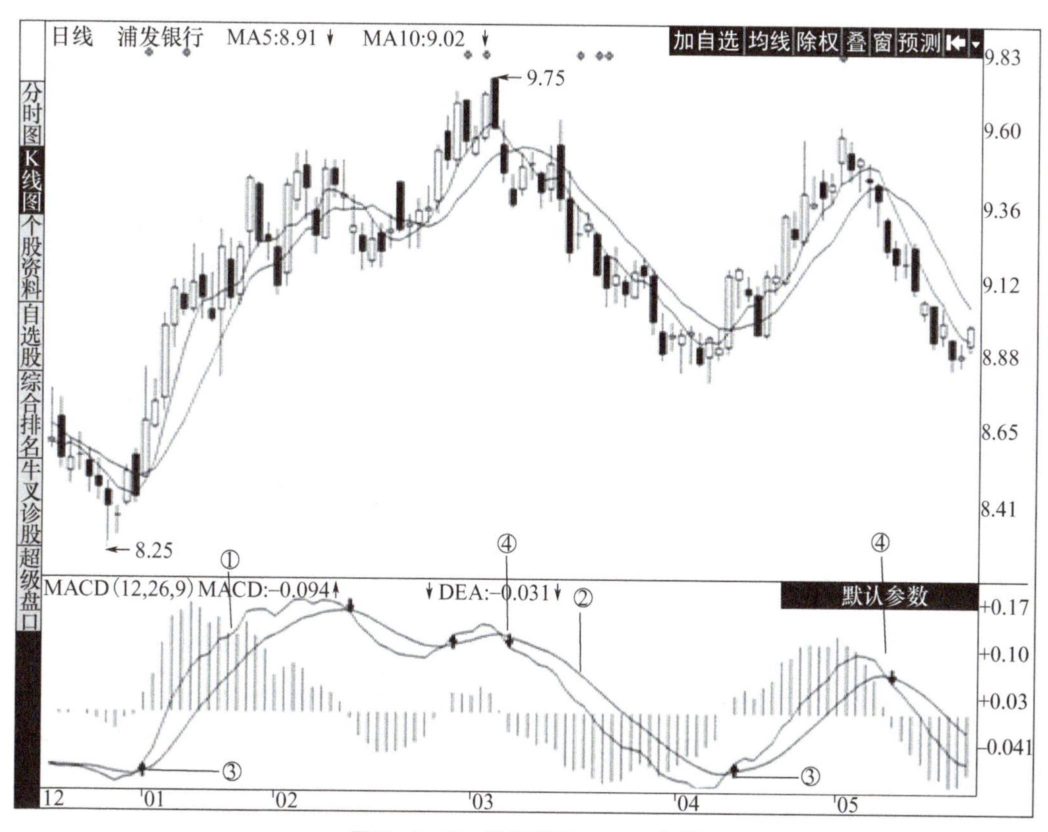

图 7-2-9 浦发银行 MACD 案例

股价处于持续的下降趋势中，DIF 及相应的 DEA 均下降。此时 EMA (12) 在 EMA (26) 之下，MACD 为负值，随股价下跌的速度变化，其形状类似于横轴下方的正弦曲线，见图 7-2-9。

(2) 结论。

DIF 及相应的 DEA 上升或下降时，股价与其同涨同跌，见图 7-2-9-①、图 7-2-9-②。

MACD 大于 0 为多方市场，股价呈上升趋势；MACD 小于 0 为空方市场，股价呈下降趋势。

2. 买卖时机的判别

股价移动平均线的黄金交叉或死亡交叉，是投资者买入与卖出股票的时机，但这时明显滞后，见图 7-2-9。

黄金交叉：当 DIF 向上突破 DEA 时称为黄金交叉，是买入信号，尤其是交叉位于零

轴以下远离零轴时，更是投资者加仓的绝佳时机；若 DIF、DEA 的距离拉大，表明市场逐步走好，投资者可以适时买入或继续持有股票，见图 7-2-9-③×2。

死亡交叉：当 DIF 向下突破 DEA 时称为死亡交叉，是卖出信号，尤其是交叉位于零轴以上且远离零轴时，更是卖出的绝佳时机；若 DIF、DEA 的距离拉大，表明市场逐步走低，投资者可以卖出股票或持币观望，见图 7-2-9-④。

用 MACD 判断买卖时机：当 MACD 长时间为负，其幅度由大变小，其值由小于 0 转变成大于 0 时，为买入时机；当 MACD 长时间为正，其幅度由大变小，其值由大于 0 转变成小于 0 时，为卖出时机，见图 7-2-9。

3. DIF 与股价的背离

如果 DIF 的走向与股价的走向相背离，此时是采取行动的信号。

顶背离：当股价处于上升趋势，出现两个或三个近期高点且一峰比一峰高，而 DIF、DEA 却没有上升或一峰比一峰低。这种背离意味着近期股价下降趋势将至，投资者可以持币观望或适时卖出股票，见图 7-2-10。

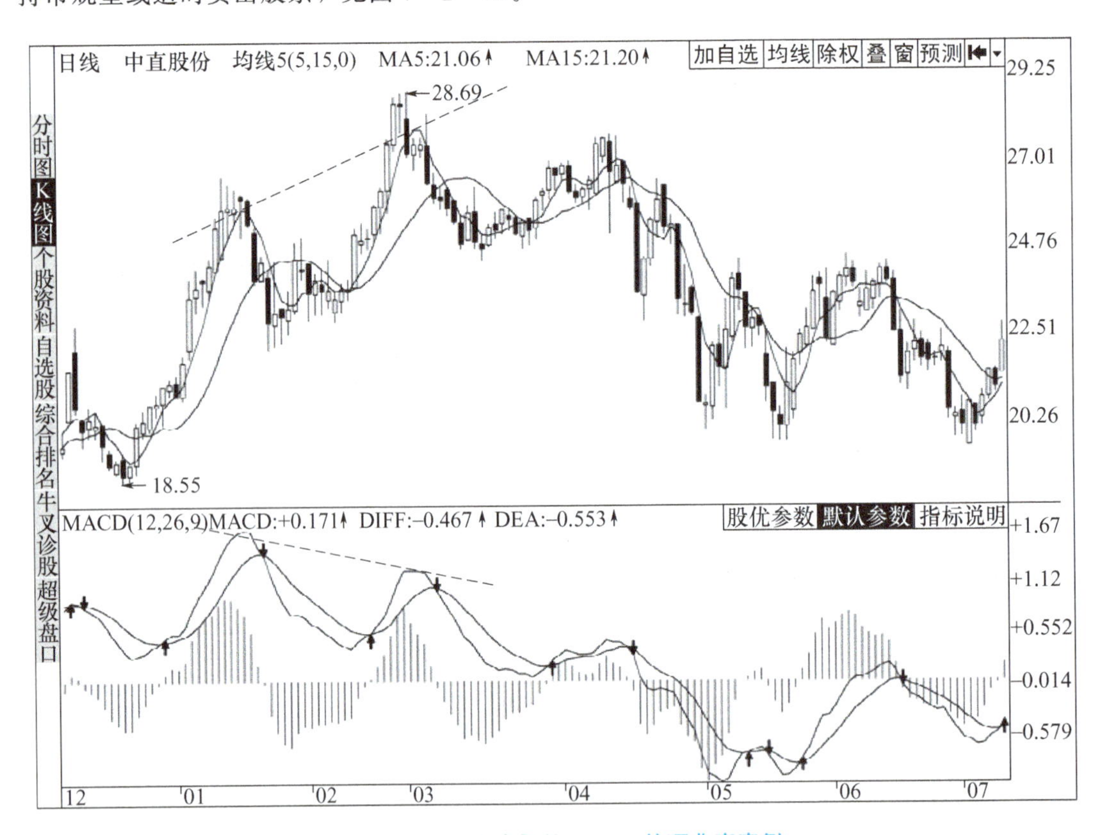

图 7-2-10 中直股份 MACD 的顶背离案例

底背离：当股价处于下降趋势，出现两个或三个近期低点且一峰比一峰低，而 DIF、DEA 却没有下降反而上升。这种背离意味着近期股市行情即将转好，投资者可以适时买入股票或建仓。

（四）MACD 方法的优势与不足

1. 优势

MACD 的优点是除掉了移动平均线频繁出现买入或卖出股票的信号，屏蔽了一部分假信号，减少了失误的发生。

2. 不足

当股价处于整理阶段，DIF 与 DEA 不断交叉，MACD 长时间的取值很小，无法给出买入、卖出的明确信号，无法进行判别；可静观其变，待趋势明朗再进行操作，见图 7－2－11。

说明：由于参数覆盖的区域有限，故 DIF、DEA 的最高点与最低点，未必对应股价的最高点与最低点。

这一节讲的 MA、DMA、MACD 等都包含移动平均的方法。

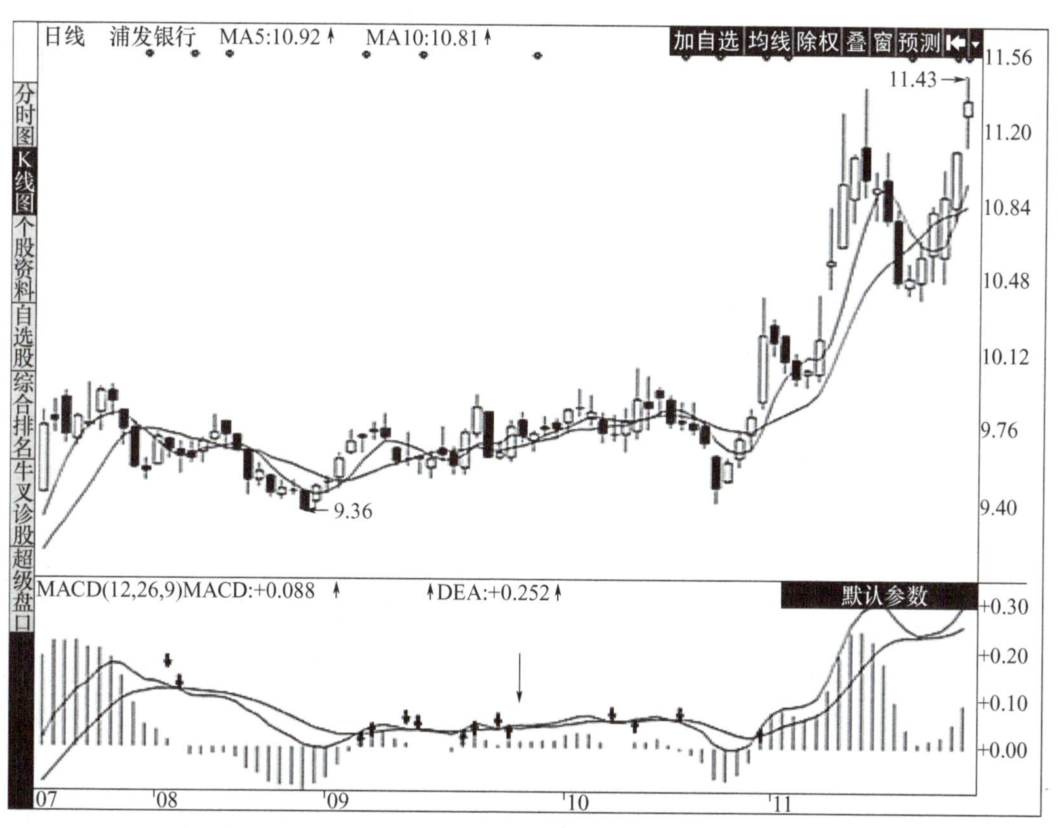

图 7－2－11 浦发银行整理形态 MACD 指标失效

第三节 超买超卖型指标

当股价很高，若买入必然亏损时，便超出了适合买入的价格，此时称为超买（不适合买）；当股价很低，若卖出必然亏损时，便超出了适合卖出的价格，此时称为超卖（不适合卖）。

一、威廉指标

威廉指标（WMS）是拉里·威廉斯于1973年首创的，是描述短期投资信号的技术指标，在股市及期货市场广泛应用。

（一）WMS的计算公式

WMS是通过股票最高价相对于收盘价的幅度，与最高价相对于最低价幅度所占的比例，分析该只股票的超买超卖状态，是短期投资信号的指标，计算公式为

$$WMS(n)=\frac{H_n-C_t}{H_n-L_n}\times 100$$

其中：C_t——当天的收盘价；

H_n、L_n——n日内（包括当天）股票的最高价与最低价；

n——时间参数，一般软件输出10、20两种参数的图形。

WMS表明，当天收盘价在过去的一段时间内所处的水平。在股票分析软件中，WMS用W&R表示。

（二）WMS公式及输出图形的说明

通过公式的结构可以看出：收盘价越高，WMS越小；收盘价越低，WMS越大。

$0\leqslant WMS\leqslant 100$；$WMS<20$为超买（不适合买）区；$WMS>80$为超卖（不适合卖）区；$20\leqslant WMS\leqslant 80$为徘徊区，无法判断。

WMS以50为中轴线，若低于50则视为股价转强，若高于50则视为股价转弱，见图7-3-1。

（三）根据WMS的取值确定操作策略

1. 买进信号

如果WMS取值大于80时，此时处于超卖区，表明股价处于下跌行情，即将见底。WMS进入超卖区后，一般在该区域波动3～4次，形成一个高台，一旦WMS取值连续减少预示着股价将转强，当WMS向下突破中轴线50时，为买入信号，见图7-3-1-①×3。

2. 卖出信号

如果WMS取值小于20时，此时处于超买区，表明股价处于上涨行情，即将见顶。WMS进入超买区后，一般在该区波动3～4次，形成一个盆地，一旦WMS取值连续增加预示着市场将转弱，当WMS向上突破中轴线50时，为卖出信号，见图7-3-1-②×2。

3. 操作说明

这里的80及20是经验数字，不是绝对的，不同软件取的这两个值也不尽相同。WMS进入超买超卖区域后，买进操作是WMS下穿中轴线50后，卖出操作是WMS上穿中轴线50后，这两个时点是操作的最佳时机。

图 7-3-1　浦发银行用 WMS 确定买入与卖出时机案例

使用 WMS 确定买入或卖出的时机，需要和其他指标配合使用，互相佐证方可操作。

用系统输出两条线 WR1 和 WR2，WR1 设置的是 20 天，WR2 设置的是 10 天；相对而言，WR1 不如 WR2 敏感。若做短线投资，参考 WR2 变化；若做中短线投资，参考 WR1 变化，也可根据自己的经验，自行调节。

WMS 确定买进与卖出的时点很有效，但它的趋势正好和股价的趋势相反，讨论起来还要有一个转弯的过程。能否给出一个既有 WMS 的特点，变化趋势和股价又一致的指标？

二、KDJ 指标

KDJ 指标又称为随机指标，由乔治·莱恩首创，是期货和股票市场上最常用的指标。

（一）KDJ 的计算公式

KDJ 指标，由三个公式组合而成。

1. 初始随机值 RSV

初始（未成熟）随机值（Raw Stochastic Value，RSV）的计算公式为：

$$\mathrm{RSV}(n)=\frac{C_t-L_n}{H_n-L_n}\times 100$$

其中的 C_t、L_n、H_n 的意义与 WMS 相同，但需要注意的是，分子的表达式不同。

由于 $C_t - L_n$ 的取值与 C_t 的方向是一致的，故 RSV 的取值与 C_t 一致。目前国内计算时，取周期 n 为 9 天。

2. *K* 曲线

K 曲线是初始随机数的指数平滑移动平均线，计算公式为：

$$K_{n+1} = (1-\alpha) \times K_n + \alpha \mathrm{RSV}_n$$

其中的 α 是平滑因子，其数值满足 $0<\alpha<1$，通常取 1/3，周期 n 一般取 3。

3. *D* 曲线

D 曲线是 *K* 曲线的指数平滑移动平均线，计算公式为：

$$D_{n+1} = (1-\beta) \times D_n + \beta K_n$$

其中的 β 同样是平滑因子，$0<\beta<1$；周期 n 一般取 3，平滑因子 β 通常取 1/3。

说明：初始 K_0、D_0 的取值，可以使用当日 RSV，也可以使用数值 50 代替。

4. *J* 曲线

K 值与 *D* 值的偏离程度作为 *J* 指标，计算公式为：

$$J_n = D_n + 2(D_n - K_n) = 3 \times D_n - 2 \times K_n$$

KDJ 指标，涉及 4 个公式，其中的初始随机值 RSV 是 *K* 指标中的一个参数，并不是分析的指标。

用股票分析软件输出 *J*、*K*、*D* 的曲线，利用这三个指标可以对股票的走势及买卖操作进行分析。

（二）KDJ 的应用法则

1. *J*、*K*、*D* 的敏感性

J、*K*、*D* 指标是在 WMS 的基础上发展起来的，因此具有该指标的一些特性。就敏感性而言，*J* 最强、*K* 次之、*D* 最弱。

故当股价呈上升趋势时，三者从上到下的顺序是 *J*、*K*、*D*；当股价呈下降趋势时，三者从上到下的顺序是 *D*、*K*、*J*。

由于参数多取为 3、9，这就意味着 KDJ 指标适合于短期分析。

2. *J*、*K*、*D* 取值区域及含义

J 的取值可以大于 100 或小于 0；当大于 100 时为超买，小于 0 时是超卖；其他区域为本指标无法判别区域。

K、*D* 的取值是 0～100，可将其划分为三个区域：

（1）80（或 70，不同股票会有所区别）以上为超买区，当 *K*、*D* 进入该区并在该区域附近波动，表明股价处于上涨行情，预示着股价将要触顶；有可能停止上涨转而开始下跌，预示着卖出股票的时机来临，见图 7-3-2-①×2。

（2）20（或 30）以下为超卖区，当 *K*、*D* 进入该区并在该区域附近波动，表明股价处于下跌行情，预示着股价将要触底；有可能停止下跌转而开始上涨，预示着买入时机的

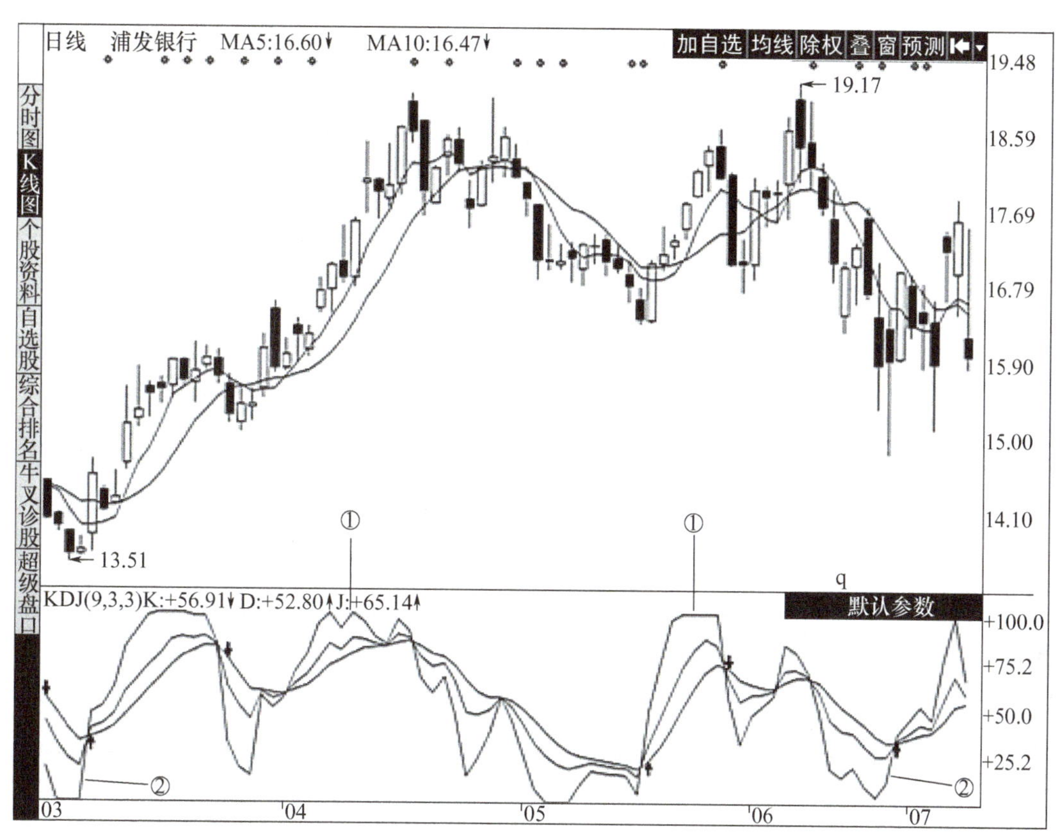

图 7-3-2 浦发银行利用 *K*、*D* 指标的区域划分案例

到来，见图 7-3-2-②×2。

（3）其余为徘徊区，是这两个指标无法判别的区域。

在以上各个区域的表现，不同股票的 *J*、*D*、*K* 会有所区别。例如，有的股票的极端值在 90 以上出现，有的可能在 80 以上出现。

分析时，要与股票价格曲线的走势及历史的高点和低点配合分析，并用其他指标佐证，寻找最佳的操作时机操作。

3. *K*、*D* 曲线判断买入、卖出时机

（1）黄金交叉。

K 曲线向上突破 *D* 曲线为黄金交叉，预示下跌行情结束、上涨行情到来，出现买入信号，但需要考虑如下条件。

位置低：黄金交叉位于超卖区，且位置越低效果越好，见图 7-3-3-①×2。

眼多：*K*、*D* 交叉，会围成一些小的区域，称为眼。交叉次数越多，眼越多，效果就越好。

翘首：多次交叉后，一旦 *D* 从下降或水平转为上升，就是买入操作的最佳时机，见图 7-3-3-②×2。

（2）死亡交叉。

如果 *K* 曲线向下突破 *D* 曲线为死亡交叉，预示上涨行情结束，出现卖出信号，但需

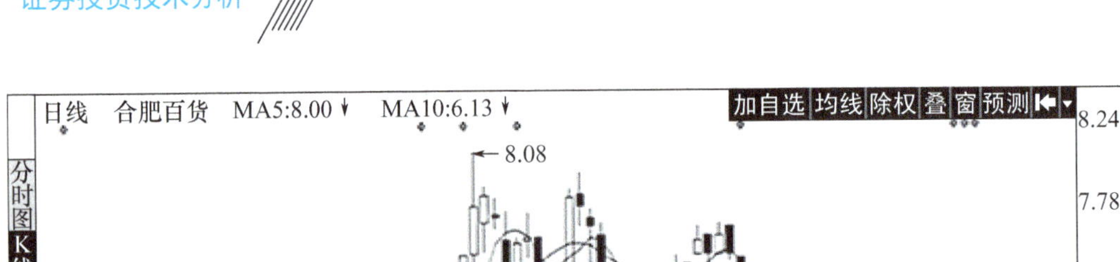

图 7-3-3　合肥百货 *K*、*D* 的黄金交叉与死亡交叉案例

要考虑如下条件。

位置高：死亡交叉位于超买区，且位置越高效果越好，见图 7-3-3-③。

眼多：同黄金交叉，见图 7-3-3-③。

俯首：多次交叉后，一旦 *D* 从上升或水平转为下降，就是卖出操作的最佳时机，见图 7-3-3-③。

4. *K*、*D* 与股价背离

当 *K*、*D* 同处在高位或低位，如果出现与股票价格走向的背离，则是采取行动的信号。

（1）顶背离。

当 *K*、*D* 处于高位，呈持续下跌趋势，出现两个及以上依次向下的峰，即一峰比一峰低。而此时股价呈持续上升趋势，出现两个及以上依次向上的峰，即一峰比一峰高。

此为顶背离，预示着股价将改变上升的态势。当背离结束时，即使未在超买区，只需配合死亡交叉的信号，就是卖出的最佳时机，见图 7-3-4-①。

（2）底背离。

与顶背离相反，当 *K*、*D* 处于低位，呈持续上升趋势，出现两个及以上依次向上的谷，即一谷比一谷高。而此时股价呈持续下跌，出现两个及以上依次向下的谷，即一谷比一谷低。

此为底背离，预示着股价将改变下降趋势。当背离结束时，即使未在超卖区域，只需配合黄金交叉的信号，就是买入的最佳时机，见图 7-3-5-①。

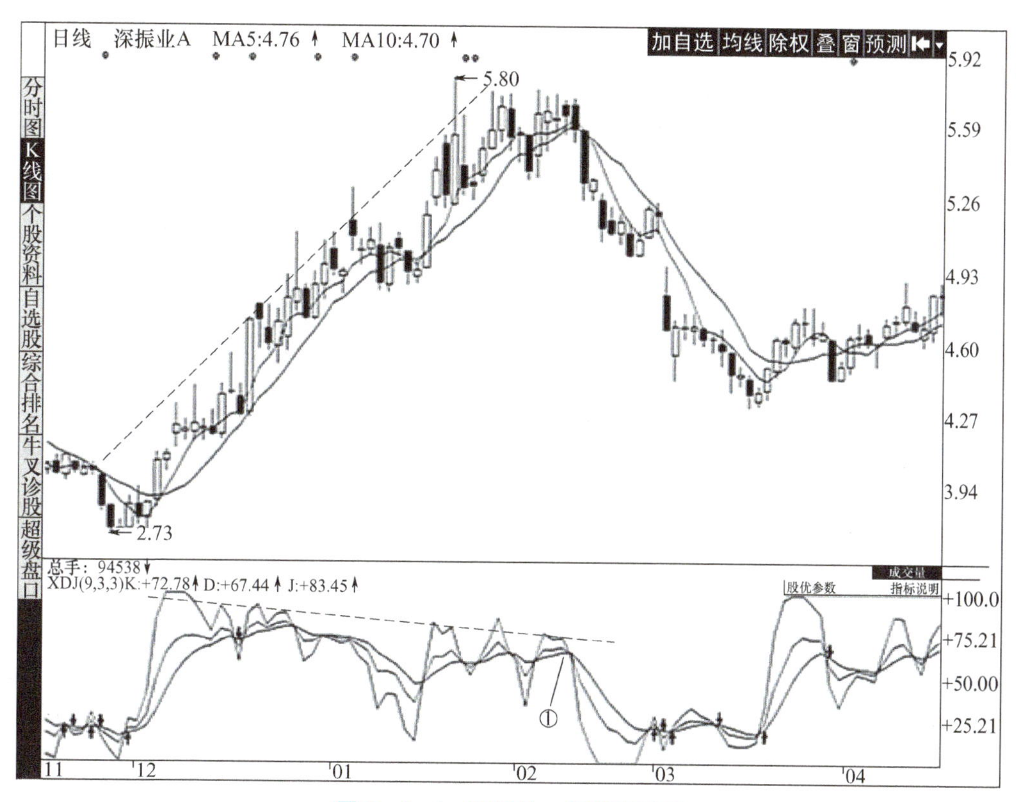

图 7－3－4 深振业 A 顶背离案例

图 7－3－5 佛山照明底背离案例

（三）使用 KDJ 指标应注意的问题

1. 考虑了波动幅度对价格走势的影响

KDJ 指标，考虑的不仅仅是收盘价，还考虑了近期的最低价和最高价，充分地考虑了股价波动幅度对价格走势的影响，预测的买入、卖出时机更准确。

2. K、D 处于徘徊区无法给出明确信息

当 K、D 处于中轴线 50 上下徘徊时，无法给出明确的信号，这时的股价一般处于整理阶段，可静观其变，待趋势明确后再进行操作，见图 7－3－6。

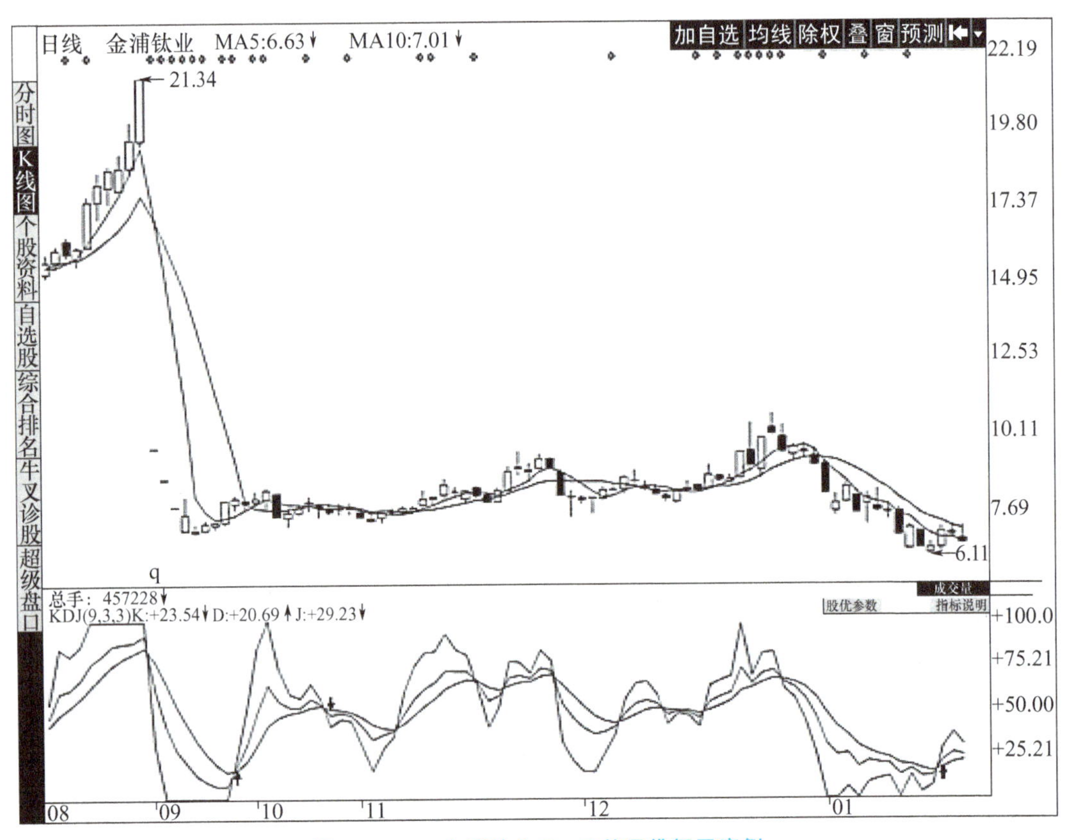

图 7－3－6 金浦钛业 D、J 处于徘徊区案例

3. 配合股价及其他指标进行判断

一种方法可能存在盲区或信号不明确的区域，故使用 KDJ 指标时，要结合股票价格走势，及其他指标进行辅助判断、相辅相成、互相印证，以免失误。

考虑一个时期，股票价格总的上涨幅度与总的下跌幅度哪一个更大？上涨幅度大，表明最近涨势是主流，否则跌势是主流，如何进行分析？

三、相对强弱指标

相对强弱指标（Relative Strength Index，RSI），是分析股票市场，对未来股价走势进行预测的常用技术指标。

（一）RSI 的计算公式

RSI 的目的：以 n 天内收盘价作为基础，求出一个时期内股价上涨及下跌的总幅度，根据上涨幅度占涨跌总幅度的百分比，推测股票价格未来变动趋势及市场强弱。

1. 计算相邻两天收盘价之差

设收盘价为 P_i，计算相邻两天收盘价之差 P_i-P_{i-1}。该差大于 0 时的涨幅记为 P_i^+，小于 0 时的跌幅记为 P_i^-：

$$P_i^+=\begin{cases}P_i-P_{i-1} & 若\ P_i-P_{i-1}>0\\ 0 & 若\ P_i-P_{i-1}\leqslant 0\end{cases}\quad (i=1,2,\cdots,n)$$

$$P_i^-=\begin{cases}0 & 若\ P_i-P_{i-1}\geqslant 0\\ P_i-P_{i-1} & 若\ P_i-P_{i-1}<0\end{cases}\quad (i=1,2,\cdots,n)$$

2. 计算总涨幅与总跌幅

n 日中股价涨幅之和：

$$A=\sum\nolimits_{i=1}^{n}P_i^+$$

n 日中股价跌幅之和：

$$B=-\sum\nolimits_{i=1}^{n}P_i^-$$

3. 相对强弱指标 RSI 的定义

定义 7-3-1： n 日中，股票向上波动占总波动的百分比，称为相对强弱指标，记作：

$$\mathrm{RSI}(n)=\frac{A}{A+B}\times 100$$

RSI 的参数 n 是交易日的天数，股票分析软件输出 n 为 6、12、24 的三条曲线，n 取值越小，RSI 曲线随股价变化就越敏感。

若股价为上升趋势，三条曲线自上而下的顺序是 RSI(6)、RSI(12)、RSI(24)；若股价为下降趋势，三条曲线自上而下的顺序是 RSI(24)、RSI(12)、RSI(6)。

（二）相对强弱指标 RSI 的应用法则

1. 根据 RSI 取值判断行情

RSI 的取值于 0～100，以 50 为中轴线（以下简称 50 轴）分成 4 个区域。

在一个时期之内，如果 $50\leqslant \mathrm{RSI}<80$，表示市场强，股价进入上升通道；当 RSI(12) 与 RSI(24) 出现死亡交叉，建议投资者果断卖出股票，见图 7-3-7-①。

在一个时期之内，如果 $80\leqslant \mathrm{RSI}<100$，表示市场极强，近期股价涨势迅猛，已经或即将触顶，随时有下跌可能，建议投资者适时卖出股票，见图 7-3-7-②。

在一个时期之内，如果 20≤RSI<50，表示市场弱，股价进入下降通道；当 RSI(12)与 RSI(24)出现黄金交叉，建议投资者果断买入股票，见图 7-3-7-③。

在一个时期之内，如果 0≤RSI<20，表示市场极弱，近期跌势迅猛，已经或即将触底，随时有上涨的可能，建议投资者适时买入股票，见图 7-3-7-④。

图 7-3-7 浦发银行 RSI 位于不同区域的操作案例

通过以上分析可以看出，由相对强弱指标 RSI 给出的买卖时机，没有滞后。

RSI 位于 50 轴附近摆动时，若股价为整理形态，将没有明显的预测信息，需要观望。

2. 根据 RSI 形态判断股价买卖时机

RSI 剧烈波动时呈现出各种形态，预示着反转的发生，是买入或卖出的时机。

当 RSI 位于较高位置，呈现头肩顶或多重顶形态时，是股价将要下跌的信号，当三线接近时，投资者宜卖出股票，见图 7-3-7-②×2。

当 RSI 位于较低位置，呈现头肩底或多重底形态时，是股价将要上涨的信号，当三线接近时，投资者宜买入股票，见图 7-3-7-④。

形态所处位置越高或者越低，即离中轴线越远，越有效。

3. 根据 RSI 曲线与股价的背离判断

RSI 处于高位形成的几个峰依次降低，而此时股价却一峰比一峰高，股价与参数出现顶背离，是股价即将反转向下的信号，投资者宜适时卖出，见图 7-3-8。

RSI 处于低位形成的几个谷依次升高，而此时股价却在下跌，一谷比一谷低，股价与

图 7－3－8 国药一致 RSI 曲线的顶背离

参数出现了底背离，是股价即将反转向上的信号，宜适时卖出。

注意：从图形可以看出，有时股价位于中部，但 RSI>80 或 RSI<20，这是由参数 n 所决定的。

当股价出现整理形态，此时的 RSI 将长时间的位于 50 轴附近无法判别，须参照其他指标共同确定操作方案。

葛兰碧八法则指出，当股价远离移动平均线时，称为乖离过大。那么，乖离如何计算，如何度量呢？

四、乖离率

股价偏离移动平均线越远，远离均线的能量越小，回归均线的能量越大，投资者可用这一特性对买卖时机进行判断。

（一）BIAS 的定义

定义 7－3－2：股价与移动平均线的偏离程度，称为乖离率（BIAS），也称偏离率，计算公式为：

$$\text{BIAS}(n)=\frac{C_t-\text{MA}(n)}{\text{MA}(n)}\times 100$$

其中：C_t——第 t 日的收盘价；

MA(n) ——股价的 n 日移动平均；

n——BIAS 的参数，一般取 6 日、12 日、24 日。

从公式可以看出，分子是收盘价与移动平均线的偏离幅度，其值可正可负，与移动平均的比值为相对距离。如何根据其数值判断股价的趋势？

（二）BIAS 的应用法则

正的乖离率越大，表示多头卖出股票获利的可能性越高；负的乖离率越小，则空头建仓买入股票的机会也就越高。乖离率为多大时适合买入股票，多大时适合卖出股票？

1. 乖离率位于不同区域时的含义

移动平均 MA 的参数 n 越大越平稳，其倒数越敏感。因此，当 n 越大时，乖离率越敏感，波动幅度越大。

股价持续涨势中，乖离率一般位于零轴上方，且满足：

$$\text{BIAS}(6)\leqslant\text{BIAS}(12)\leqslant\text{BIAS}(24)$$

因此，当乖离率位于零轴上方且远离零轴时，应考虑适时卖出，见图 7-3-9。

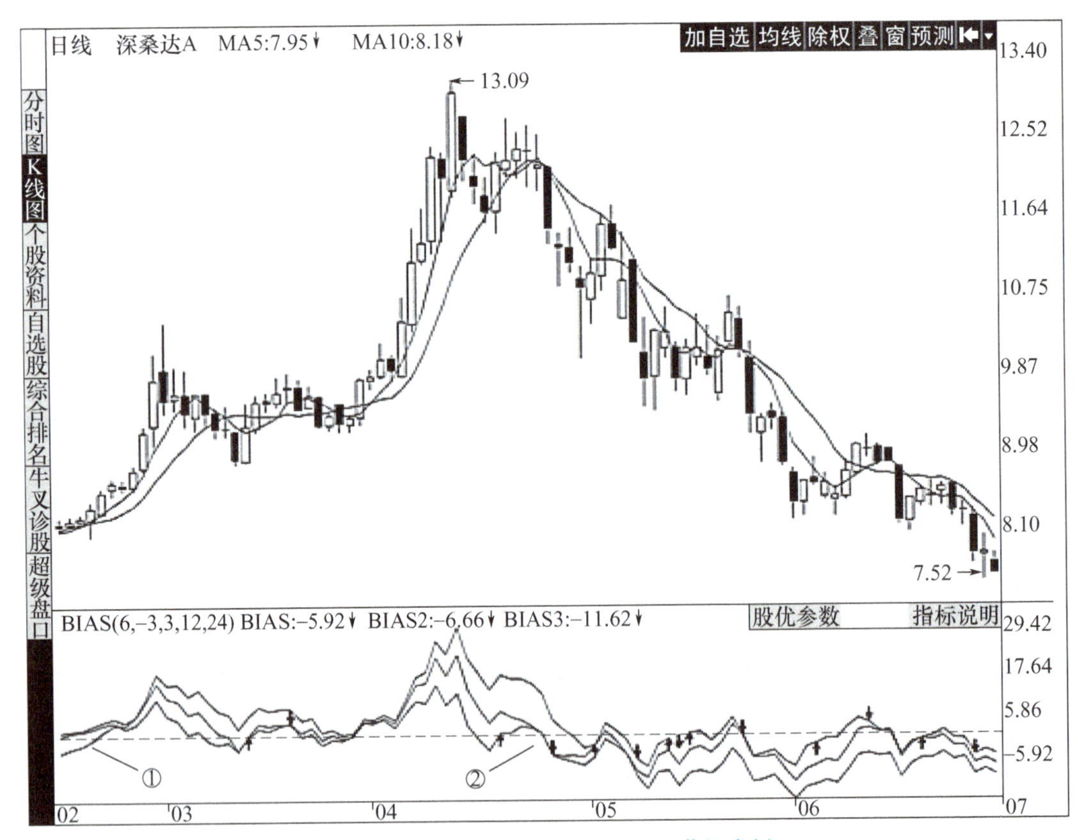

图 7-3-9 深桑达 A BIAS 的取值范围案例

股价的持续下跌中，乖离率一般位于零轴下方，且满足：

$$\text{BIAS}(6)\geqslant\text{BIAS}(12)\geqslant\text{BIAS}(24)$$

因此，当乖离率位于零轴下方且远离零轴时应考虑适时买入。

2. 乖离率给出的买卖时机

移动平均与股价的黄金交叉和死亡交叉，是买卖时机，此时移动平均与股价相等。

BIAS 计算公式的分子是收盘价与均值的差，当 BIAS 长期位于零轴以下且上穿零轴时，此时股价与均值为黄金交叉，是买入股票的时机，见图 7-3-9-①。

当 BIAS 长期位于零轴以上且下穿零轴时，此时股价与均值为死亡交叉，是卖出时机，见图 7-3-9-②。

不同周期的 BIAS 交叉且远离零轴时，意味着股价已远离均线，此时，长期 BIAS 上穿或下穿短期 BIAS 已经没有预测买卖时机的意义。

3. 乖离率与股价的背离

BIAS 位于零轴之上，形成的几个峰依次降低，而此时的股价却一峰比一峰高，即出现了顶背离，预示着股价将要反转下跌，是强烈的卖出信号，见图 7-3-10-①。

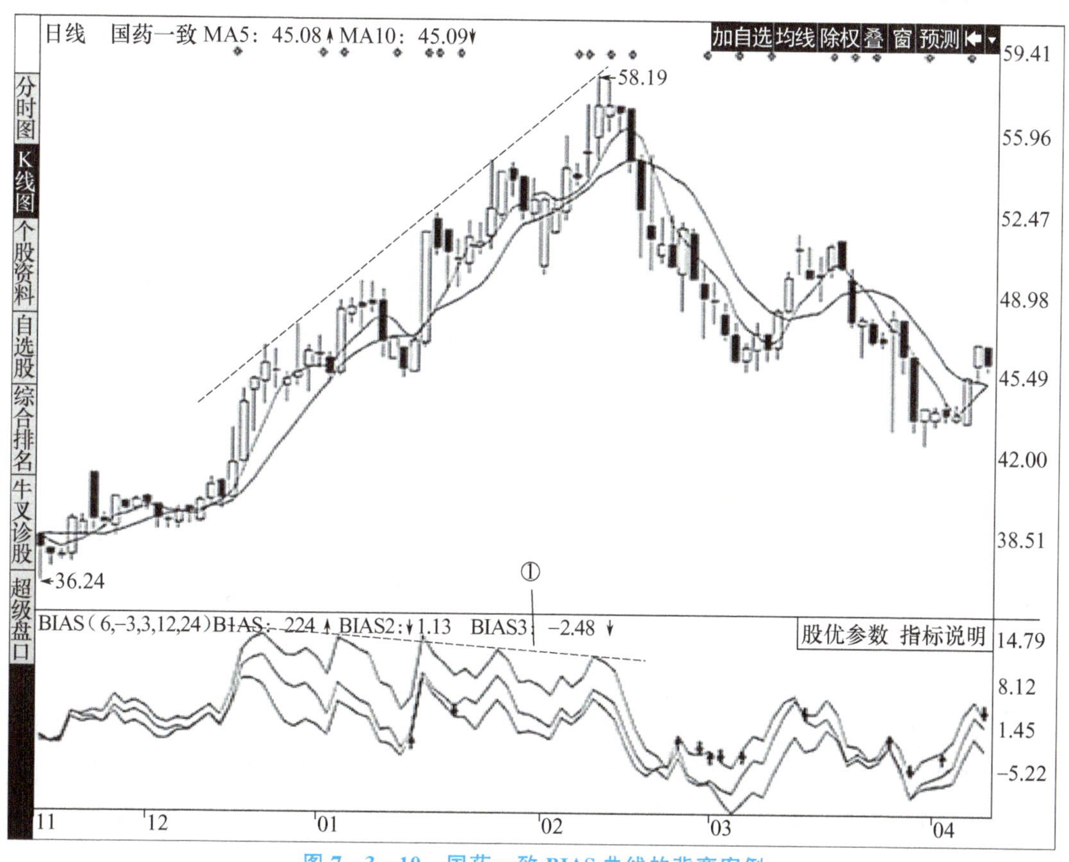

图 7-3-10 国药一致 BIAS 曲线的背离案例

BIAS 位于零轴以下，形成的几个谷依次升高，而此时的股价却一谷比一谷低，即出现了底背离，预示着股价将要反转上涨，是强烈的买入信号。

顶背离与底背离，可结合黄金交叉的时点买入或卖出股票。

乖离率 BIAS 是用收盘价与移动平均的相对变化确定买卖时机，如果考虑相差一个时间间隔的两个收盘价之间的相对变化，能否判断买卖时机呢？

五、变动率

（一）变动率的定义

定义 7-3-3：股票当天的收盘价 C_0 与前 n 天的收盘价 C_{-n} 的相对变化，称为变动率（Rate of Change，ROC），计算公式为：

$$\mathrm{ROC}(n)=\frac{C_0-C_{-n}}{C_{-n}}\times 100$$

公式中的参数 n 是两个价格相距的时间间隔。类似于乖离率，n 越大，ROC 的图形越敏感；n 越小，ROC 的图形越迟钝。

若 n 太大，时间相距太久远，不具有可比性；若 n 太小，两个价格时间相距很近，变化甚微也没有比较的必要，通常 n 取 12。股票分析软件给出了 ROC(12)及移动平均 MAROC(6)。

（二）ROC 的特点

1. ROC 表示涨跌的速率

股价呈上升趋势，此时 ROC 一般大于 0：若 ROC 上涨，表明股价上涨的幅度在逐步加大，见图 7-3-11-①；若 ROC 走平，表明股价上涨的幅度与数天前相近，尽管股价

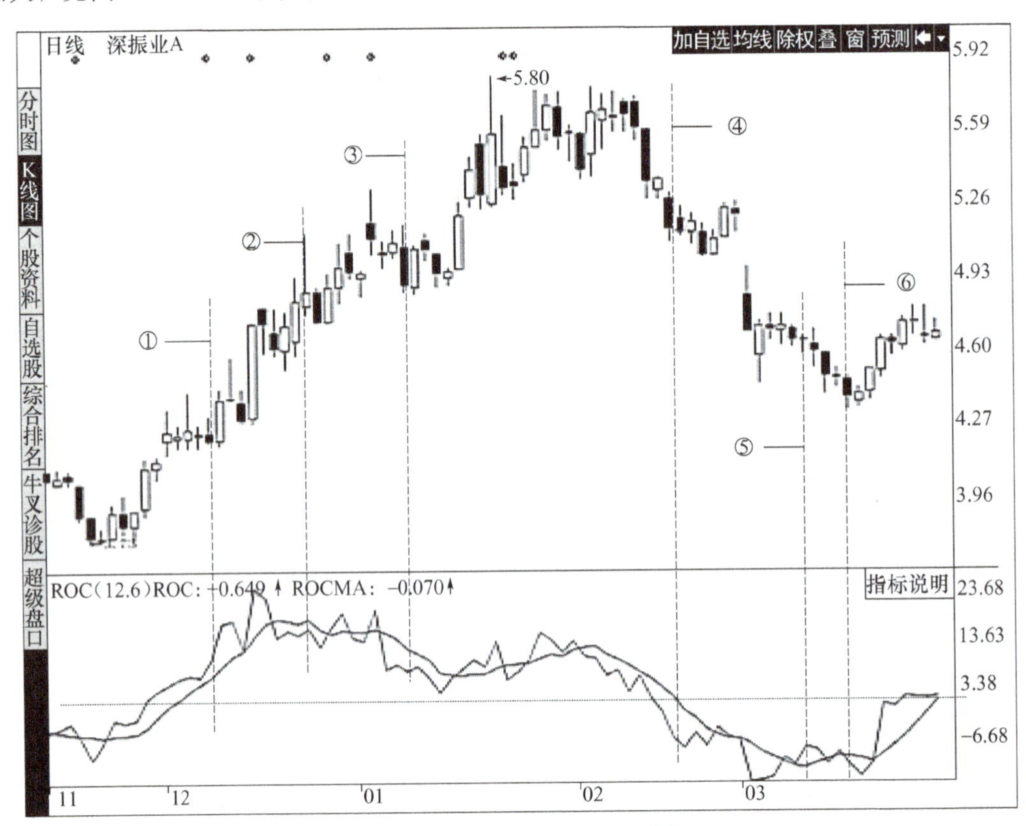

图 7-3-11 深振业 A ROC 案例

还是呈上升趋势，但上涨的幅度相同，见图 7－3－11－②；若 ROC 下跌，表明股价上涨的幅度比数天前逐步减少，尽管股价还是呈上升趋势，见图 7－3－11－③；当 ROC 跌至 0 值附近，预示着上升趋势已尽，处于整理形态。

股价呈下降趋势，此时 ROC 一般小于 0：若 ROC 下跌，表明股价下跌的幅度在逐步加大，见图 7－3－11－④；若 ROC 走平，表明股价下跌的幅度与数天前相近，尽管股价还是呈下降趋势，但下跌的幅度相同，见图 7－3－11－⑤；若 ROC 上涨，表明股价下跌的幅度比数天前在逐步减少，尽管股价还是呈下降趋势，见图 7－3－11－⑥；当 ROC 涨至 0 值附近，预示着下降趋势结束，处于整理形态。

2. ROC 超前于股价

由于 ROC 结构的特点，其变化总是领先于股价变化，提前几天升降，对买卖股票的时机真正起到了预测作用，这是其他指标不具备的。

3. ROC 数值范围

ROC 是相对数的 100 倍，其值可正可负，取值为－50～50，见图 7－3－12。

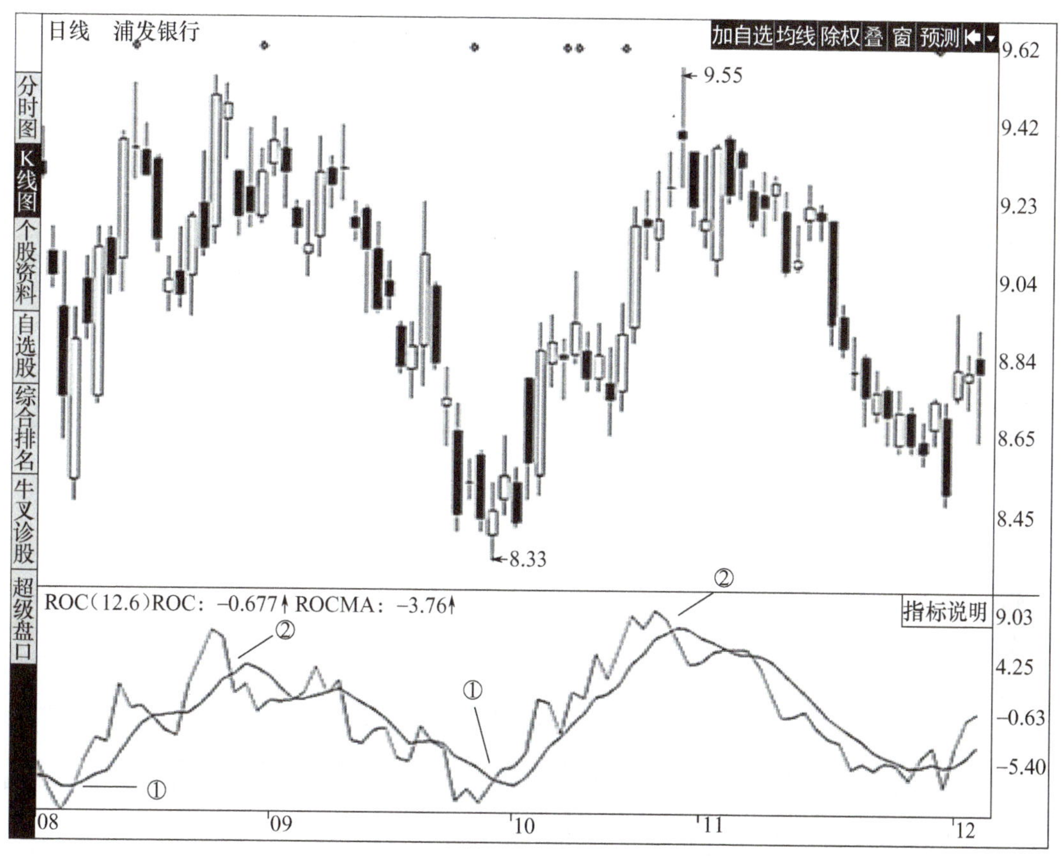

图 7－3－12　浦发银行 ROC 交叉形态案例

(三)变动率 ROC 的买卖时机

1. 黄金交叉与死亡交叉

一个时期以内,ROC、MAROC 均位于零轴以下的区域底部,且 ROC 位于 MAROC 下方。当 ROC 上穿 MAROC 是黄金交叉,是买入时机。如果 ROC 在 MAROC 上下波动,出现一两个头肩反转形态后的上穿更有效,见图 7-3-12-①×2。二者都位于区域顶部,ROC 位于 MAROC 上方,下穿 MAROC 时为死亡交叉,是卖出时机。如果 ROC 在 MAROC 上下波动,出现一两个头肩反转形态后的下穿更有效,见图 7-3-12-②×2。

2. ROC 与价格背离

ROC 具有领先价格变化的特性,出现顶背离或底背离预示着操作时机的到来,见图 7-3-13。

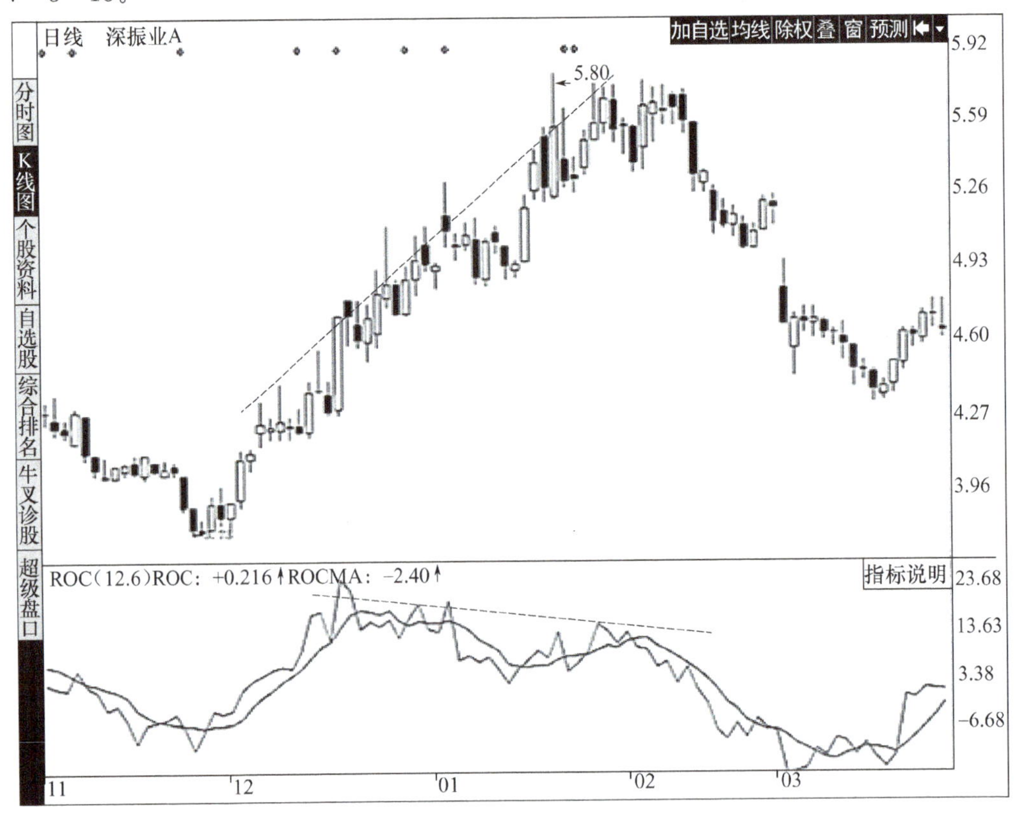

图 7-3-13 深振业 A ROC 背离案例

前边讨论的指标,既能用于个股,也可以用于大盘,如上证指数、深证指数。有没有专门用于证券市场(大盘)多空趋势的指标呢?

第四节 大势型指标

2021 年 5 月 8 日,在沪深 A 股市场交易的股票是 4234 只,这些股票隶属于多个不同的行业。是否进入股市投资,人们首先要看股票市场行情,即大盘走势,如何根据大盘决定是否进行股票投资呢？

为此，各个国家的证券市场给出了描述整个证券市场或某个行业证券市场价格走势的指标，称为综合指数。比较有代表性的如道琼斯指数、标准普尔指数、恒生指数、上证指数、深证指数、工业指数、交通指数等。我国的证券市场指数种类很多，截至 2021 年 5 月 8 日，仅沪深指数就有 532 种。

直接通过大盘指数的涨跌，决定是否进行股票投资是否可行呢？回答是否定的。市场中常常存在庄家通过拉抬或打压大盘指标股，使得指数走势失去本来面目，导致投资者失去判断的依据。

对各种指数进行评价的指标称为大势型指标。这些指标可以很好地消除指数的失真，为人们投资提供依据。

一、腾落指标

（一）定义

定义 7－4－1：根据每天上涨、下跌股票的只数作为计算与观察对象，以探测股市内在资金动能的强弱，用以研判股市未来走向的技术性指标，称为腾落指标（Advance/Decline Line，ADL）。

ADL 只分析股票指数，反映大势的走向与趋势，并不针对个股讨论，不提供个股的涨跌信号。

（二）计算公式

ADL 的计算公式为：

$$ADL_n = ADL_{n-1} + N_A - N_D$$

式中：N_A、N_D分别为当天上涨、下跌股票的只数；涨跌以交易日的收盘价计，持平不计；初始值为 0，无期限。

ADL 是自交易以来上涨股票只数与下跌股票只数差的和，与下式等价：

$$ADL = \sum N_A - \sum N_D$$

分析软件给出了 ADL、MAADL（7）两个指标配合分析。

（三）应用法则

1. ADL 与指数趋势一致

若 ADL 曲线与指数曲线同步上升，并接连创出新高，则可以判断整个大盘的上升趋势将延续，短期内反转向下的可能性不大，见图 7－4－1－①。

若 ADL 曲线与指数曲线同步下降，并接连创出新低，则可以判断整个大盘的下降趋势将延续，短期内反转向上的可能性很小，见图 7－4－1－②。

2. ADL 与指数同向调整

多头市场：ADL 曲线呈上升趋势，如果突然急跌，接着又继续掉头向上，并创出新高，而此时指数曲线也呈类似的趋势，预示着多方力量强大，行情再次向上的趋势将延

图 7-4-1 ADL 曲线应用案例

续，见图 7-4-1-③。

空头市场：ADL 曲线呈下降趋势，如果突然急涨，接着又继续掉头向下，并创出新低，而此时指数曲线也呈类似的趋势，预示着空方力量强大，行情再次向下的趋势将延续，见图 7-4-1-④。

3. ADL 与指数背离

(1) 顶背离。

指数位于区域顶部且处于上升状态，ADL 徘徊不前或掉头向下，ADL 与指数出现了顶背离。

之所以出现顶背离，表明构成大盘的指标股在上涨，而构成 ADL 的众多非指标股并没有同步上涨。其原因是市场主力通过拉抬指标股出货，预示着多头行情已经接近尾声，大盘的下跌行情将至，见图 7-4-2-①。

(2) 底背离。

指数位于区域底部且处于下跌状态，ADL 徘徊不前或转身向上，ADL 与指数出现了底背离。

之所以出现底背离，表明构成大盘的指标股在下跌，而构成 ADL 的众多非指标股并没有同步下跌。其原因是市场主力通过压低指标股补仓，预示着空头行情已经接近尾声，大盘上涨行情将到来。

图 7－4－2　ADL 顶背离案例

ADL 是自交易以来，上涨股票数量与下跌股票数量差的和，用来判断指数未来的走势。如果考虑某一时间段上涨股票数量与下跌股票数量之比，能否反映大盘某些特征吗？

二、涨跌比指标

（一）ADR 的定义与计算

定义 7－4－2：根据一个时间段股票上涨只数和下跌只数之比，推断股票市场未来发展趋势的指标，称为涨跌比（Advance Decline Ratio，ADR），计算公式为：

$$\mathrm{ADR}(N)=\frac{P_1}{P_2}$$

其中：

$$P_1=\sum_{i=0}^{N-1}A_{N-i}\text{，}\quad A_{N-i}\text{ 为第}(N-i)\text{ 日上涨股票只数}$$

$$P_2=\sum_{i=0}^{N-1}D_{N-i}\text{，}\quad D_{N-i}\text{ 为第}(N-i)\text{ 日下跌股票只数}$$

参数 N 通常取 10、14 等。股票上涨数量大于下跌的数量，ADR＞1，此时市场呈上涨行情；股票上涨数量小于下跌的数量，ADR＜1，此时市场呈下跌行情。

ADR 的图形类似于钟摆，以 1 为中心左右波动，摆动幅度取决于参数 N 的大小。参数 N 选择的越小，ADR 波动幅度越大，曲线的起伏就越剧烈、敏感；参数 N 选择的越

大，ADR 的波动幅度越小，曲线的起伏就越平稳、不敏感。

股票分析软件同时输出 ADR 及以 6 为参数的移动平均线。

（二）ADR 的应用准则

1. ADR 的取值

由计算公式可以看出，ADR 取大于 0 的正值。对于成熟的市场，ADR 取值通常位于 0～3 之间，分为如下几个区域。

（1）0.5≤ADR≤1.5：常态区域。

ADR 位于 0.5～1.5 的区域时，表明上涨股票数量与下跌股票数量接近，多空双方任何一方都不占绝对优势，这是 ADR 取值最多的区间，见图 7-4-3。

图 7-4-3 ADR 取值区域案例

由于外部环境的变化及内部条件的不同，常态区域的上下限可以适当扩充为 0.4～1.9。

（2）ADR<0.5 或 ADR>1.5：非常态区域。

ADR 超出了常态区域的上下限，表示上涨与下跌的势头已经超出了正常范围，随着与上下限距离的拉大，指数将出现反转，是操作的信号。

（3）ADR<0.3 或 ADR>2：异常区域。

当 ADR 小于 0.3 或大于 2，表明上涨股票的数量与下跌股票的数量的比例出现严重的偏差，大盘出现了暴涨暴跌，见图 7-4-3-①。

这一般是出现了突发的利好或利空消息，如出台宏观调控政策或发生自然灾害等。当ADR位于异常区域，是操作的绝佳机会，投资者需果断的建仓或卖出股票。

2. ADR与指数的配合

（1）ADR与指数同升同降。

ADR上升表明多数股票在涨，指数也上升表明权重股在涨，即股票市场处于整体上涨阶段，这种情况内短期反转下跌的可能性小。此时，投资者若为空方，可择股买入股票；若为多方，可谨慎持有，此时是投资好机会，见图7-4-3-②。

ADR下降表明多数股票在跌，指数也下降表明权重股在跌，即股票市场处于整体下跌阶段，这种情况短期内反转上涨的可能性小。此时，投资者若为空方，要持币待购；若为多方，须适时止损卖出股票，见图7-4-3-③。

（2）从ADR曲线确定操作时机。

ADR与均线MAADR均位于区域的低位，ADR在均线MAADR上下摆动（出现双重底形态）。当ADR从下向上突破MAADR，黄金交叉出现时是空头进入末期的信号，预示着大盘触底反弹的时机到来，见图7-4-4-①×2。

图7-4-4 ADR用于时机的判断案例

ADR与均线MAADR同位于区域的高位，ADR在均线MAADR上下摆动（出现双重顶形态）。当ADR从上下穿MAADR出现死亡交叉时，是多头进入末期的信号，预示着指数反转向下将要到来，见图7-4-4-②×3。

ADR与均线MAADR同位于区域的高点，ADR在均线MAADR上下摆动，最后一次下穿的死亡交叉，预示着指数反转向下将要到来，见图7-4-4-②×3。

（3）ADR的警示作用及与指数的背离。

ADR有很好的先行示警作用，反转的时机比指数会大大地提前，这是由于ADR的计算方法决定的。

ADR与指数均位于高位，ADR已经由涨转跌，指数还在上涨，即顶背离，见图7-4-5-①。

ADR与指数均位于低位，ADR已经由下跌转整理或上涨，指数还在下跌，即底背离。

这两种情况都提示投资者，权重股与所有股票的涨跌方向不一致，有可能是庄家拉抬或打压权重股制造指数涨跌的假象，预示着指数即将反转，是很好的警示作用。

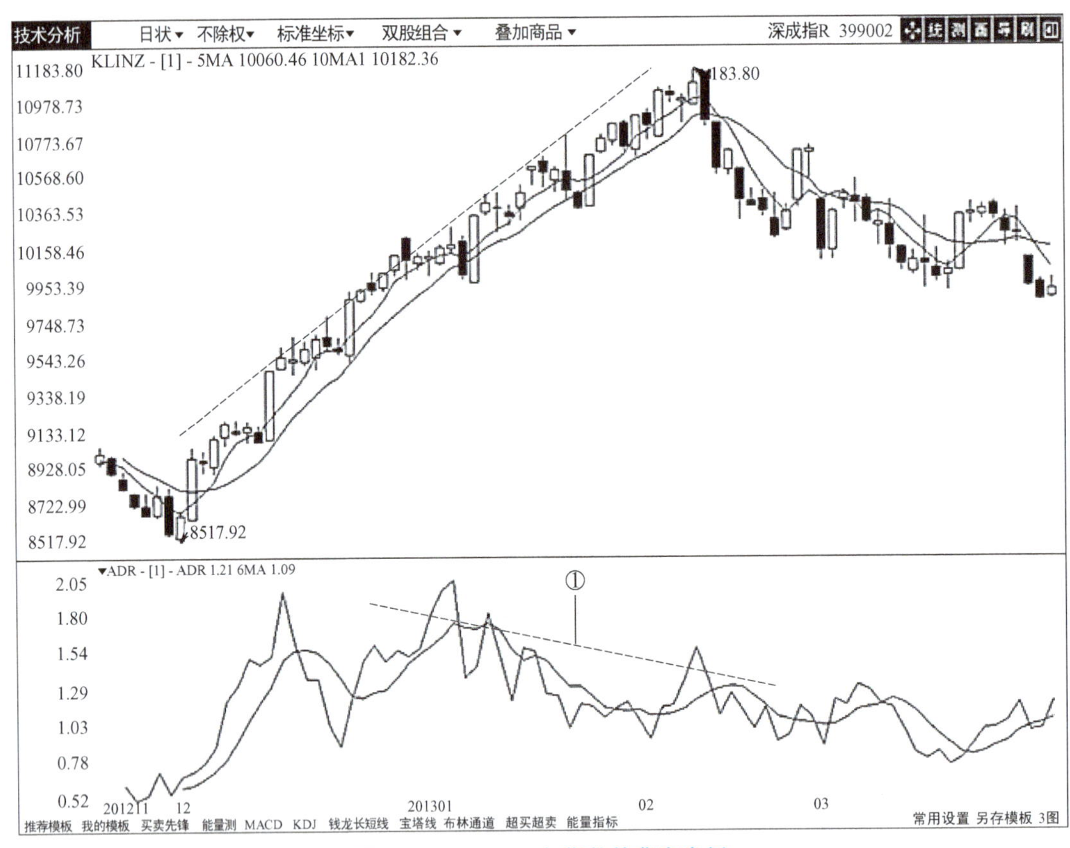

图7-4-5 ADR与指数的背离案例

ADL是用自开始交易以来，每个交易日上涨股票只数与下跌股票只数的差之和，用来判断大盘的走势。如果考虑某一个固定的时间段，上涨股票的只数与下跌股票的只数之差的和，那么指数的走势有什么特征？

三、超买超卖指标

超买超卖指标（Over Bought Over Sold，OBOS）认为，当大盘指数持续上涨时，必然会有一部分主力获利了结，从而使大盘回调；当大盘指数持续下跌时，又会吸引一部分机构进场吸纳建仓，使大盘指数出现反弹。

OBOS 通过计算一个时期内市场涨跌股票数量之差，度量投资者的心理变化，了解整个市场买卖气势的强弱，以此研判未来大盘的演变趋势。

ADL 与 OBOS 的构思类似，但后者要精细得多，用处更广泛。

（一）OBOS 的定义

根据 N 个交易日股票的上涨只数和下跌只数之差，推断当前股票市场多空双方力量的对比，进而判断出股票市场趋势的指标，称为超买超卖指标，记为 OBOS，计算公式为：

$$\mathrm{OBOS}(N)=\sum_{i=0}^{N-1}(\mathrm{A}_{N-i}-\mathrm{D}_{N-i})$$

式中 A_{N-i} 为第 $(N-i)$ 日股票上涨只数；A_{N-i} 为第 $(N-i)$ 日股票下跌只数。

ADL 是交易以来，而 OBOS 是固定的时间段 N 个交易日，这是二者的本质区别。因而 N 为 OBOS 的参数，是待考察的天数，一般取 $N=10$。

当 N 越小，OBOS 波动幅度越大，曲线的起伏越剧烈，对指数变化的反应越敏感；当 N 越大，OBOS 的波动幅度越小，曲线的起伏越平稳，对指数变化的反应越迟钝。

股票分析软件同时输出 OBOS 以 6 为参数的移动平均线。

（二）OBOS 的应用法则

1. OBOS 的取值看行情

由定义可知，OBOS 的取值可正可负，随市场、时期的不同而不同，无确定的范围，沪深两市 OBOS 的取值一般介于 $-500\sim500$ 之间。

OBOS=0，表明上涨股票的数量与下跌股票的数量相当，OBOS 在零轴附近波动，表明大盘处于盘整状态，多空双方处于势均力敌的平衡状态。此时投资者可静观其变，待趋势明朗后再买入或卖出股票，见图 7-4-6-①。

OBOS>0，表明上涨股票的数量大于下跌股票的数量，表明此时多方的实力强，属于多方市场。OBOS 距离零轴越远，多方的实力越强。当 OBOS 远离零轴过大时，市场随时有反转的可能，投资者应适时远离股市，卖出股票或持币待购，见图 7-4-6-②。

OBOS<0，表明上涨股票的数量少于下跌股票的数量，表明此时空方的实力强，属于空方市场。OBOS 距离零轴越远，空方的实力越强。当 OBOS 远离零轴过大时，市场随时有反转的可能，投资者应适时进入股市，买入股票或持股待涨，见图 7-4-6-③。

2. OBOS 与指数的交叉

（1）黄金交叉。

分析软件给出了 OBOS 曲线及其均线 MAOBOS。

当二者都处于区域的底部，且 OBOS 在 MAOBOS 附近波动（出现双重底形态）后上穿 MAOBOS，此时为黄金交叉，预示大盘将上涨，投资者可择机进入股市，见图 7-4-7-①。

图 7-4-6 OBOS 曲线应用案例

(2) 死亡交叉。

当二者都处于区域的顶部，且 OBOS 在 MAOBOS 附近波动（出现双重顶形态）后下穿 MAOBOS，此时为死亡交叉，预示大盘将下跌，投资者须择机卖出股票，见图 7-4-7-②。

注意：由于 OBOS 具有预警作用，通常黄金交叉及死亡交叉都会先于大盘。

3. OBOS 与指数的配合

(1) OBOS 与指数方向相同。

当 OBOS 曲线持续攀升，指数也同步攀升，表明权重股、非权重股同步上涨，股票市场处于多方市场。

如果二者均位于区域的中下部，投资者可积极进入市场投资，择股建仓；如果二者已经位于区域的顶部，投资者需择机落袋为安或持币观望。

(2) OBOS 与指数的背离。

如果二者均位于区域的顶部，指数持续上升，OBOS 却在下跌，即出现顶背离，表明虽然权重股在上涨，但多数非权重股下跌，有可能是庄家拉抬权重股造成大盘上涨的假象，是大盘不久将反转向下的信号，见图 7-4-8-①。

如果二者均位于区域的底部，指数持续下跌，OBOS 却出现整理或上涨，即出现底背离，表明虽然权重股在下跌，但多数非权重股上涨，有可能是庄家打压权重股造成大盘下跌的假象，是大盘不久将反转向上的信号，见图 7-4-8-②。

图 7-4-7 OBOS与均线交叉判断时机案例

图 7-4-8 OBOS与指数背离案例

本章小结

本章介绍了技术指标的定义，主要包括趋势指标、超买超卖指标和大势指标三大类指标，详细讨论了各类指标的计算公式、构造原理及研判准则，并结合各种技术指标的识别给出了相应的方法。

综合练习

一、名称解释

1. 移动平均线　2. 指数平滑　3. 葛兰碧八法则　4. 趋势型指标
5. 超买超卖指标　6. 大势指标　7. 技术指标的背离

二、单项选择题（以下各小题所给出的选项中，只有一项符合题目要求，请将正确选项填入括号内）

1. （　　）是技术分析的理论基础。
A. 道氏理论　B. 波浪理论　C. 形态理论　D. 黄金分割理论

2. （　　）认为收盘价是最重要的价格。
A. 切线理论　B. 波浪理论　C. 道氏理论　D. 形态理论

3. 表示市场处于超买或超卖状态的技术指标是（　　）。
A. DMA　B. WMS　C. MACD　D. ADR

4. 大多数技术指标都是既可以应用到个股，又可以应用到综合指数，（　　）只能用于综合指数。
A. ADR　B. DMA　C. BIAS　D. WMS

5. 在 WMS 进入高数值区位后，一般要（　　），如果此时股价还继续下降，就会出现背离，是（　　）的信号。
A. 反弹、买入　B. 反弹、卖出　C. 回调、买入　D. 回调、卖出

6. 描述股价与股价移动平均线相距远近程度的指标是（　　）。
A. ADL　B. BIAS　C. RSI　D. WMS

7. 某只股票星期一至星期三的股价如下表所示，则星期三的 3 日 WMS 值是（　　）。
A. 10　B. 20　C. 30　D. 40

	星期一	星期二	星期三
开票价	11.35	11.20	11.50
最高价	12.45	12.00	12.40
最低价	10.45	10.50	10.95
收盘价	11.20	11.50	12.05

8. 如果遇到由于突发的利好或利空消息而产生股价暴涨或暴跌的情况，对数据分界线说法正确的是（　　）。

A. 对于综合指数，BIAS（10）＞35%为卖出时机
B. 对于综合指数，BIAS（10）＜20%为买入时机
C. 对于个股，BIAS（10）＞30%为卖出时机
D. 对于个股，BIAS（10）＜－15%为买入时机
9. BIAS指标是测算股价与（　　）偏离程度的指标。
A. MA　　B. MACD　　C. ADL　　D. ADR
10. 当（　　）时，是多头市场。
A. DIF和DEA均为正值　　B. DIF和DEA均为负值
C. DIF向下跌破零轴线　　D. DIF为正而DEA为负
11. 股市中常说的黄金交叉是指（　　）。
A. 现在价位站稳在长期与短期移动平均线之上，短期MA又向上突破长期移动平均线
B. 现在价位站稳在长期与短期移动平均线之上，长期MA又向上突破短期移动平均线
C. 现在价位位于长期与短期移动平均线之下，短期MA又向上突破长期移动平均线
D. 现在价位位于长期与短期移动平均线之下，长期MA又向上突破短期移动平均线
12. 西方投资非常看重（　　）移动平均线，并以此作为长期投资的依据。
A. 100天　　B. 150天　　C. 200天　　D. 250天
13. 下列不属于MACD的应用法则特点的是（　　）。
A. 以DIF和DEA的取值和这两者之间的相对取值对行情进行预测
B. DIF和DEA均为正值时，DIF向上突破DEA是买入信号
C. DIF和DEA均为负值时，DIF向下突破DEA是卖出信号
D. 当DIF向上突破零轴时，此时为卖出信号
14. 股市中常说的死亡交叉是指（　　）。
A. 现在价位站稳在长期与短期移动平均线之上，短期移动平均线又向上突破长期移动平均线
B. 现在价位站稳在长期与短期移动平均线之上，长期移动平均线又向上突破短期移动平均线
C. 现在价位位于长期与短期移动平均线之下，短期移动平均线又向上突破长期移动平均线
D. 现在价位位于长期与短期移动平均线之下，长期移动平均线又向上突破短期移动平均线
15.（　　）只能用于综合指数。
A. WMS　　B. BIAS　　C. RSI　　D. OBOS
16. 关于ADR指标的应用法则，以下说法正确的是（　　）。
A. ADR在0.5～1之间是常态情况，此时多空双方处于均衡状态
B. 超过ADR常态状况的上下限，就是采取行动的信号
C. ADR从低向高超过0.75，并在0.75上下来回移动几次，是空头进入末期的信号
D. ADR从高向低下降到0.5以下，是短期反弹的信号

17. 下列关于 OBOS 指标的应用法则，错误的是（　　）。

A. 当 OBOS 的取值在 0 附近变化时，市场处于盘整时期

B. 当 OBOS 为正数时，市场处于下跌行情

C. 当 OBOS 达到一定正数值时，大势处于超买阶段，可择机卖出

D. 当 OBOS 达到一定负数值时，大势处于超卖阶段，可择机买入

18. 下列不属于 OBOS 内容的是（　　）。

A. OBOS 指标是用一段时间内上涨和下跌股票数量的差距来反映当前股市多空双方力量的对比和强弱

B. 当 OBOS 的走势与指数背离时，是采取行动的信号，大势可能反转

C. 形态理论和切线理论中可用于 OBOS 曲线

D. OBOS 比 ADR 计算复杂，通常是用 ADR 较多

19. （　　）根据上涨股票的只数和下跌股票的只数的比值，推断证券市场多空双方力量的对比，进而判断出证券市场的实际情况。

A. ADL　　B. KDJ　　C. ADR　　D. OBOS

20. ADR（　　）是常态的情况，此时多空双方处于均衡状态。

A. 大于 0　　B. 小于 0

C. 在 0.5～1.5 之间　　D. 在 1～2 之间

21. KDJ 的计算公式考虑的因素是（　　）。

A. 开盘价、收盘价　　B. 最高价、最低价

C. 开盘价、最高价、最低价　　D. 收盘价、最高价、最低价

22. 以一定时期内股价的变动情况推测价格未来的变动方向，并根据股价涨跌幅度显示市场强弱的指标是（　　）。

A. MACD　　B. RSI　　C. KDJ　　D. WMS

23. 当 K、D 处在高位，并形成两个依次向下的峰，而此时股价还在一个劲地上涨，这就是所谓的（　　）。

A. 顶背离　　B. 底背离　　C. 双重底形态　　D. 双重顶形态

24. 在反映股市价格变化时，反映最慢的指标是（　　）。

A. K 指标　　B. D 指标　　C. J 指标　　D. WMS

25. 在利用 BIAS 测算股价与移动平均线偏离程度时，采取行动与静观的决策无关的是（　　）。

A. BIAS 参数　　B. 所选择股票的性质

C. BIAS 的曲线形状　　D. 分析时所处的时期

26. RSI 指标值大于 80，出现了两个一波低于一波的峰，但股价越走越高，这就是所谓的（　　）。

A. 底背离　　B. 顶背离　　C. 头肩顶　　D. 头肩底

三、不定项选择题（以下各小题所给出的选项中，至少有一项符合题目要求，请将正确选项填入括号内）

1. 根据技术分析理论，葛兰碧八法则可以用来判断是否出现（　　）。

A. 买入信号　　B. 卖出信号　　C. 多重顶信号　　D. 黄金交叉信号

2. 葛兰碧八法则中，以下是买入信号的有（　　）。
A. 移动平均线从下降开始走平，股价上穿移动平均线
B. 股价跌破移动平均线，但平均线呈上升趋势
C. 股价连续上升远离移动平均线，突然下跌，但在移动平均线附近再度上升
D. 股价跌破移动平均线，并连续暴跌，远离移动平均线
3. 葛兰碧八法则中，以下是卖出信号的有（　　）。
A. 移动平均线从呈上升状态，股价突然暴涨且远离移动平均线
B. 移动平均线从上升转为盘整或下跌，而股价向下跌破移动平均线
C. 股价走在移动平均线之下，且朝着平均线方向上升，但未突破移动平均线又开始下跌
D. 股价向上突破移动平均线，但又立刻向移动平均线回跌，此时移动平均线仍持续下跌
4. 下列不属于 WMS 应用特性的有（　　）。
A. 在 WMS 升至 80 以上，此时股价持续上涨，是卖出信号
B. 在 WMS 跌至 20 以下，股价持续下降，是买进的信号
C. 当 WMS 低于 20，一般应当考虑加仓
D. 当 WMS 高于 80，一般应当准备卖出
5. 下列属于使用技术指标 WMS 特性结论的有（　　）。
A. WMS 在盘整过程中具有较高的准确性
B. WMS 连续几次撞顶，局部形成双重或多重顶形态，则是卖出的信号
C. WMS 进入低数值区位，一般要回头，如果股价还在继续上升，则是卖出信号
D. 使用 WMS 指标应从 WMS 的数值及 WMS 曲线的形状两方面考虑
6. 下列属于超买超卖型的有（　　）。
A. BIAS　　B. WMS　　C. ADR　　D. KDJ
7. 关于 BIAS 指标的运用，下列论述正确的有（　　）。
A. 股价偏离移动平均线到了一定程度，一般认为该回头了
B. 正的 BIAS 越大，表示短期多头的获利越大
C. BIAS 越大，表明多方越强，是买入信号
D. 当短期 BIAS 在高位下穿长期 BIAS 时，是卖出信号
8. 证券投资技术分析的主要技术指标包括（　　）。
A. 趋势型指标　　B. 超买超卖型指标　　C. 斐波那契数列　　D. 大势型指标
9. 出现黄金交叉是否应该买入，还要判断以下（　　）条件。
A. 黄金交叉的位置应该比较低，且位于超卖区，越低越好
B. 交叉的次数最少两次，越多越好
C. 右侧相交
D. K、D 处在高位，并形成两个依次向下的峰
10. 移动平均线指标的特点包括（　　）。
A. 具有一定的滞后性　　B. 追踪趋势　　C. 助涨助跌性　　D. 稳定性
11. 中期移动平均线通常指（　　）。

A. 30 日线　　B. 10 日线　　C. 60 日线　　D. 250 日线

12. 移动平均线的特点有（　　）。

A. 追踪趋势　　B. 助涨助跌性　　C. 滞后性　　D. 稳定性

13. 利用 MACD 进行行情预测，主要是从（　　）方面进行。

A. 切线理论　　B. 指标背离原则

C. DIF 和 DEA 的取值　　D. DIF 和 DEA 的相对取值

14. 下列属于趋势型指标的有（　　）。

A. MA　　B. MACD　　C. WMS　　D. RSI

15. 在 ADL 应用的过程中，下列说法或做法正确的有（　　）。

A. 经验证明，ADL 对空头市场的应用比对多头市场的应用效果要好

B. 形态学和切线理论的内容也可以用于 ADL 曲线

C. ADL 与股价同步上升，创新高，则可以验证大势的上升趋势，短期内反转的可能性不大

D. ADL 连续上涨了较长时间（3 天或更多），而指数却下跌了较长时间，这是买进信号

16. 下列属于 ADR 应用特点的有（　　）。

A. 从 ADR 取值看大势

B. ADR 可与综合指数配合使用，也有一致与背离两种情况

C. 从 ADR 曲线的形态看大势

D. 在大势短期回调或反弹方面，ADR 有预警作用

17. 下列属于 OBOS 应用特点的有（　　）。

A. 根据 OBOS 的取值判断行情

B. 当 OBOS 的走势与指数背离时，是采取行动的信号，大势可能反转

C. 当 OBOS 曲线第一次进入发出信号的区域时，应该特别注意是否出现错误

D. 使用 OBOS 的时候较多，使用 ADL 的时候较少，但放弃 ADL 是不对的

18. 在应用 KDJ 指标时，主要从以下（　　）方面进行考虑。

A. K、D 的取值的绝对数字　　B. J 指标的取值大小

C. K、D 指标的交叉　　D. K、D 指标的背离

19. 关于 RSI 指标的运用，下列论述正确的有（　　）。

A. 根据 RSI 上升和下降的轨迹画趋势线，此时支撑线和压力线作用的切线理论同样适用

B. 短期 RSI>长期 RSI，应属空头市场

C. RSI 在低位形成两个底部抬高的谷底，而股价还在下降，是可以买入的信号

D. 当 RSI 在较高或较低的位置形成头肩形和多重顶（底），是采取行动的信号

20. 下列不属于 WMS 指标应用特性的有（　　）。

A. 当 K、D 取值超过 80 时，是卖出信号

B. 当 K、D 取值低于 20 时，是买入的信号

C. 当 K、D 取值介于 20 与 80 之间时，是徘徊区

D. 徘徊区对趋势预测有指导意义

21. 下列不属于 WMS 指标应用特性的有（ ）。

A. 当 K、D 取值超过 80 时，是卖出信号

B. 当 K、D 取值低于 20 时，是买入的信号

C. 当 K、D 取值介于 20 与 80 之间时，是徘徊区

D. 徘徊区对趋势预测有指导意义

四、判断题（判断以下各题的对错，对的用 A 表示，错的用 B 表示，将结果填在括号内）

1. 葛兰碧八法则是以证券价格（或指数）与移动平均线之间的偏离关系作为评判依据的。（ ）

2. 葛兰碧八法则中，包含五条买入法则，三条卖出法则。（ ）

3. 葛兰碧八法则的不足是没有给出价格与均线偏离多少时进行交易。（ ）

4. 可以根据 WMS 形成的形态进行判别，一般当 WMS 连续几次撞顶，形成双重或多重顶形态，则是卖出的信号。（ ）

5. WMS 高于 80 时，处于超卖状态，行情即将见底，应当考虑买进。（ ）

6. BIAS 是测算股价与移动平均线偏离程度的指标。（ ）

7. DIF 和 DEA 均为正值时，属多头市场。DIF 向上突破 DEA 是买入信号；DIF 向下跌破 DEA 只能认为是回落，做获利了结。（ ）

8. WMS 进入低数值区位（此时为超买）后，一般不会回调。（ ）

9. 当 K、D 指标在较高或较低的位置形成头肩形态、多重顶（底）形态时，是采取行动的信号。（ ）

10. J 指标值常落后于 K、D 指标值，显示显示曲线的底部和头部。（ ）

11. MACD 能够表示股价的波动趋势，并追随这个趋势，不轻易改变。（ ）

12. 股市中常说的死亡交叉，实际上就是指短期移动平均线向上突破长期移动平均线，即压力线。（ ）

13. 移动平均线时间参数越小，移动平均线对股价的反应越灵敏。（ ）

14. 当短期 RSI 大于长期 RSI 时，属于多头市场。（ ）

15. ADR、OBOS 指标，既可以用于指数，也可以用于个股。（ ）

16. 经验证明，ADL 对多头市场的应用比对空头市场的应用效果好。（ ）

17. 大势型指标主要对整个证券市场的多空状况进行描述，一般只用于研究证券市场整体形势，而不能应用于个股；而其他大多数技术指标都是既可以应用到个股，又可以应用到整个市场。（ ）

18. OBOS 是用一段时间内上涨和下跌股票只数的差距，来反映当前股市多空双方力量对比的强弱的指标。（ ）

19. K、D 是在 WMS 的基础上发展起来的，所以 K、D 有 WMS 的一些特性。（ ）

20. 在反映股市价格变化时，WMS 最快，K 其次，D 最慢。（ ）

21. 在低位，K、D 来回交叉次数很多，表明发出信号的可靠性减弱。（ ）

22. K 线上穿 D 线的右侧相交是指 K 在 D 已经抬头向上时才同 D 线相交，比 D 线还在下降时与之相交，信号要可靠得多。（ ）

23. 当短期 RSI<长期 RSI 时，一般可判断属多头市场。（ ）

五、简答题

1. 不同周期的移动平均线的作用有何不同?
2. 价格的大幅度变动对随机指标 KDJ 和 RSI 的影响有何不同?
3. 计算技术指标的参数对该技术指标数值的大小有何影响?
4. 哪些技术指标只能应用到综合指数?
5. 技术指标的参数是否影响技术指标的效果?为什么?
6. 如何认识技术指标对实际买卖行动的指导作用?
7. 谈谈不同技术指标之间的配合使用。

参考文献

阿伦森，2015. 实证技术分析［M］. 史雷，译. 北京：机械工业出版社.

格雷厄姆，多德，2013. 证券分析：原书第6版［M］. 巴曙松，陈剑，等译. 北京：中国人民大学出版社.

格里沙，2019. 证券投资经典技术图解［M］. 成都：四川人民出版社.

格瑞姆斯，2018. 证券技术分析：市场结构、价格行为和交易策略［M］. 谷小书，译. 北京：人民邮电出版社.

李向科，2012. 证券投资技术分析［M］. 4版. 北京：中国人民大学出版社.

王燕，2013. 证券投资技术分析［M］. 北京：人民邮电出版社.